国家社科基金教育学青年课题

“权利表达与利益诉求：基于组织效率的大学治理权力结构研究”（课题批准号：CIA150186）

大学组织治理的结构与效率研究

孟 倩◆著

图书在版编目（CIP）数据

大学组织治理的结构与效率研究 / 孟倩著. -- 北京:
九州出版社, 2021.5
ISBN 978-7-5225-0114-7

Ⅰ. ①大… Ⅱ. ①孟… Ⅲ. ①高等学校－学校管理－
研究－中国 Ⅳ. ①G647

中国版本图书馆CIP数据核字(2021)第110230号

大学组织治理的结构与效率研究

作　　者	孟　倩　著
责任编辑	赵恒丹
出版发行	九州出版社
地　　址	北京市西城区阜外大街甲 35 号（100037）
发行电话	(010)68992190/3/5/6
网　　址	www.jiuzhoupress.com
印　　刷	北京旺都印务有限公司
开　　本	710 毫米 ×1000 毫米　16 开
印　　张	14
字　　数	236 千字
版　　次	2021 年 7 月第 1 版
印　　次	2021 年 7 月第 1 次印刷
书　　号	ISBN 978-7-5225-0114-7
定　　价	78.00 元

前　言

我国高等教育目前已经从以数量为主的规模化发展阶段进入以提高质量为主的内涵式发展阶段。在我们建设高等教育强国和争创世界一流大学的今天，大学组织效率成为21世纪我国大学发展的关键词。现代大学的三项职能包含了教学、科研和社会服务，因而一所大学对内要实现组织结构的完善和组织效率提升，履行办学宗旨，对外要提升学校影响力和社会信誉度，这也体现了大学组织功能的多样性。大学是一个拥有多个利益相关者的社区，多样性、平等性和包容性是高等教育治理的基本要素，因而高等教育的治理也是多样的和复杂的，参与和包容、问责和法治、不歧视和平等、透明度以及互相信任和尊重等都是需要考虑的要素。

随着社会对高等教育需求不断增长，政府也认识到了高等教育对促进经济发展的重要作用，因而如何确保高等教育系统的有效管理变得越来越重要。今天的大学在许多方面被要求以“现代”（modern）的方式去思考和行为，在这个过程中，外部的政客们和管理者觉得他们负有更大的责任，因为大学在对待“改变”（change）时，总是如此保守，“你不可能从内部得到太多的支持”[①]。这种对大学的描述忽视了大学也是一个能自我创新的主体，大学具有自适应社会的能力，为了达到这一效果，大学会主动打破旧的规则，去寻找新的理论、模型和思维方式，正如托马斯·库恩所说，“科学革命和政治革命一样，起源于科学共同体中的一小部分人逐渐感觉到，他们无法利用现有范式有效地探究自然界的某一方面”。当前高等教育所面临的最大挑战是如何在政府、市场以及学术之间寻求一种新的平衡。面对政府财政拨款的减少，大学或者削减自己的运行成本，或者游说政府增加拨款，或者通过市场的力量来寻找新的收入来源。在

① Lars Engwall. Universities, the State and the Market: Changing Patterns of Univesities Goverance in Seden and Beyond[J]. *Higher Education Management and Policy*. 2007,19（3）:87-99.

一定程度上来说，这种方式对于资源的有效获取是有利的，但从另一方面来说，这种策略会影响大学的自主性、公信力和创造知识的能力。

共同治理作为西方国家大学的传统治理机制，为西方国家大学的兴盛发展起到了制度和机制保障的作用。但时至今日，在以绩效评估为基础的新公共管理理论的影响下，大学也感受到了来自内外部的挑战，重新找到学术与市场之间的平衡，不仅仅在西方国家，也是世界各国大学所要思考的迫切问题。以往对大学治理结构的研究大都着眼于治理理论或者政策分析的视角，很少用经济学的方法来去分析大学治理结构的合理性问题。本书希望从经济学的角度论证这种治理结构的合理性，为大学治理理论和决策理论提供新的分析视角和方法。随着政府和社会对大学绩效要求的增加，大学都将管理结构、决策系统和治理机制看做是其基本的绩效动力，良好的决策权力结构可以有效保证大学决策的科学性，提升大学组织绩效。从根本上来说，高校是一个学术性的社会组织，学术性是高校的本质属性，这就决定了学术权力应该处于高校内部权力的中心。教师作为学术权力的代表者，应积极和有效地参与到大学决策当中。而良好的制度和机制则是教师顺利且有效参与大学决策的有力保障，也是我国建立现代大学制度的关键制度要素。本书都将对这些问题进行尝试性的探索和解释。

随着社会的发展，高校与社会的关系越来越紧密，社会参与和社会治理也成为了评价高校治理效率的重要指标，高校被称为是“被抛弃的象牙塔”。① 在一定程度上，我们可以说，完全独立于社会的大学是不存在的，大学本身就是社会中的一个组织，大学与社会的关系不仅会影响大学自身的发展，也会影响社会的利益格局，大学的社会责任也来源于此。也正如德里克·伯克在《走出象牙塔：现代大学的社会责任》一书中所指出的，“大学想要发挥其在当今社会的真正作用，就必须审视自己的社会责任。”特别是在全球化的时代背景下，大学需要承担更多的教育责任、学术责任、国际责任及服务和引导社会的作用。

在过去的几十年里，大学组织与治理的主导理念发生了变化。大学组织决策结构的合理化是以两大理念为基础的，根据第一个理念，我们可以把大学看作是一个学者的共和国，而根据第二个理念，我们则可以将大学视为是一个利益相关者的组织。对于前者来说，制度自治和学术自由被视为同一个硬币的两

① Zehui An. *Social participation in University Governance: China's situation and its path selection*[C]. Proceedings of the 2017 7th International Conference on Education, Management, Computer and Society (EMCS 2017)

面，也就是说大学的决策是由独立学者组成的学术共同体来做出的。在后一个理念中，大学组织决策的首要目标是满足主要利益相关者的需求，而学术共同体只是其中的一个利益相关者。因而，在这种理念之下，来自学术界的声音会受到限制，决策的结构呈现出科层制的特点，以便于领导者能够快速和有效地制定和执行决策。

大学治理改革在很大程度上反映了更广泛的新公共管理改革，其重点是如何提高公共组织的效率。大学治理是复杂和有争议的。在过去的三十年中，澳大利亚和新西兰在 20 世纪 80 年代初实行了新的公共管理改革，随后扩展到其他英美国家，也带来了全球范围内的新公共管理改革。新公共管理改革是建立在公共部门效率、参与度和合法性存在三个概念之上的，更加强调服务提供和消费者导向，但改革的的深度和实践因各国的文化传统和结构不同而体现出了较大的差异。大学治理改革也体现出了新公共管理的趋势，然而由于高等教育特殊的组织特性和文化特征，我们如何理解大学治理与改革？我们用什么样的解释方法或视角可能有助于理解大学治理改革的进程与效果？全球高等教育治理改革呈现出了何种样态和趋势？这些都是本书将要探讨的问题。

研究公共部门组织和改革的有效视角是结构性工具视角，[①] 从这一角度来看，公共组织的结构设计对于实现集体公共目标有着重要意义，在公共组织中使用结构设计作为改革的工具必须具备两个关键的先决条件：一是决策者需要在理性计算上占有优势，二是决策者需要能够控制决策和改革的进程。[②] 依据这两个条件的要求，本书故而选取了博弈论作为分析大学组织结构的分析工具，博弈论的前提假设是所有参与决策的人都是完全理性的，这也符合对公共组织决策研究的条件要求。本书将会从博弈论的视角来分析大学组织决策的过程和效率，以期能够从新的视角来分析和理解大学的组织决策过程。

① Egeberg, M. How bureaucratic structure matters: An organizational perspective[A]. In B. G. Peters & J. Pierre (Eds.), *Handbook of public administration*[C]. London: Sage.2003.

② Tom Christensen. University governance reforms: potential problems of more autonomy? [J] *Higher Education*, 2011(62):503-517.

目　录

第一章　绪论

第一节　研究背景

我国作为一个拥有 14 亿人口的发展中的大国，如何从一个人口大国变为人力资源强国，一直是政府和社会都在思考的问题。特别在 1999 年颁布的《面向 21 世纪教育振兴行动计划》中，我国政府做出了高等教育跨越式发展的战略决策，经过二十年的努力，截至 2019 年 6 月 15 日，全国高等学校共计 2956 所，其中：普通高等学校 2688 所（含独立学院 257 所），其中专科层次院校共有 1423 所；另外有成人高等学校 268 所。全国各类高等教育在学总规模达到 3833 万人，高等教育毛入学率达到 48.1%。普通高等学校校均规模 10605 人，其中，本科院校 14896 人，高职（专科）院校 6837 人。在 2019 年的全国普通高校毕业生就业创业工作网络视频会议上，教育部副部长林蕙青指出，2019 届全国普通高校毕业生规模预计达到 834 万人，这是 2013 年毕业生达 699 万获称“史上最难就业季”以来的又一历史新高。这些数字都表明，我国高等教育已经实现了从精英教育到大众化教育的转变，已经有效地缓解了民众对高等教育的需求，未来我国高等教育的发展将坚持以提高质量为主的稳步发展的策略。党的十八大报告提出要“推动高等教育内涵式发展”，标志着我国高等教育基本完成了以规模发展为核心的外延式发展任务，今后将进入以全面提高质量为核心的内涵式发展的历史新阶段。政治力量和行政力量在外延式发展过程中起到了很大的作用，这是一个不可跨越的历史阶段；而在内涵式发展过程中，大学将遵循自身的逻辑性，呼唤学术力量的凸现。

习近平总书记在十九大报告中指出，“必须坚持和完善中国特色社会主义制度，不断推进国家治理体系和治理能力现代化，坚决破除一切不合时宜的思想观念和体制机制弊端，突破利益固化的藩篱，吸收人类文明有益成果，构建系统完备、科学规范、运行有效的制度体系，充分发挥我国社会主义制度优越性”。教育治理体系与治理能力现代化是国家治理体系与治理能力现代化的重要组成部分。教育治理现代化就是要适应时代需要，通过改革和完善体制机制、法律法规，推进各项教育制度日益完善，实现教育治理的制度化、规范化、程序化；在教育治理体系的框架下，增强按照各项制度治教的本领，把制度优势转化为高效管理教育的能力。

自 1978 年改革开放以来，中国社会政治和经济体制改革就一直是社会的中心议题，各种政策和措施不断出台。特别是进入 21 世纪之后，中国国际地位的提高和综合国力的提升都面临着内外部的严峻的挑战。高等教育被视为应对这些挑战的主要推动力。随着高等教育在个人和社会发展中的作用越来越明显，在高等教育大众化日益推进的今天，社会和经济结构转型对大学的生存和发展带来越来越大的冲击，将大学从社会的边缘推到了社会的中心，推上了中国社会改革转型的大舞台。另一方面，从国际社会来看，中国 20 世纪末期的高等教育的超常规发展使得我国跻身高等教育大国，高等教育在校生人数在 2007 年已跃居世界第一，中国高等教育面临发展的关键时期，所面临的发展形势是未曾经历过的，如何在复杂的国际国内环境中实现高等教育的大发展，建设世界一流大学，是亟待研究和解决的问题。从国际高等教育的发展来看，德国现代大学的出现和美国研究型大学的群体崛起都与大学的治理理念和治理体制的转变密切相关。我们在建设世界一流大学的今天，不仅要形成一流大学的办学理念，也要建立一流大学的治理结构。良好的治理结构是教育质量提高的保证。

为建立适应经济社会发展的良好的治理结构，从中央到地方再到高校都在围绕治理结构进行改革。从 1985 年《中共中央关于教育体制改革的决定》提出“简政放权，扩大高校办学自主权”，再到 1993 年中共中央国务院《中国教育改革和发展纲要》规定按照政事分开的原则，使高等学校真正成为面向社会自主办学的法人实体，同时高校要建立适应经济和社会发展需要的自我发展、自我约束的运行机制。直到 2010 年的《国家中长期教育改革和发展规划纲要（2010—2020 年）》提出要推进政校分开，管办分离，落实和扩大学校办学自主权，建立中国特色现代大学制度，完善治理结构。经过 20 多年的改革，虽然改革效果有限，但是我国大学确实也产生了一些变化。2013 年《中共中央关于全面深化改革若干重大问题的决定》明确指出：“深入推进管办评分离，扩大省级政府教育统筹权和学校办学自主权，完善学校内部治理结构。”《教育部关于全面提高高等教育质量的若干意见》(高教三十条)第二十一条提出要完善中国特色现代大学制度，完善大学内部治理结构，依法制定大学章程，坚持党委领导下的校长负责制，依法落实校长和党委职权。健全党政议事程序和规则，优化校院两级组织结构，坚持院系党政联席会议。加强教授治学，推进教授在教学科研和学校事务管理中的作用。积极发挥学术委员会在学科发展和学术评价中的重要作用，校领导应将主要精力放在学校的日常管理中，放在提高学校教育质量上。推进教职工代表大会在监督学校发展中的作用。2013 年底，教育部核准了中国人民大学等 6 所高校的章程，并要求所有“985”高校在 2014 年 6 月完成章程建设，全国所有高校在 2015 年底前完成章程制定，这标志着我国高校在“去行政化”和依法治校的道路上又迈出了坚实的一步，大学章程的最重要作用就是在于对于各种权力的边界和规则的界定，大学章程作为大学的“宪章”，是大学自主管理的依据，也是现代大学制度建立的重要标志。

第二节 问题的提出

从近代中国第一所大学京师大学堂的建立到现在，中国一直在探索尝试建立现代大学制度。直到今天，我们仍然在探讨如何建立现代大学制度。为了这一目标的实现，中国高等教育进行了轰轰烈烈的改革，人才培养模式改革、课程改革、教学改革和后勤社会化改革等等，但是取得的效果却并不明显。随着经济全球化的发展，“竞争”成为全球化市场中的主导原则，由市场来主导资源的生产与分配成为提高效率的黄金法则。世界高等教育自 20 世纪 80 年代以来所进行的改革，都是在回应全球化和新公共管理的“3E”经济(economy)、效率(efficiency)与效能(effectiveness)的压力，高等教育市场化的浪潮，自美国开始，向全球高等教育释放了一种新的信号。面对全球经济紧缩和国家在公共服务和政策提供方面的功能的弱化，社会的利益相关者对教育的期望和要求越来越高，高等教育改革的压力越来越大。扩大入学机会、资金来源多样化、问责制、管理效率等都是全球高等教育共同关注的焦点问题。随之而来的是，大学自主权的受限，民主的合议程序被强有力的公司管理模式(corporate management)所取代，大学的角色也发生了变化，大学不再扮演社会批评家的角色，而是服务社会的角色，更多的是为社会培养合格的人才和根据市场的需求进行科学研究。

联合国教科文组织的高等教育与社会特别工作组通过研究指出:“没有更多更高质量的高等教育，发展中国家将会发现自身越来越难以从全球性知识经济中受益。”因此高水平大学已成为我国实现创新并取得竞争优势的主体和依托。管理学大师赫伯特•西蒙讲过，“管理就是决策”，这是西蒙的决策理论当中为大众所认可的事实判断和价值立场。[①] 大学决策是决定大学未来的战略发展方向的指南针，大学决策水平的高低直接决定了大学组织效率的高低，决定了一所大学水平的高低。因而提高大学决策水平成为我们提高大学组织效率，建设高水平大学的关键和核心。

一项决策是否能够成功，除了取决于理论上的引导，也取决于决策的组织机构和组织程序。我国大学当前的决策治理机制是怎样的？是什么决定了某项政策的出台和实施？中国大学理想的决策治理机制是什么样的？本研究尝试去“解锁”大学的决策背后的所体现的“力量”，对这几个问题的探讨将会贯穿在本书的写作之中，对这些问题的回答，将有助于我们完善大学内部治理机制，真正建立起现代大学制度。

教育治理是治理理论在教育领域的延伸，指政府、社会组织、利益群体和公民个体，通过一定的制度安排进行合作互动，共同管理教育公共事务的过程。十九大提出:“打造共建共治共享的社会治理格局。”实现从“教育管理”到“教育治理”的深刻变革。从传统“管理”到现代“治理”，虽只有一字之差，却蕴含着深刻的创新理念，也标志着教育领域从思想观念、管理方法到组织结构、制度机制等各个方面的深刻变革。从“教育管理”走向“教育治理”，对当前教育改革发展提出了诸多全新的要求。教育部前副部长杜占元认为，从“教育管理”走向“教育治理”，对我国的教育系统提出了三个新要求。第一，参与力量将更加多元。要办好世界规模最大的教育，单靠政府一家是远远不够的，广泛吸引、激发社会力量参与教育建设是达成“教育治理”各项目标的关键。第二，主体权责将更加清晰。在“教育治理”这样一个多元体系中，要更加明确各级教育行政部门、各类教育机构、企业、社会组织等各主体在其中的功能地位、权利指责、这是达成“教育治理”各项目标的基础。第三，体系运行将更加高效。走向“教育治理”要求体系中各主体的运作更加科学、协同更加精细、响应更加即时、流程更加优化。这是达成“教育治理”各项目的保障。

① 龚波:《中国大学组织决策过程研究》，北京师范大学出版社 2011 年版，第 11 页。.

第三节　研究意义

开展大学组织治理的结构和效率的研究具有重要的理论意义和实践价值。

一、理论意义

（1）对大学组织治理的结构和效率的研究有助于完善我国的现代大学制度。中国特色现代大学制度的核心是在国家的宏观调控政策指导下，大学面向社会，依法自主办学，实行科学管理。现代大学制度涉及规范和理顺大学与政府、大学与社会的关系，涉及大学内部治理结构的完善和改革。

（2）对大学组织治理的结构和效率的研究是推动中国建设世界一流大学和一流学科的需要。大量的实证数据证明，学科水平与大学发展水平之间呈高度正相关，学科水平在很大程度上影响大学的国际地位和学术声誉，学科是大学的细胞，世界一流学科是建设世界一流大学的基础。因而，对大学组织治理的结构和效率的研究具有助推学科发展的理论价值。

（3）对大学组织治理的结构和效率的研究是推动大学自身发展的需要。随着高等教育的迅速发展，传统的管理方式日益显现出了不足，20 世纪 90 年代以来，以欧美国家大学为代表的高等教育领域掀起了一场治理变革的浪潮，对正处于转型期的我国大学而言，对大学组织治理的结构和效率的研究将有助于完善我国的大学结构，建立更加符合学术内在特性要求的治理体系。

二、实践意义

（1）知识经济的发展使得高等教育成为各个国家之间竞争的筹码，大学之间的竞争也越来越激烈，我国大学要想在国际高等教育市场中占有一席之地，必须在质量和管理上下功夫。一流的大学不仅有一流的教学水平，更有一流的内部决策体制，我国高校与世界一流大学的差距主要是在内部治理体制上，要建立世界一流大学，必须改革我国高校的内部治理体制。

（2）对大学组织治理的结构和效率的研究是推动高校决策科学化发展的需要。当前我国大学的决策体系仍然是以经验性为主，决策的科学化程度相对较低，对学校的科学发展产生了严重的制约，迫切要求完善我国高校的治理体制和机制，为推动学校科学发展提供制度保障。

（3）对大学组织治理的结构和效率的研究是提高大学组织效率的需要。效率也是大学追求的核心目标之一，而效率的实现必须有制度的支持，大学的组织目标的有效实现必须以最优的制度作为保证，而治理制度又是组织制度的核心。因而研究大学的组织效率前提是研究大学的治理制度及其结构。良好的大学治理机制是大学组织效率实现的有力制度保障。

第四节　国内外相关文献研究综述

一、国外学者的研究

国外学者对于大学治理的研究集中于20世纪70年代，在经历了二战之后高等教育的大发展时期，学校规模迅速扩大，在校学生数急剧增加，社会各界对高等教育的支持，造就了高等教育发展的“黄金时期”。在知识的产生和应用方面，大学也越来越发挥更大的作用，成为现代社会的“轴心机构”。大学规模的扩大及大学所能支配的资源越来越多，如何有效地管理大学及分配资源成了值得研究的问题。国外的学者从不同的视角对大学组织决策的结构和效率进行了研究。

（一）对大学权力结构的研究

哈钦斯把现代大学描述为由中心供暖系统维系在一起的独立的学院和系。克拉克·克尔却认为，大学也许可以视为由共同为停车场犯愁而团结在一起的各个院系创业者组成。多元化巨型大学是一个“权力分得很细的复杂实体，对于这种权力有一批竞争者”①，包括学生、教师、政府的权力、行政机构等。权力的分配十分重要，要“保持微妙的利益平衡，进行文明而激烈的竞争，以及重点的融合”。联邦的资助使得巨大的行政管理责任落到了大学的教学人员、系主任、院长和校长们的身上，行政管理变成了整个大学事业的一个更为广泛的方面，导致了行政管理中的某些危机。学院的独立性比以前减少了，“教师应再次成为具有支配地位的群体”。约翰·范德格拉夫在分析大学的层次结构时，使用了两个概念：结构的等级性和决策的统一性或内聚性。在对过去30年七国的大型决策过程的研究表明：几乎所有国家的决策权力都在由较低的层次转向较高的层次，不管是在全国还是州的范围，政府的作用越来越大，在大学中，行

① ［美］克拉克·克尔著，陈学飞译：《大学的功用》，江西教育出版社，1993年版，第13页。

政管理的官僚机构扩大了，它们承担着相当一部分制定和实施决策的职责。[①] 随着行政机构扩大而来的是，试图在某些政策领域分散决策权。学院结构可以有效制约过分集中的组织结构。伯顿·克拉克在其研究中也涉及到了集权和分权，他对比了美国大学的分权与欧洲大学的集权，他认为分权虽然会带来“因权力过度分散和宏观失控而使整个系统陷入四分五裂的境地”，也好于集权“由于过分强调秩序和组织统一性而导致权力的垄断”。[②] 因为与其他系统相比，高等教育系统更容易因为集权而无法有效运转。

博德斯顿认为大学的组织结构和机制有可能可以帮助大学顺利地进行变革，也可能成为大学变革的阻碍。正如杜德斯达认为，大学分权制度导致管理效率不高，不论这是由缺乏变革勇气的校长造成的，还是由关心橄榄球胜过大学目标的董事会造成的，还是由不愿意改变现状的教师造成的，每一种力量都成了大学进步的绊脚石。[③] 一般认为，大学决策权力的分散会提高组织效率，有学者甚至认为，最优的决策方案是让下级人员自己做出，即使管理者拥有充分的信息和较高的决策能力。[④] 近年来美国有的高校的预算实行“责任中心管理”（responsibility center management, RCM），各院系可以自由支配他们的收入，这种预算模式的目的在于使各院系在争取科研和生源方面展开竞争。但是有的学者却认为，在学校的资金分配方面，集权比分权的效率更高。[⑤] 但麦考米克（McCormick）和迈纳（Meiner）的研究却得出，教师参与决策反而导致大学效率的降低，随后布朗（Brown）的后继研究得出，如果教师参与的决策涉及学术事务，比如任命（appointment）、晋升（promotion）和终身教职（tenure）方面的，就会提高大学效率，如果这些决策涉及组织管理（organization management），有可能会降低大学效率。

---

① ［加］约翰·范德格拉夫著，王承绪等译:《学术权力——七国高等教育管理体制比较》，浙江教育出版社，2001 年版，第 177 页。

② ［美］伯顿·克拉克著，王承绪等译:《高等教育系统——学术组织的跨国研究》，杭州大学出版社，1994 年版，第 306 页。

③ ［美］詹姆斯·杜德斯达著，刘彤等译:《21 世纪的大学》，北京大学出版社，2005 年版，第 216 页。

④ Zabojnik, J. Centralized and Decentralized Decision-making in Organization, University of Southern California Marshall School of Business[J]. *Journal of Labor Economics*, 2002,20（1）:1-22.

⑤ Wilson, J.D. Models of Centralized and Dencentralized Budgeting within Universities[EB/OL]. https://www.ilr.cornell.edu/cheri/conferences/upload/2002/chericonf2002_05.pdf.2013-10-30.

（二）政治学视角下的大学组织权力分配

大学作为一种社会组织，必然涉及到内部权力和利益的分配问题，许多学者从组织政治学的角度来研究。正如克拉克所言，大学可以当作复杂的政治系统来研究。[①] 布鲁贝克在《高等教育哲学》中提出了两种哲学观：认识论哲学和政治论哲学。一条道路是认识论的哲学，大学是建立在认识论基础上的探究“高深学问”的场所，大学由学者主宰；另一条道路是政治论的哲学，对知识的探究不仅仅是出于“闲逸的好奇”，也有为国家和政治服务的目的，这样就为国家控制教育提供了依据，教育成为政治的工具，“所有伟大的教育哲学家都把教育作为政治的分支来对待”。[②] 在政治组织内部，利益群体是相互联系和相互对抗的关系，各利益群体从各自的利益出发，从不同的角度对决策过程施加压力。利益群体博弈的结果有两种：“共荣性群体”和“分利性联盟”，[③] 由于权力在群体间分配的不均衡，权力最终有可能会掌握在占主导地位的一方，而不是正式领导者的手中。[④] 在现代组织决策中，决策是“多种权力和压力向决策者撞击，并将这些压力转化为政策的过程”。[⑤] 当各群体的利益无法协调时，就会出现妥协或折中，高等教育领域的决策是如何做出的，谁对具体事物具有决策权，权力分配结构是怎样的，哪种分配方式更有利于协调各群体的利益，这些都是研究大学内部治理权力必须涉及的。

（三）高校、政府、市场三者关系的角度

依据国家、政府及市场三种力量在高等教育系统中的作用的不同，伯顿·克拉克绘制了高等教育的权力结构图，并比较了三种力量在苏联、瑞典、法国、意大利、英国、加拿大、日本和美国大学中的不同，得到了“三角协调模式”。三角形的每个角代表一种力量的极端和另外两种力量的最低限度，三角形内部的不同位置代表三种力量的不同组合。进而克拉克把世界高等教育的管理模式

---

① ［美］伯顿·克拉克著，王承绪译：《高等教育新论——多学科的研究》，浙江教育出版社，2001年版，第51页。

② ［美］约翰·S·布鲁贝克著，王承绪译：《高等教育哲学》，浙江教育出版社，2001年版，第15页。

③ ［美］曼瑟尔·奥尔森著，陈郁译：《集体行动的逻辑》，上海三联书店，上海人民出版社，1995年版，第36页。

④ ［英］托尼·布什著，强海燕译：《当代西方教育管理模式》，南京师范大学出版社，1998年版，第111–115页。

⑤ J. Victor Baldridge. *Power and Conflict in the University: Research in the Sociology of Complex Organizations*[M].New York: John Wiley, 1971.238.

分为以政府主导的欧洲大陆模式，以学术寡头为代表的英国大学治理模式和以市场为主导的美国大学治理模式，以德国大学的讲座制、英国大学的学院制和美国大学的董事会制为代表。

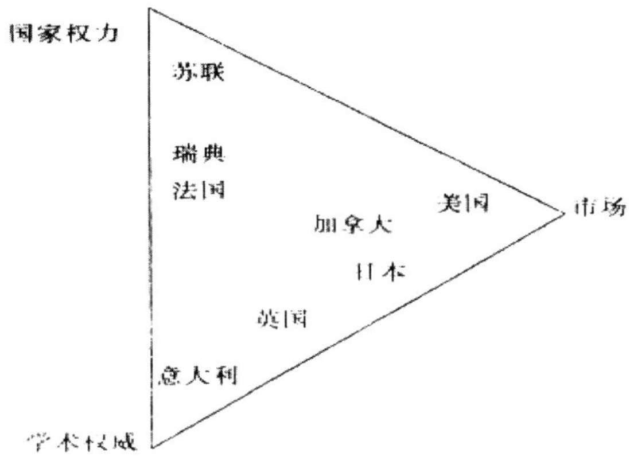

伯顿·克拉克的三角协调模式

阿什比在《科技发达时代的大学教育》中指出，大学体系的规模与形式，不外由三种主要力量来决定，就美国来说，是来自请求入学者的压力，即市场的力量；就苏联来说，是向学校抽调毕业生的力量，即国家对人才的需要；就德国及英国来说，是大学体系本身的内在逻辑，即大学自身发展的力量。三种力量在大学中的比例的大小形成了不同的治理模式。如果这三种力量失去平衡，则高等教育体系必将垮台。“在将来有一点是肯定的，就是我所称为的内在逻辑的力量，也是大学的传统力量，必将有所改变，以便适应日益增长的其他两种社会环境力量。”[①]

在政府与市场的关系方面，学者们更倾向于以市场的方式配置资源，“市场资源配置方式和管理方式才是最有效率的体制选择”。[②]美国民营化专家萨瓦斯认为，“家长选择”（parental choice）是市场价值在教育领域的体现，应该停止由政府用纳税人的钱供养垄断的学校的体制，必须对学校的整个体制做出结构性的调整，“不改变现有垄断体制的做法是毫无意义的”。[③]另一位提倡教育市场

① [英]阿什比著，滕大春译:《科技发达时代的大学教育》，人民教育出版社，1983年版，第13页。

② [美]约翰·丘伯著，蒋衡译:《政治、市场和学校》，教育科学出版社，2003年版，序言。

③ [美]E.S. 萨瓦斯著，周志忍译:《民营化与公私部门的伙伴关系》，中国人民大学出版社，2002年版，第297页。

化的芝加哥学派的代表人物弗里德曼也认为政府对学校提供资金支持、对学校进行管理，并不尽然得出高等教育可以国有化。① 英国的两位学者亨克尔和里特也认为，将市场引入高等教育，视学生为顾客，给学生“投票”的机会，会给高等教育机构的行为产生重大影响。②

（四）大学内部权力群体类型分析

布鲁贝克的高等教育认识论和政治论的哲学基础，给大学内部学术权力和行政权力的二元结构的分类奠定了基础。约翰·范德格拉夫在对德国、意大利、法国、瑞典、英国、美国和日本七个国家的高等教育管理体制比较的基础上，提出了十种权力概念：个人统治（教授统治）、集团统治（教授统治）、行会权力、专业权力、魅力权威、董事权力（院校权力）、官僚权力（院校权力）、官僚权力（政府权力）、政治权力、高教系统的学术寡头权力。③ 克拉克在此基础上又进行了划分，将大学权力分为三种：扎根于学科的权力，包括个人统治（教授统治）、学院式统治（教授统治）、行会权力、专业权力；院校权力，包括董事权力（院校）、官僚权力（院校）；系统权力，包括官僚权力（政府权力）、政治权力、学术权威人士权力。④ 因而克拉克在《大学的功用》中指出，校长必须在“分享权力的集团为权力斗争的情况下寻求一致”。⑤ 布莱恩·马丁在其著作中对美国大学内部的权力主体进行了分析，大学内部包括七种权力主体：以校长和副校长为核心的专职行政管理人员、院长和系主任、终身教授、为获取终身教职的教师、为获取资金支持（soft money）的研究人员、各种学习层次的学生、上述人员的父母、配偶及子女组成的群体。⑥ 值得一提的是，马丁不仅注意到了大学内部权力的分层，更注意到了大学教师并不平等地分享权力，权力由少数“明星教授”把持。

布鲁贝克在《高等教育哲学》中提出，正如高深学问的发展需要专门化一

① ［美］米尔顿·弗里德曼，张瑞玉译：《资本主义与自由》，商务印书馆，1986 年版。

② ［英］玛丽·亨克尔著：《国家、高等教育与市场》，教育科学出版社，2005 年版。

③ ［加］约翰·范德格拉夫著，王承绪等译：《学术权力——七国高等教育管理体制比较》，浙江教育出版社，2006 年版，第 186–197 页。

④ ［美］伯顿·克拉克著，王承绪等译：《高等教育系统——学术组织的跨国研究》，杭州大学出版社，1994 年版，第 124–135 页。

⑤ ［美］克拉克·克尔著，陈学飞译：《大学的功用》，江西教育出版社，1993 年版，第 142 页。

⑥ Brian Martin. *Tied Knowledge: Power in Higher Education: Chapter 3 ‘Hierarchy’* 26-45[EB/OL]. http://www.bmartin.cc/pubs/98tk/tiedknowledge.pdf.2013-11-02.

样，学院或大学的日常事务也需要职能的专门化，事务工作和学术工作必须分开，因为每一方面都有它自己的一套专门的知识体系。没有任何一所学院和大学是纯粹的学者的团体，校长和院长也是从这些团体当中抽调出来的。高等教育的管理机构必须由专家和院外人士两方面组成，学术自治才会实际有效，没有前者，大学就会信息不准，没有后者，大学就会变得狭隘、僵化，最后就会与公众的目标完全脱节。[①]梅西和斯基对管理人员扩张行政管理权和教授忽视教学重研究的现象进行了分析，[②]罗伯特认为大学治理是实现学术系统和行政系统平衡的结构和过程，并用控制论的理论解释了教授会和学术组织的权力结构。[③]帕森斯在将大学与其他社会组织比较之后发现，大学具有不同于其他科层组织的特性"大学在某些方面是一种独特的'逆权威'类型的组织，它的'顶层管理部门'（行政管理部门）通常受一套明确的规定支配，限制其权威干涉教师（他们在某种意义上是'下级'）的职权范围。大学强调教师的职务占有制，而且另一方面是实行学术自由的规定，容许在广阔的领域内自由地教学、谈论和写作,而不受干扰。"[④]"大学行政官员必须站在辅助立场上服务于组成大学的学者和科学家团体的需要，适应他们的各种怪癖；如果允许相反的关系发挥作用，就不可避免造成失败和浪费。"[⑤]在大学内部，管理者、董事会、教师、学生等存在着复杂的关系，卡普兰认为应提高教师参与治理的积极性，使他们明白教学比科研更能提高专业水平，获得回报。[⑥]教师参与治理也为其将来流动到管理岗位积累了经验。[⑦]

伯恩鲍姆在其书中，将大学组织运行模式分为四种，即：学会组织模式；

---

① ［美］约翰·S·布鲁贝克著，王承绪译：《高等教育哲学》，浙江教育出版社，2001 年版，第 37 页。

② Massy William and Robert Zemsky. Faculty Discretionary Time: Department and the Academic Ratchet[J]. *Journal of Higher Education*, 1994,65（1）:1-22.

③ Bimbaum R. *How Cybernetics of Academic Organization and Leadership*[M]. San Fransisco: Jossey-Bass,1991.27.

④ ［美］帕森斯著，梁向阳译：《现代社会的结构与过程》，光明日报出版社，1988 年版，第 45 页。

⑤ ［美］帕森斯著，梁向阳译：《现代社会的结构与过程》，光明日报出版社，1988 年版，第 88 页。

⑥ Gabriel E. Kaplan. Does Governance Structure Matter?[J]. *New Direction for Higher Education*, 2004（127）:23-34.

⑦ Susan Whealer Johnstan. Faculty Governance and Effective Academic and Administrative Leadership[J]. *New Direction for Higher Education*.2003.

在平等的社团中共同分享权力拥有共同的价值观；官僚组织模式：将权力结构化，促进决策合理和有效率；政党组织模式：各团体为权力和资源而展开竞争，对决策施加影响；无政府组织模式，各群体各自决策，互不影响。他利用控制的概念，构建了控制组织模式，组织成员以学校的目标为学校各团体与个人所共有的一系列价值前提，通过自身行为准则指导其行为，而这种目标便成了大学内部各权力主体之间冲突的自动调节机制。[①] 以这种自动机制为基础，伯恩鲍姆设计了大学的权力结构关系，管理体系（行政系统、官僚化）行使的是科层权力，专业体系（评议会或学术委员会，学院化或专业化）把持学术权力，责任体系（管理委员会，理事）担负规划、财政、监督和协调职能。任何关键性、全局性的政策出台都不是单方面决定的，而是三方协商的。[②] 国外学者也非常关注对学生权力的研究。这与西方国家以学生为顾客的市场价值理念有很大的关系。正如加塞特在书中所指出的，“高等教育机构以及大学的建议都必须以学生为基础，而不是以教师或知识为基础，当前全世界的教育现状正在再次迫使大学要把学生放在中心位置——为学生服务，而不是为教师，正如当初大学处于最兴盛的发达时期那样。让学生来管理大学这幢房子，使全体学生成为机构的躯干和骨架，而教员或教授们则作为辅助或补充。”[③] “改进大学必然要把学生的需要摆在首位。将学生放在首位是一个简单的设计原则，但它有很大的力量。”[④] 学生参与大学治理是大学民主的体现。[⑤]

但是也有学者对此持不同的观点。“在我看来，让教师和学生进入董事会是一个错误。……学生阅历不足，训练很少，不能胜任董事会成员所要求的做重要决策的工作。教师或学生会不可避免地限制一些问题的讨论，例如，对一个系主任或行政管理者的评估，评价教师和学生们的意见是董事会的一个重要职能，但是有更好的方法使校长或董事会获得有关对学校看法的信息，而不是给

① ［美］罗伯特·伯恩鲍姆著，别敦荣等译：《大学运行模式——大学组织与领导的控制系统》，中国海洋大学出版社，2003 年版。

② 阎光才：《大学组织文化》，褚宏启主编：《中国教育管理评论（第 1 卷）》，科学社会出版社，2003 年版，第 203 页。

③ ［西班牙］奥尔特加·加塞特著，徐小洲、陈军译：《大学的使命》，浙江教育出版社，2001 年版，第 70–71 页。

④ ［美］唐纳德·肯尼迪著，阎凤桥译：《学术责任》，新华出版社，2002 年版，第 344 页。

⑤ Kerry J.Kenndy. Higher Education Governance as a key Policy Issue in the 21th Century[J]. *Educational Research for Policy and Practice*,2003（2）:55—70.

教师和学生在董事会中配置位置。”[①]

总之，国外学者对于大学内部治理权力的研究广泛而深入，对大学内部各类群体的权力有着较好的解释和分析，既有描述性、思辨性的研究，也有实证性的研究。这些研究都为我国大学内部治理权力的研究奠定了理论和方法基础，但国外大学的文化背景、运行机制与环境与我国极为不同，因此，在利用此类理论对我国大学内部治理权力结构进行研究时，必须注意研究情境的本土化。

二、国内学者的研究

总体来看，我国对于大学内部治理机制的研究落后于国外，但从趋势上看，国内对于大学权力的研究仍然是呈现出逐年递增的趋势。在中国期刊网上，以“大学”“高校”“治理主体”“治理结构”为主题词进行搜索，共搜索到硕博士论文 28 篇，期刊文献 529 篇。在 20 世纪 80 年代，对于大学治理的研究文献是很难检索得到的，20 世纪 90 年代初期我国学者开始对治理结构的问题进行初步探讨，[②] 自 2000 年后检索量就呈逐年递增的趋势了。

表 1–1 中国知网关于大学治理研究的文章分布表

	2015	2016	2017	2018	2019	合计
大学（高校）治理	160	141	113	106	81	601
大学（高校）治理主体	4	3	6	4	2	19
大学（高校）治理结构	24	12	9	3	7	55
大学（高校）治理机制	12	20	10	13	16	71
合计	200	176	138	126	106	746

20 世纪 80 年代国内主要是翻译国外的文献，包括布鲁贝克、伯顿 · 克拉克、克拉克 · 克尔等著名学者的著作，以及研究国外大学的高等教育体系，还处于对国外经验介绍的阶段。20 世纪 90 年代，随着国家经济政治体制改革的

① ［美］罗纳德 ·G. 埃伦伯格主编，沈文钦等译：《美国的大学治理》，北京大学出版社，2010 年版，第 86 页。

② 代表文献有：许晓东：《学术权力与行政权力——大学与国家关系的组织分析》，《上海高教研究》，1993 年第 1 期，第 17–20 页；刘伟民：《高教管理中的行政权力和学术权力》，《高教与经济》，1994 年第 3 期，第 49–53 页；张德祥：《美、德、日三国大学学术权力和行政权力关系的现状——结构及其运行》，《辽宁高等教育研究》，1998 年第 1 期，第 90–95 页。

深入，大学也开始反思自己的结构问题，大学内部治理结构的配置及存在的问题成为研究的焦点，也推动了我国大学内部治理体制改革的进行。

（一）大学内部权力类型及相互关系

大学内部权力分为政党权力、行政权力、学术权力、学生权力、民主权力等。厘清大学中政党权力、行政权力、学术权力和民主权力各自的责权关系，是现代大学制度的核心。[①]目前国内对大学内部权力的研究的争论主要集中于行政权力与学术权力的关系方面。二者的属性、来源、运行方式、价值取向等都存在不同，明确二者的权力边界是非常重要的。学术权力以学术自由和学术自治为合理性，而行政权力以任命、授权为合法性，两种权力是互补的关系，[②]但也有学者称两种权力在实际中交叉，很难区分。[③]目前大学中权力结构的失衡，主要是由于官本位的意识和体制，学术权力保障制度的缺失等外部原因所造成的。[④]由于权力主体所代表的利益的不同，它们之间容易产生矛盾，我国高校独特的政治、行政、学术权力结构凸显政治和行政的“双权力子系统”，学术权力弱化，降低权力摩擦的方法并非简单地取其一而舍弃其他，而是应该合理地整合权力，以此实现大学的低成本运作。[⑤]关于学术权力与行政权力二者的关系，国内学者都认为应提高学术权力的地位，但是由于我国政治体制的原因，政党权力几乎介入到学校所有的事务中，如果要改变这种权力状况，就必须通过制度和法律的方式对权力进行约束，明确各权力的边界和职责，这是高校内部治理权力结构改革的重点和关键点。其难点在于，既要保证政党的领导地位，又要缩小政党权力的介入范围和介入力度，让行政权力和学术权力在各自的范围内有效运行。

目前学界对教师和学生参与学校治理的民主权力论述不多，但是已经意识到了学生权力的重要性，“学生权力是高校权力结构的重要组成部分”。“在高等

---

① 周光礼:《在控权与管理之间：中国高等教育行政的法理学取向》,《现代大学教育》，2003年第2期，第9–12页。

② 宣勇，鲍健强:《现代大学的分层与管理模式的选择》,《高等教育研究》，2005年第2期，第52–55页。

③ 周光礼:《重构高校治理结构：协调行政权力与学术权力》,《高教探索》，2005年第4期，第45–47页。

④ 夏俐:《大学内部权力结构及其调整》,《大学教育科学》，2008年第3期，第44—47页。

⑤ 孙天华:《大学治理结构中的委托——代理问题一一当前中国公立大学委托代理关系若干特点分析》,《北京大学教育评论》，2004年第4期，第29–33页。

教育市场化的今天，一味地无视学生权力将被视为一种无畏的冒险。”[①] 但这些研究都还只是停留在理论层面的论述，这也是造成实践中教师和学生权力无法发挥的原因。

（二）大学集权与分权的研究

集权（centralization）与分权（decentralization）是大学内部权力配置的两种模式。有学者从经济学的角度指出，大学权力的配置模式是影响大学产出和效率的一个因素。[②] 有学者通过对全国 231 所高校的组织结构的调研得出，部属大学和地方大学的一半为四级结构，而本科、高专、高职几乎是三级结构为主。[③] 随着大学组织的不断横向分化和膨胀，多种形式的组织模型，比如直线—职能、事业部、矩阵等都被应用到大学的结构设计中，其中矩阵式虽然是大学结构的普遍形式，可以有效弥补学科制度化带来的弊端和局限，促进学科的交叉和融合，但是也增加了大学的离散性和管理难度。[④]

大学作为特殊的社会组织，学术权力应在各项权力中占据主导地位，集权方式容易对大学的学术权力产生侵害，导致教师没有决策权，进而使资源配置更倾向于行政权力，使大学学术的发展缺乏必要的条件，致使大学学术畸形发展，故大学要适当、适时分权。[⑤] 研究者大多从大学作为学术组织的特性出发，认为分权是有利于大学发展的最佳模式。但也有学者认为，难以简单地将大学组织模式归类为分权还是集权，大多数教育系统都是在集权与分权的动态中寻找平衡，不同的管理模式各有其优缺点，政治因素常常是最重要的，要找到一个适合所有国家的模式是不可能的。[⑥]

（三）大学内部权力博弈研究

权力博弈是在一定的大学权力关系和权力结构中进行的，同时权力博弈的结果也会影响权力结构和权力关系。大学权力博弈要本着尊重知识、因循大学的发展逻辑，给以权力自由选择的前提下，才能有效促进大学组织的变革发展。

① 季诚钧:《高校学生权力初探》,《高等工程教育研究》, 2003 年第 4 期，第 50–52 页。.

② 郭广珍:《大学内部权力配置模式与激励》, 2007 年辽宁大学博士学位论文。

③ 胡成功:《高等学校基层学术组织现状与问题》,《高等教育研究》, 2003 年第 6 期，第 38–46 页。

④ 季诚钧:《大学组织属性与结构研究》, 2004 年华东师范大学博士论文。

⑤ 赵俊芳:《现代大学制度的内在冲突及路径选择》,《高等教育研究》, 2011 年第 9 期，第 30–35 页。

⑥ [英] 贝磊，蒋凯，李娅玲译:《教育控制：集权与分权问题及其张力》,《教育研究》, 2006 年第 6 期，第 21–28 页。

通过对整个博弈格局进行修正，使博弈权力的力量达到均衡。[①]在平衡大学内部各种权力时，学者们的建议大多是削弱政治权力和行政权力，增强学术权力和民主权力，并通过制度化的方式规范约束各自的权力和范围，在具体的操作实践中，则是让教师和各种利益相关者都参与到决策中，给他们提供发表意见和观点的途径。[②]在权力配置的模型上，有学者提出了校务委员会、董事会制和教授委员会三种模式。[③]也有学者提出可以参照西方国家的董事会制，设定董事会为最高权力机构，除党委书记由上级政府部门任命外，校长由董事会选举和任命，并直接对董事会负责，学校的重大事项都由董事会决定，学校党委则主要起监督的作用，以保证办学的社会主义方向。在董事会的构成方面，可以参照国外私立大学的做法，给教师、学生和社会人员留有一定的席位，这样，可以有效地实现大学决策层的多种力量的相互牵制和平衡制约，提高决策的科学性和准确性。[④]

从以上学者的分析中，虽然都已经看到大学内部各权力主体有着密切的关系且相互存在着利益冲突，但用博弈的方法去分析这些关系的却很少。且大部分的研究都是采用定性分析的方式来演绎，用定量方式和实证的方式来分析的较少，如果能将定量与定性方式结合起来，其结果会更具说服力。其次，在对权力的分析中，往往只关注对行政权力和学术权力的分析，而对政治权力和民主权力则采取了回避或者忽视的态度，这也是导致实践效果不佳的原因。

第五节　研究方法

（1）文献法

文献分析法是社会科学研究中最常用的研究方法，也是进行研究的基础。在借鉴和引用前人的研究成果方面，文献分析法是非常有效率的一种方法。通过对治理理论、博弈理论、大学权力分类、大学内部权力博弈模式等相关文献

① 吴国娟，李昌新：《大学权力博弈探析》，《辽宁教育研究》，2007 年第 1 期，第 5–8 页。

② 刘岚：《试论大学内部权力结构的平衡》，《. 黑龙江高教研究》，2002 年第 6 期，第 126–127 页；谢安邦，阎光才：《高校的权力结构与权力结构的调整》，《高等教育研究》，1998 年第 2 期，第 20–24 页；袁利，刘牧：《我国高校学术权力与行政权力的矛盾》，《交通高教研究》，2003 年第 3 期，第 30–33 页。

③ 毕宪顺：《权力整合与体制创新》，教育科学出版社，2006 年版。

④ 别敦荣：《中美大学学术管理基本特征的比较研究》，《高等教育研究》，1998 年第 1 期，第 95–97 页。

的收集、整理和分析，奠定本书的分析基础。

（2）历史法

大学受历史和环境变迁的影响，作为大学发展的动力要素的权力，也充分地体现在大学变迁的历史材料中。既有制度化的表现形式：如学校内部机构的增设与废止，管理层次的扩张和收缩等组织结构的变迁，也有非制度化的表现形式：如大学的传统、惯例等文化积淀。通过对我国高校内部权力结构历史变迁的考察，分析造成不同历史时期权力结构变化的制度性和非制度性因素，为接下来的价值判断和实证分析提供一定的历史基础。

（3）比较法

在对已有文献和历史变迁分析的基础上，分析西方主要发达国家，如美国、英国、德国和法国大学内部权力的关系和特征，以及权力的博弈方式，通过纵向和横向的比较，探讨国内外大学治理结构的共性与个性，优势与不足，进行比较研究。

（4）问卷调查法

本研究以 X 大学为样本，来探讨教师参与大学决策与大学教师个人的学术产出以及大学决策效率的关系，在现代大学治理中，教师参与大学治理的主动性和积极性都比较低。本研究从大学教师的职业压力入手，分析影响大学教师参与学校决策的因素，并在此基础上探讨大学教师心理授权与工作投入之间的关系，以期为大学管理者的政策制定提供有意义的启示。

（5）案例法

本书希望形成一个既有逻辑分析，又有模型设计和案例支撑的理论与实践相结合的研究，通过对个案学校的“现场呈现”来分析问题。既有理论性的推演，也有经验性的佐证，希望借由教育叙事的方式来展现大学内部权力博弈的过程。

第六节　研究内容

本书在借鉴国内外学者的研究成果的基础上，通过对大学权力现象的“本真”材料的分析，对我国高校内部存在的政治权力、行政权力、学术权力和民主权力进行探索性研究。本文的研究内容包括：

（1）西方发达国家大学内部治理权力结构的比较分析。大学的治理结构受大学所在的国家的政治经济制度、高等教育管理体制的影响。现代大学起源于欧洲，发达于美国，已经积累了无数的经验，形成了成熟的大学治理权力结构和模式。对美国模式、英国模式、德国模式和法国模式的历史和现状进行比较，对不同国家大学内部治理权力结构的分析有助于更好地解决我国的实际问题。

（2）我国大学内部权力的来源、类型，明确各种权力的范围和职责，界定权力边界，使各种权力在各自职责范围内各司其职，形成一个相互支持、相互协调、相互耦合的动态权力关系。我国大学治理面临的任务是建立和谐的大学内部治理权力秩序。

（3）试图建构大学内部治理权力的合作博弈模式。对于无序或者冲突状态的我国大学内部治理权力结构，我们需要一个理解、认识和重建秩序的分析工具。这个工具便是博弈论。本书将对大学内部治理权力关系进行分析和归纳，并对当前大学内部治理权力关系进行模式化处理。

（4）尝试构建我国大学内部权力关系的合理模式。本书将试图在"党委领导下的校长负责制"的体制下，建立一个大学内部合作博弈的统一模型，把各个层次的治理权力整合为具有共同目标的权力制约和平衡机制，建立大学内部合理的权力博弈整合机制是研究的最终目标。这种机制希望通过有效的制度把冲突变为促进大学发展的有利因素。

第七节　本书的创新点

本书力图从以下三个方面实现对现有研究的突破：

1. 选题方面：将大学治理体系建设纳入到国家整体治理体系建设之中

在国家提出和推进整体治理体系建设的背景下，高等教育治理作为一个重要组成部分是不容忽视的。大学从其诞生起就与国家发展紧密联系在一起，而对于中国来说，中国的国家政治体系更为国家权力嵌入大学治理提供了充足的理由和动力。目前对高等教育治理的论述还停留在就教育论教育的阶段，而未能对高等教育与国家建构之间的关系进行结构性分析。本研究从中国现代国家建构的路径出发，找到现代国家建构与大学治理之间的共同理论纽带，在此理论平台上探讨国家与大学之间关系的演绎互动。

2. 视角方面：由关注"静态"的权力转变为关注"动态"的权力

大学的权力结构看似是静态的固定的，但实际运行中的大学权力结构常常会发生改变，权力结构并不是静态固化的存在，而是动态演进的过程。将视角从关注静态权力分析框架扩展为能够包容静态复杂关系和动态平衡关系的模型，对“运行中的权力”的研究有助于改变我们在制度层面自说自话而实际中的权力格局丝毫没有变化的尴尬局面。

3. 方法方面：用博弈理论来分析大学治理体系的现代化建设

博弈理论对解释权力之间的关系与状态有着较强的解释力，本研究通过对一定情境中的权力博弈情况的分析，利用博弈模型得出一种策略选择优于另外一种策略选择的原因，以及不同的权力分配模式对大学的组织效率会产生什么样的影响。通过对博弈模型的建构和分析，得出分权与制衡是走出“囚徒困境”及实现“帕累托最优”的均衡策略。用博弈理论来分析大学治理体系，对于完善我国大学治理结构，实现“善治”的目标具有重要意义。

第二章　理论基础：治理理论与博弈论

第一节　治理理论

一、治理

（一）治理

治理是一个非常古老的词语，自古希腊时代至今已有许多学者对其做过定义，但在所有的研究中，治理并不是一个在意义和用法上统一的术语，在实践中也没有一个大家一致赞同的定义。理查德和史密斯认为治理是一个描述性的术语，它主要突出近几十年来政策过程变迁的性质，特别是，“治理使我们意识到知识领域和参与政策过程的行动者快速变化”①。库伊曼指出现代社会的治理是各种治理层级、模式和秩序的混合，社会政治治理意指“公共的和私人行动者的安排，其目标是解决问题和创造社会机会，以及关注治理活动中出现的社会规则”②。

国际组织是推动治理研究和实践的重要力量。虽然他们使用治理这一术语所关注的焦点不同，但大多数定义反映了他们的兴趣在于政策发展和运用的民主制度。世界银行明确把治理定义为“一个国家管理有关发展的经济和社会资源的方式”③；亚洲发展银行把治理能力建设联系起来，“治理不仅包括公共部门

① Richards, D. & Smith, M. J. *Governance and Public Policy in the United Kingdom*[M]. New York: Oxford University Press, 2002.2.

② Kooiman J. *Societal Governance: Level, Models ,and Orders of Social Political Interacttion*[A]. In J. Pierre（ed.）, *Debating Governance: Authority ,Steering and Democracy*[C]. Oxford, UK.: Oxford University Press, 2000.139.

③ World Bank.*Governance and Development*[R]. Washington D. C.: World Bank, 1992.3.

的运行和能力，也包括创造公共和私人事务的规则和制度”①；联合国发展项目（UNDP）把治理和人类的可持续发展联系起来，治理是“在管理各层次国家事务中政治、经济和行政权力的运行。它是包括复杂的机制、过程、关系的制度，通过这些制度，公民和社会群体表达其利益、实现其权利、履行其责任、补偿其差异”②。联合国发展项目关于治理的用法具有深远的、广泛的意义，涉及到制度发展的具体问题，也涉及到社会中权力运行方式的宏观问题。

所谓治理（governance），是指各种公共的或私人的个人或机构管理其公共事务的诸多方式的总合。它是使相互冲突的或不同的利益得以调和并且采取联合行动的持续的过程。它既包括有权迫使人们服从的正式制度和规则，也包括各种人们同意或以为符合其利益的非正式的制度安排。③新公共管理主张政府不再直接提供生产和公共物品和服务，政府的职责是制定与其他社会组织合作的规则并执行规则。分权是政府职能转变的有效途径，政府将权力向社会、企业甚至个人转移，这也符合治理的分权特征。

从治理的各种定义和用法看，我们可以得出几点结论：（1）治理与管理虽然都是运用一定的权威，调动各种资源为着一个目标而进行决策、控制和实施的过程，但治理的核心却在于权力的转移与重新分配；（2）治理的中心主题不仅涉及公共部门的能力发展，还包括经济和社会中它们的角色、范围、权力和国家活动的转变，随着周围环境的变化，政府的性能也会发生变化，治理是如何理解这些变化的概念；（3）同时，治理提高了非公共行动者在公共活动中的地位，他们扩宽国家之外的社会行动者的角色、义务和责任，它意味着国家在那些服务领域的角色和责任需要界定，国家不一定要自己提供那些服务，而提供可行的条件和机制以使社会制度满足社会公众的具体要求；尽管治理这一术语存在许多用法，具有许多意义，但是存在一个基本的观点，治理指社会管理方式的变化和有序的规则以及集体行动的条件创造；（4）治理表明传统的统治模式没有抓住当代制度现实的复杂性，统治的观念暗指在一个统一的国家只有一个权力中心，但实际上，在地方、区域、国家以及跨国层次上，存在多个中心和多样化的联系。

---

① Asian Development Bank. *Governance: Sound Development Management*[R]. Manila: Asian development Bank , 1999.3.

② United Nation Development Program.*Governance for Sustainable Human Development*[R]. Policy Document, 1997.http://magnet.Undp.org/policy/default.htm. 2013-12-20.

③ 全球治理委员会：《我们的全球伙伴关系》，牛津大学出版社，1995 年版，第 23 页。

治理（governance）与统治（govern），以及政府（government）具有相同的字根，三者的关系也非常密切。根据牛津进阶学习词典（Oxford Advanced Learner' s Dictionary）的解释，治理是指"一个国家、公司或组织被控制或统治（governed）的形态。"它是一种管制型的框架（regulatory framework）。在此框架的基础上，相关的团体、组织得以运作，并管理其活动。Kwickers 从制度的组织法律层面分析了"治理"，认为它应该具有四个面向：（1）一个组织内部如何构成与统治的？（2）如何发展策略与手段，并据以转化为行动？（3）如何合法的融入其经营环境与运作系统？（4）如何与其他外围团体合作？① 从这个定义中看出，在法律层面上，治理是内外兼顾的，对内是指内部结构的组成形式，或者是统治、管理的形式，同时也是指策略、手段，以及行动方案，对外而言，是指组织在与其他组织互动时，要在一定的规则范围内并彼此尊重其权利与义务，最重要的是能合法有效地在环境中运作，生存。因此，治理不仅指对外的互动模式，也是一种对内管理的机制。正因为如此，这个概念包含领导、管理或行政等含义。②

（二）大学治理

高等教育对知识经济社会的发展是非常关键的，高等教育应该怎样来治理，大学的质量如何提高，教师的职业如何来组织，这些都是我们要回答的问题。大学在知识经济中处于一个非常复杂的语境中，面临不同的市场竞争者，并履行着高度复杂的社会服务。因而，高等教育治理成为热门话题。"从现代的公司到大学以及基层社区，如果要想高效而有序地进行，可以没有政府的统治，但是不能没有治理。"③ 作为社会组织的大学，同样也存在治理的问题。治理对大学发展来说，有着重要的作用，"妥善的大学治理不是大学成功的唯一保障，但是有效的治理一旦与大学的战略目标、发展计划及文化背景协调一致，就可以极大地促进该大学的发展。"④ 如同治理的定义，关于大学治理的概念也没有统

---

① Shattock, M. *Managing Good Governance in Higher Education*[M]. Maidenhead, Berkshire: Open University Press.2006.2.

② Maassen, P. *Shift in Governance Arrangements: An Interpretation of the Introduction of New Management Structures in Higher Education*[A]. In A. Amaral, V. L. Meek & I. M. Larsen（Eds.）, *The Higher Education Managerial Revolution?*[C] Dordrecht, The Netherlands: Kluwer Academic Publishers.2003.

③ 俞可平：《治理与善治》，社会科学文献出版社，2000 年版，第 4–6 页。

④ The Carnegie Foundation for the Advancement of Teaching.*Governance of Higher Education: Six Priority Problems*[R]. New York: McGraw-Hill, 1973.

一的说法。最早对大学治理进行定义的是卡内基高等教育委员会，“治理是大学决策的结构和过程，从而区别于行政和管理”①。盖尔认为“大学治理是大学利益相关者就大学重要的外部和内部议题进行决策的过程和结构或制度”②。

张维迎在《大学的逻辑》中就大学治理的本质进行了论述“大学治理是用什么样的制度保证大学的理念和目标的实现”③。斯伯恩（Sporn）认为大学治理指的是高等教育机构形成决策的结构与过程。④大学治理所要解决的是大学和高等教育系统如何定义和实现它们的目标，管理它们的机构和监督它们的运作。

治理结构安排反映了权力、责任和义务的分配和运作的理念。⑤好的治理结构是有责任的、透明的、有效率的。奥斯本（Osborne）认为，好的治理要求更多的参与度、透明度、责任度和竞争度，较少的控制，并使得这些品质最优化而不是最大化。大学治理是指集体共同努力，通过顺利（smooth）和合适（suitable）的程序，采取行动来达到共同的大学组织目标。⑥大学治理是通过对合法权力的分散来影响和实施政策和决策的过程。它界定了谁有权力，谁做主，谁负责（who has the power, who is in charge, who is responsible）。⑦它的主要作用在于设定方向，确保足够的资源，监督组织的健康。大学治理涉及到大学内部的决策制定、权力分配、目标和任务、权威和等级的形式，以及大学与外部世界，比如政府、商业和社区的关系等等。⑧从宏观的角度看来，大学治理是透过合理的制度安排，所形成的一种监督与制衡的机制，这种监督的层次，以

① The Carnegie Foundation for the Advancement of Teaching.*Governance of Higher Education: Six Priority Problems*[R]. New York: McGraw-Hill, 1973.

② Gayle , J. C., Tewarie, B. &White, A. O. *Governance of Twenty-First Century University: Approaches to Effective Leadership and Strategic Management*[M]. San Francisco: Jossey-Bass, 2003.10.

③ 张维迎:《大学的逻辑》，北京大学出版社，2004 年版，第 1 页。

④ Sporn, B. *Governance and Administration: Organizational and Structural Trends*[A]. In James J. F. Forest & Philip G. Altbach（eds.）*International Handbook of Higher Education*[C]. Netherlands: Springer.2006.141—157.

⑤ Olda R.Hoare. *A Case Study of Governance of Higher Education in Belize: Implication for Finance and Curricula in Higher Education*[EB/OL]. 2007.29. http://scholarcommons.usf.edu/cgi/viewcontent.cgi?article=3216&context=etd

⑥ Stephen P.Osborne.*Voluntary Organizations and Innovation in Public Service*[M]. Oxford: Routledge. 1998.1.

⑦ Trower, C.A. *Govern More, Manage Less. Harnessing the Power of Your Nonprofit Board*（2nd Edition）[M]. Washington DC: Board Source.2010.8.

⑧ Simon Marginson, Mark Considine. The Enterprise University: Power, Governance and Reinvention in Australia[J].*Higher Education*,2000,46（4）:543-544.

大学的角度而言，可分为外部治理（external governance）与内部治理（internal governance）。外部治理指的是大学外部关系人通过治理机制来监督学校运作，也就是决定大学如何受到外部法令与政策之规范，包括大学校长如何指派，大学是如何被评价与认可的，以及如何决定大学的经费补助等议题；而内部治理则是校务会议（公立大学）、董事会（私立大学）与校长之间的关系，决定了大学内部之权力分配。①

简单来说，大学治理是指大学怎样运作的。大学的治理分为外部治理和内部治理。大学外部治理处理的是大学与政府、市场的关系，因为大学具有公共财产与私有财产的双重性质，强调公共财产的国家，治理关系倾向于“公部门的机构”，而私有财产则类似“私人公司或团体”，对高等教育性质认识的不同使大学治理适用于不同的法令、规范，社会对大学的要求也会不同；而内部治理处理的是大学内部各利益群体的权力分配与制度设计问题，是管理结构、决策措施、领导角色、以及管理单位（governing bodies）内部功能与角色之间的关系。② 根据 Braun & Merrien 的研究，大学内部治理的内容包括:（1）财政（政府经费的分配、从资本市场贷款的权力）;（2）一般性的管理议题（签约自由、大学的法定地位）;（3）教育事务（对课程、授课内容与质量评价的决定权）;（4）人事政策（教职员的聘任）;（5）学生事务（包括入学标准与学费政策等）。国际上大学的治理结构高度不相同（highly differentiated），但是却分享共同的遗产（common heritage）。③

虽然大学治理涉及到大学与外部政府的关系，也涉及到内部管理两个层次，但是内部管理模式受到外部政策的影响，大学治理模式与政府政策密切相关，有的是国家集权的方式，有的是市场机制，这种差异就造成了大学治理模式的不同。而内部治理模式是建立在大学与政府互动的关系之上的，内外两种关系共同构成完整的大学治理机制。

---

① Kim, Sunwoong and Lee, Ju-Ho. Changing Facets of Korean Higher Education: Market Competition and the Role of the State[J]. *Higher Education*, 2006（52）: 557-587. 陈维昭:《大学治理之新发展：内外在治理机制之探讨》[EB/OL].

http://huang.cc.ntu.edu.tw/pdf/CCB3406.pdf.2013-10-12.

② Middlehurst R. Changing Internal Governance: A Discussion of Leadership Roles and Management Structure in UK Universities[J]. *Higher Education Quarterly*, 2004,58（4）:258-280.

③ Braun, D. And Merrien F-X. *Towards a New Model of Governance for Universities. A Comparative View*[M]. London: Jessica Kingsley Publishers. 1999:16-18.

（三）大学内部治理结构

本书将研究重点放在对大学内部治理权力关系的分析上。“治理结构是一个组织中各利益群体的相互关系，它通过权力的配置和运行机制来达到关系的平衡，以保障组织的有效运行并实现其根本目的。”[①] 在早期以行会形式存在的大学中，治理结构是非常简单的，由于行会是由利益相同的个体自由组成的机构，因此每个个体都可以在其中分享权力，表达意见，这是学者自治的最理想状态。事实上，在早期大学内部也存在着权力主体的斗争，“学生的大学”——意大利的波隆那大学和“先生的大学”——法国的巴黎大学就是最好的例证。随着大学组织规模的扩张和职责的扩大，大学的利益主体越来越多元化，受各个国家不同的经济、政治和文化的影响，形成了不同国家的大学治理结构。大学治理结构是为了回应组织“冲突和多元利益”的特点，建构能够体现多元利益主体关系的决策权结构，大学治理结构必须能够吸纳各利益相关者的资源，将大学的决策控制权合理地分布给不同的治理主体。[②] 从这个意义上说，大学治理结构反映了大学各利益群体之间的相互关系，它通过权力的合理配置来维持这种关系的平衡，保障大学的有效运行，包括制度化和非制度化的结构安排。

受不同国家和不同历史时期的历史政治、经济和文化背景的影响，各个国家的大学治理结构呈现出了不同的模式和特征。影响大学治理模式的因素除了外部的原因，比如政治制度、经济模式、教育资金分配体系等正式的制度安排，也有来自大学自身的内部因素，比如一所大学的文化积淀和历史传统等非正式的制度安排。治理模式并非一成不变、中外皆然的制度设计，而是充满变化与多元的动态关系。大学治理模式可以分为不同的类型：比如以地理区域为基础划分为“欧陆模式”“美国模式”“盎格鲁—撒克逊模式（Anglo-Saxon model）”。随着治理模式的差异，大学自身的特质、功能导向、权限范围，以及自主的程度也随之改变。我国现行的大学治理结构是，外部治理方面，各级教育主管部门代表政府管理大学，社会的力量（包括学生家长和校友等）和市场的力量（企事业单位等）对大学起着监督的作用；内部治理方面，实行党委领导下的校长负责制，党委保证学校办学的社会主义方向，校长主持学校的全面工作，有

① 熊庆年：《大学治理结构的历史演进与文化变异》，《高教探索》，2006 年第 1 期，第 40–43 页。

② 龚怡祖：《大学治理结构：现代大学制度的基石》，《教育研究》，2009 年第 6 期，第 22–26 页。

学术委员会、教授委员会、学位委员会等若干专门委员会以及教职工代表大会和学生委员会机构协助校长做出决策，副校长协助校长分管相应的工作，治理结构为校、院、系三级治理体系，校级设立若干行政部门，负责学校的正常运行。如下图所示：

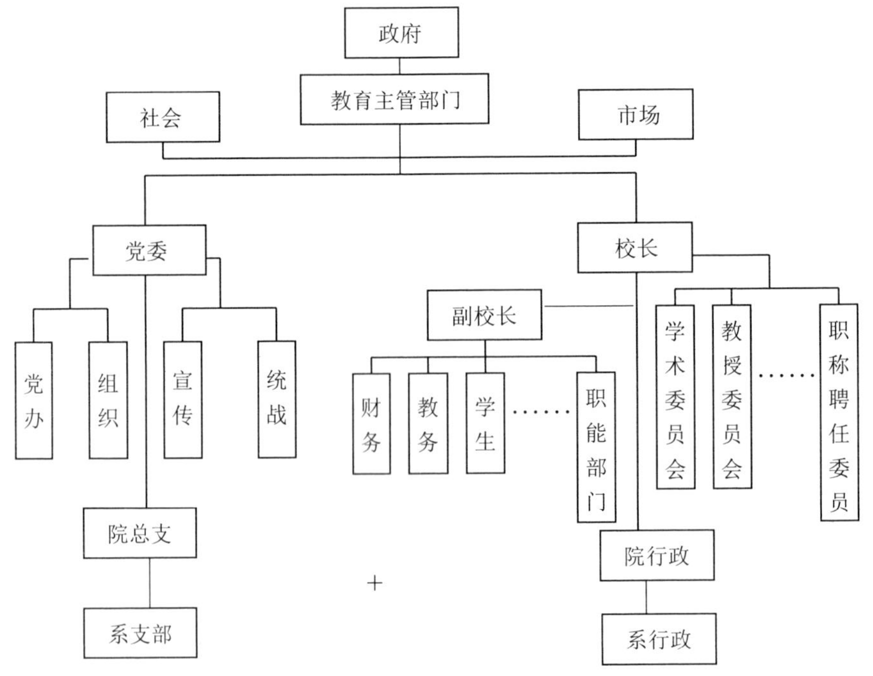

图 2-1 我国公立大学治理结构图

根据我国《高等教育法》第三十九至第四十三条的规定，我国大学的治理结构可表述为：党委会是最高权力机构，校长在党委领导下具有全面管理教学、科研和行政事务的权力，学术委员会具有对学术事务的审议权，教职工代表大会具有对学校管理的监督权。

从“管理”走向“治理”，虽然只有一字之差，但其背后所蕴含的理念和思想却完全不同。“管理”通常是单向性的，主体往往是政府，是一个自上而下的概念，并且带有一定的强制性特征。而“治理”体现的是互动性，主体不仅仅是政府，还包括社会及其他组织、机构等。这体现的是思维方式、话语体系和制度体系的某种变迁，包括权力配置和行为方式上的一种深刻转变，两者的内涵比较如下表所示：

表 2-1 管理与治理

	管理	治理
主体	政府	政府、社会组织以及个人
权力来源	权力机关授权，人民间接行使权力	相当一部分权力由人民直接行使，强调自治和共治
运作方式	单向的、强制的、刚性的	复合的、合作的、包容的
效能	合理性常受质疑，有效性难以保证	更具合理性，有效性大大增加
效果	容易专断、低效、人治代替法治	更加民主、科学，教育管理民主化的集中体现和现代形态

资料来源：张治，李永智，游明．“互联网 +”时代的教育治理 [M]. 上海：华东师范大学出版社，2018.43.

“互联网 +”时代要求教育从封闭管理走向开放治理，由单向管理向协同治理转变，由被动响应向主动服务转变，由定性管理向定量管理转变，由粗放管理向精准化管理转变，由运动式管理向常规性管理转变，不断适应信息化和大数据时代经济社会发展的要求。[①] 在教育现代化的过程中，我们要秉持创新、协调、绿色、开放、共享五大理念统领教育发展，从而推动教育治理的现代化，

第二节　博弈理论

本书选取博弈论作为分析大学内部权力结构的工具，是因为博弈论是分析主体利益和权力的有力工具，更能清楚地分析和解释权力主体的关系，能够清楚表明利益主体的动态博弈过程，博弈论已经被广泛应用于许多社会领域，比如经济学、管理学、社会学、政治学、军事科学等领域。在我们的日常生活中，也常常应用博弈论来解释日常现象，比如博弈论可以用来解释商家的价格战、污染博弈、贸易自由与壁垒，“三个和尚为什么没水吃”等问题。

博弈论来自英文“game theory”，可以直译为游戏理论，游戏理论的共同点在于双方或多方要在游戏中基于对方的策略来制定或调整自己的策略，实现自己利益的最大化。如果两辆汽车在一条只允许一辆车通过的马路上相遇，这时候两辆车就必须做出自己的选择，或者一车进，一车退，或者两车相撞。这就

① 龚波：《中国大学组织决策过程研究》，北京师范大学出版社，2011 年版，第 41 页。

是一个简单的博弈论的例子。博弈论的思想在两千多年前的中国就已经萌芽，在《孙子兵法》中有许多博弈论的例子，《孙子兵法》可以称得上是最早的博弈论了。孙子兵法是博弈理论和博弈实践相统一的最高水平。① 美国杜克大学和加州理工学院学者也尝试使用博弈论来解读《孙子兵法》。②

在西方，1928 年冯·诺伊曼首次证明了博弈论的基本定理，从而宣告了现代博弈论的正式诞生。1944 年，冯·诺伊曼和德国经济学家奥斯卡·摩根斯特恩合作出版了《博弈论与经济行为》一书，将二人博弈推广到 n 人博弈，由零和博弈推广到非零和博弈，并将博弈论系统地应用于经济学研究。冯·诺意曼和奥斯卡·摩根斯特恩被认为是现代博弈论的两位主要奠基人。“二人博弈”是最简单的、最基本的一种博弈，在一局当中，一人的所得即为一人的所失。“n 人博弈”（n>=3）的情况比较复杂，直到 1951 年纳什才首次提出了 n 人博弈的“平衡点”解的概念，即纳什均衡。

虽然博弈论的语言是数学语言，但因为它所解决的是日常经济生活问题，具有重要的现实意义，博弈论将深刻的道理寓于游戏之中，使人在快乐的游戏中学到知识。我们从博弈论的经典案例“囚徒困境”来解释博弈论。一位富翁家中财物被盗，警方在侦破此案过程中发现了 A、B 两个犯罪嫌疑人，并从他们的家中搜出了丢失的财物。两个嫌疑犯被捕之后都辩称没有拿财物。因此警方将两人隔离审讯，杜绝串供的可能。警察分别与两人谈话：“由于你们的偷窃罪证据确凿，你们会被判刑两年。但是我可以和你做个交易，如果你坦白罪行，我只判你一年的监禁，而你的同伙则会被判四年；如果你拒不坦白，而被你的同伙检举，那么你将被判四年，而你的同伙则只判一年。如果你们俩个人都坦白，就都要被判三年刑期。”这时，两名嫌疑人有两个选择——坦白或抵赖。

法院采取的策略有三种：

（1）双方均不承认，各判 2 年；

（2）双方均承认，各判 3 年；

（3）一方承认，一方不承认，承认方判 1 年，不承认方判 4 年。

根据二者的策略选择，会产生四种结果：

---

① 韩德强．竞争经济学——萨缪尔森《经济学批判》（17）：博弈论纳什均衡与囚徒困境 [EB/OL]. http://blog.sina.com.cn/s/blog_5e0222ab0100f64q.html. 2013-10-22.

② Emerson M.S. Niou and Peter C.Ordershook. A Game Theoretic Analysis of Sun Tzu’s The Art of War[J]. *Journal of Peace Research*.1994,31（2）:161-174.

（1）A 交代，B 不交代，A1 年，B4 年；

（2）B 交代，A 不交代，B1 年，A4 年；

（3）都交代，各 3 年；

（4）都不交代，各 2 年。

我们用一个图来清楚地表示两人的策略及其所得：

		B 坦白	B 抵赖
A	坦白	3,3	1,4
	抵赖	4,1	2,2

显然两人最好的策略就是都抵赖，结果两人都被判刑两年。根据亚当·斯密的理论，“通过追求（个人的）自身利益，他常常会比其实际上想做的那样更有效地促进社会利益”。每个人都是理性人，都是从有利于自己的角度出发，因此，坦白是最好的策略。如果坦白的话，自己的刑期可能是 1 年或 3 年，但如果自己不坦白，而对方坦白了，自己的刑期有可能是 4 年。所以，基于自己的利益考虑，两人合理的选择便是坦白，原本对两人都有利的策略（抵赖，2 年）就不会出现。两人都选择坦白及被判 3 年的刑期的结果就是“纳什均衡”，即“囚徒困境”。每一方在选择自己的策略时都是以自己的利益为前提，而不考虑集体的社会福利。只有当当事人在做出决策时首先考虑对方或集体的利益时，才能得到对双方都有利的结局。两位犯罪嫌疑人 A、B 的故事就验证了这个道理。“纳什均衡”的提出撼动了西方古典经济学的基础：从利己目的出发，既不利己也不利人。只有合作才是利己的最佳策略。这就是中国古语所讲的：己所不欲，勿施于人。但前提是人所不欲，勿施于我。

在人类发展史上，利益冲突是一个永恒的主题，博弈论（game theory）正是关于利益冲突的数学模型和分析构架，“博弈”（game）是指某个个人或是组织，面对一定的环境条件，在一定的规则的约束下，依靠所掌握的信息，从各自选择的行为或是策略中进行选择并加以实施，并各自取得相应结果或收益的过程。博弈的结局，不仅取决于某一个人或组织的行动，而且取决于其他个人或组织的相应行动，博弈的主要目的是弄清参与者在冲突情况中采取何种行为是最优的，而且这种最优可能会随着因素的变化而发生变化。博弈论源于古老的游戏如扑克、象棋等，以最简单的二人对弈为例，假设双方都是理性的棋手，而且都精确地知道对方的策略，那么甲在出棋的时候，必然会认真地考虑乙的想法，同理，在乙出棋的时候，也会仔细考虑甲的想法。博弈论就是研究如何在复杂的现实环境中求得最优解，从而指导实践。也就是说，已知参与者集合（两方），策略集合（所有棋着），和盈利集合（赢子和输子），能否且如何找到一个理论上的“解”或“平衡”，也就是对参与双方来说都最“合理”、最优的具体策略？

博弈论的模型我们可以用五个字母来表示：G=｛P，A，S，I，U｝

P（player）：局中人，为博弈的参与者，也称为博弈方，局中人以实现自身利益的最大化为目标。

A（action）：各局中人的所有可能的策略或行动的集合。根据该集合是有限还是无限，分为有限博弈和无限博弈。

S（strategies）：博弈的进程，也是博弈进行的次序。分为静态和动态博弈。静态博弈是指在博弈中，参与人同时选择或虽非同时选择但后行动者并不知道先行动者采取了什么具体行动，动态博弈是指在博弈中，参与人的行动有先后顺序，且后行动者能够观察到先行动者所选择的行动。

I（information）：博弈信息，如果博弈各方对各种局势下所有局中人的得益状况完全清楚，称之为完全信息博弈，反之，则为不完全信息博弈。

U（utility）：为局中人的得益，根据各方得益的情况，分为零和博弈和非零和博弈。

博弈论非常强调时间和信息的重要性，认为时间和信息是影响博弈均衡的主要因素。在博弈过程中，参与者之间的信息传递决定了其行动空间和最优战略的选择；同时，博弈过程中始终存在一个先后问题，参与人的行动次序对博弈最后的均衡有直接的影响。我们可以根据信息和时间的先后构建博弈的分类及其均衡概念。

表 2-2　博弈的分类及均衡概念

信息 / 行政顺序	静态	动态
完全信息	完全信息静态博弈（纳什均衡）	完全信息动态博弈（子博弈精炼纳什均衡）
不完全信息	不完全信息静态博弈（贝叶斯纳什均衡）	不完全信息动态博弈（精炼贝叶斯纳什均衡）

一、猎鹿博弈模型

在卢梭《论人类不平等的起源和基础》中有这样一个例子：在一个村庄里有两个猎人，猎物也有两种：鹿和兔子。如果一个猎人单独打猎，一天最多只能打到 4 只兔子，如果两个人一起打猎会获得一只鹿。4 只兔子可以保证一个人吃 4 天，而一只鹿可以保证两个人 10 天不挨饿。这样两人的行为决策可以形成两个博弈结局：分别打兔子，每人得 4；合作猎鹿，每人得 10。这样在这场猎鹿博弈中就有两个纳什均衡：要么分别打猎，每人吃饱 4 天；要么合作打猎，每人吃饱 10 天。

我们用下列矩阵来表示两人的得益及支付：

表 2-3 猎鹿博弈模型矩阵图

		猎人 A	
		抓兔	猎鹿
猎人 B	抓兔	4，4	4，0
	猎鹿	0，4	10，10

在上面的矩阵图中，第一象限表示的是猎人 A 打鹿，猎人 B 抓兔子，结果是猎人 A 一无所获，猎人 B 可以吃饱 4 天；第二象限表示的是，猎人 A 和 B 都抓兔子，结果是猎人 A 和 B 都能吃饱 4 天；第三象限表示的是猎人 A 抓兔子，猎人 B 打鹿，结果是猎人 A 可以吃饱 4 天，B 则一无所获；第四象限表示的是猎人 A 和 B 合作抓捕鹿，结果是两人平分猎物，都可以吃饱 10 天。

在这个矩阵中，根据纳什均衡的定义，有两个均衡点，一个是两人分别打兔子，每人吃饱 4 天，一个是两人合作，每人吃饱 10 天。比较（10，10）和（4，4）两个纳什均衡，显然两个人合伙打猎比单个人打猎得益更多。合作猎鹿比分开打兔具有帕累托优势。与（4，4）相比，（10，10）不仅有整体福利改进，而且每个人都得到福利改进，其中一方收益的增大，并不使他方的情况受损。所以，在经济领域中的企业的强强联合就类似于猎鹿博弈，双方可以获得比之前更大的市场占有率，获得更高的收益。同理，如果大学中的行政和学术权力能够互相合作，共同努力而不是相互抵制，每个权力主体也能获得较之前更多的收益。

需要指出的是，猎鹿博弈是建立在我们假设猎人双方能够平均分配猎物的基础上的，如果我们换种假设，虽然猎人A比猎人B的技能水平更高，但猎人B却是村长之子，有更高的分配权。猎人A和猎人B并不是平均分配鹿肉的，猎人A仅得到了5天的肉，而猎人B则得到了15天的肉，在这种分配模式下，虽然整体的效益有了提高，但因为整体利益的改善损害了猎人A的利益，所以也不是帕累托最优。这种分配方式使得猎人A的打猎热情受到打击，这就必然带了整体利益的下降。据此我们是否可以推想，如果行政权力强于学术权力，将利益的分配权力掌握在自己手中，是否也会打击学者们的积极性，进而造成大学整体效益的下降？

二、权力是如何计算的

我们再来看一个问题：三人要分配100万的财产，A拥有50%的票力，B拥有40%的票力，C拥有10%的票力。规则规定，当超过50%的票认可了某种方案时，才能获得整个财产，否则三人将一无所获。我们看到，任何单独一个人的票力都不超过50%，从而不能单独决定财产的分配。要超过50%的票力必须要形成联盟。也就是说，在这个例子中任何人的权力都不是“决定性的”，也没有一个人是“无权力的”或权力为0。

在这个过程中，理性的人会形成联盟AB、AC或ABC。但哪个联盟能够形成呢？最终的分配结果应该是怎样的呢？

方案1：

如果按票力分配的话，A、B、C分得的财产为50万、40万、10万。

方案2：

这时，C提出了一种方案，A：70%，B：0，C：30%。这个方案可以被A和C接受，因为对A、C来说这是一个比按票力分配有改进的方案，尽管B被排除出去，但是A、C的票力构成大多数（60%）。

方案3：

而B也可以提出一种方案，A：80%，B：20%，C：0。此时A和B所得均比刚才C提出的方案要好，但C一无所获，但A、B的票力构成大多数（90%）。

………

这样的方案可以一直持续下去。

夏普利提出了一种计算权力的度量。他给出了一个衡量博弈方先验实力的方法，根据他的理论求得的联盟者的先验实力被称之为值（夏普利值）。

夏普利值是这样的一个值：在各种可能的联盟次序下，参与者对联盟的边际贡献之和除以各种可能的联盟组合。（其中边际贡献就是谁是联盟的关键加入者）

我们可以写出各种收益排列中的关键加入者

排列	ABC	ACB	BAC	BCA	CAB	CBA
关键加入者	B	C	A	A	A	A

在财产分配问题上，任何获胜的联盟必须有 A 的加入，一旦 A 不同意某种分配方案，该种方案就归于无效；但 B 或 C 不是必须的。因此 A 的权力比 B、C 要大。

由上表，我们得到 ABC 的夏普利值分别为：

$A=\frac{4}{6}$，$B=\frac{1}{6}$，$C=\frac{1}{6}$（单位为百万元）

从这个例子可以看到，票力是虚假的实力表示。B、C 票力不同，但是夏普利值相同，即权力相同，他们在形成获胜联盟中作为关键加入者的可能性是一样的。参与者的真正实力体现在他能与其他参与者形成获胜联盟的可能程度，一个参与者能形成获胜联盟可能性大——夏普利值大，同时意味着，一旦他退出，本来能获胜的联盟就归于失败。这也表明，该参与者的影响程度大。夏普利值反映的是参与者的“权力”。

在博弈中每个人对自己的策略选择有绝对的权力，而对结果的确定的权力则是有限的。每个博弈者都知道结果的出现依赖于其他博弈者的选择。因此，在博弈中每个参与者的权力是相互牵制的。也可以这么说，参与者的权力是牵制的权力，没有一个机构有绝对的权力，权力与权力之间是相互制衡的。

第三节 组织理论

大学也是一级组织，与企业具有“拓扑结构相似性”，组织学和管理学的规律也同样适用。[①] 对于大学组织结构的研究其基础应当建立在组织结构理论的基础之上。组织结构理论在西方虽说只有百年的发展历史，但其成果非常丰富，组织结构理论的演进经历了古典组织理论、新古典组织理论、行为组织理论和现代组织理论的发展过程。最早也是最经典的当属马克斯·韦伯的科层结构理论，强调组织的专门化、等级制、规则化、非人格化和技术化，强调效率对组织理论研究有重大影响。由于古典管理理论强调的是组织理性，组织的非人格化，组织的效率，但忽视了人的因素，行为科学针对古典管理理论忽视人的研究这一点，侧重分析了人在组织中的作用。行为主义的代表人物霍桑对影响组织效率的人的因素进行了实验研究，指出组织中不但有正式组织，还有非正式组织，组织设计要充分考虑人的因素。这为我们研究大学组织结构提供了有效的思路。

“组织”一词，在管理理论中有两个含义：一是作为名词的实体组织（organization），即组织结构及其表现形式，二是作为动词的活动过程组织（organize），即组织结构的设计及组织机构的设置。组织适应学派认为，大学外部环境的变化给大学所带来的最直接的变化就是成本、质量、效益和机会问题。[②] 特别是 20 世纪 80 年代之后，随着公共管理运动的兴起，全面质量管理（Total Quality Management, TQM）和持续质量改进（Continuous Quality Improvement, CQI）等管理理念被引入大学校园，高等教育质量问题引起了社会的关注。对大学质量的关注，会促进大学进行自我革新，也会影响到大学组织的内部结构和运作方式。范富格特认为，对学术产品和服务质量的要求将改变大学的教育价值取向，影响到大学的教学方式和认证形式，在大学规划和资

① 张辉 . 如何设计大学治理结构—大学治理之浅见 [EB/OL]. http://library.ttcdw.com/libary/jygl/gaodengjiaoyu/hongguanguanli/2019-07-10/158655.html

② 唐晓领，王正青：《环境变化与大学管理革新：组织适应的理论视角》，《高教探索》，2009 年第 3 期，第 35–39 页。

源分配中更多考虑质量因素。[①]

大学被视为是一个“开放的系统”，所谓“开放的系统”是指由许多相互独立部分组成的集合体中，各部分都有自己的目标和任务，能够自我决定自己的行为，合作只限于一定的限度之内，表现为由不同利益需求的群体组成的松散的连结。在高等教育领域，大学被看作是一个内部松散，同时又不断与环境保持互动的开放系统。松散结合是大学不同于其他组织的独特性质，伯顿•克拉克在论述高等教育系统有序和无序的矛盾时，认为高等教育系统中的底层结构即以学科为主的层次朝着分化和松散型结构变化，并且随着学科和专业领域的日益专业化，其聚集形式越来越松散，因而它遵循的是学科、专门知识和专业化无序状态的逻辑。[②] 现代组织理论视角下的大学组织，既受外部制度环境的影响，具有社会组织的一般特征，又要遵循大学组织结构所特有的内部逻辑，反映大学组织的本质特点，因而使得大学组织结构的设置具有复杂性和多样性。

大学组织理论最初的理论是古典组织理论。泰勒的科学管理理论和韦伯的科层管理理论对大学组织理论的形成起到了很大的影响。美国新泽西州牛顿市督学弗兰克·斯波尔丁在教育领域推广科学管理模式，提出了“教学成本”的概念，学校组织的总效率是直接和教职工的工作效率联系在一起的，每个教职工的工作效率又是与他完成教学任务的数量多少有关。芝加哥大学讲师富兰克林•鲍必特，他认为要提高学校行政工作的效率，首先要确定学校“产品”的理想标准，其次是规定学校的“生产方式”和程序，第三是生产者必须具备资格和工作标准。教师要遵守由专家制定的“详细的教学计划所应达到的标准，所应用的方法与所使用的教材”。之后韦伯的科层管理理论也为大学管理提供了启示，大学组织发展为高度的科层制，科层制成为许多大学管理者采用的管理模式之一，也成为人们分析大学行为的理论基础。利用古典组织理论来研究大学，则大学与其他组织一样，需要按照一定原则建立合理的层级，根据事务划分部门，从而保证大学内部各部门能够分工协作、信息沟通，实现更高的组织效率。[③]

---

① Van Vught, F.A. *The new context for academic quality*[A]. In: D.D.Dill and B.Sporn（eds.）. *Emerging Patters of Social Demand and University Reform: Through a Glass Darkly*[C].Oxford: Pergamon, 1995:209.

② 沈瑞林:《我国高校基层学术组织变革及其路径探究——基于伯顿·克拉克高等教育系统理论视角》,《江苏高教》, 2016 年第 1 期，第 19–22 页。

③ 胡建华等:《大学制度改革论》，南京师范大学出版社，2006 年版，第 264 页。

行为科学理论则引发了教育管理者对教职工的主体地位的认知。大学管理者开始采用科学方法了解社会与大学组织中诸多因素对个人或群体行为的影响，强调人的主观能动作用，与一般组织不同，大学组织的管理者（一般指行政人员）与被管理者（一般指教师）在不同工作中具有不同甚至权利逆转的决策权限。[①] 行为科学要求管理者注重对员工的激励和关怀，对于大学来说，大学组织改革意味着要尊重大学的工作目标，尊重学术规律，根据具体事务和任务的特点来重新分配行政管理者和教师所掌握和使用的权力，使教师等组织成员在组织决策中发挥更大的作用，体现员工的参与式管理。[②]

现代组织理论下的大学是松散结合、多元分化的组织。詹姆斯 ·G· 马奇认为，大学组织没有明确的宗旨和合理的程序，处于“有组织的无政府状态”。查尔斯 • 比德韦尔把学校描绘成一个与众不同的科层制与松散结构的混合体。他在分析大学组织结构松散的问题基础上提出，教师在其专业领域内应该有充分的学术自由包括决策自由，反对学校管理层代替专业教师干预专业决策，妨碍专业自治，这构成了学校内部的松散结构。[③] 大学组织处于一种松散的状态，这种状态在某种程度上导致大学更具有创造力，同时有利于个体发挥其想象力和创造力。这种状态可能部分地减轻了行政权力的力度，但其为大学的学术提供了一种良好的氛围。大学行政组织与其他社会组织有所不同，管理的集权状态有所弱化，权力呈现出某种程度的分散，大学组织内部的诸多管理权分配更加复杂，各种校内外群体包括市场化运作的社会机构和市场经济因素等，都有自己的利益诉求并去影响大学管理的决策和权力分配，最终出现了多个主体集体控制大学组织的结构。[④] 学术性与科层性始终是大学所固有的特性，也是学术界所一致认同的观点，大学组织作为一个松散联合的系统，具有不同于其它社会组织的知识品性与文化诉求等异质特征。科层制对权力、理性、行政权威与程序管理的强调与学术自治维护学者探究学问和忠于真理的追求形成冲突。大学学术自治理念下的科层制改造需要建立保障学术组织文化特性的现代大学制度，厘清大学组织中各类事务的性质，协调大学管理中的权力关系，与学习型组

① 徐梅:《大学行政组织机构变革研究》，中国海洋大学出版社，2017 年版，第 36 页。

② 胡建华等:《大学制度改革论》，南京师范大学出版社，2006 年版，第 265 页。

③ [美] 韦恩 ·K· 霍伊，塞西尔 ·G· 米斯克尔著，范国睿译:《教育管理学：理论 • 研究 • 实践》教育科学出版社，2007 年版，第 111 页。

④ 胡建华等:《大学制度改革论》，南京师范大学出版社，2006 年版，第 267 页。

织搭建桥梁，注重人性化管理，将组织决策下沉，使组织分工柔性化。[①]

大学组织变革的特性：

1. 复杂性。组成成分的多样性和差异性造成组成成分之间相互关系的多样性和差异性，是系统复杂性的根本源泉。[②] 大学的组织结构无论从主体、层级还是权力、任务都是复杂的集合体，既有内部结构的统一又有结构二元的冲突。大学组织结构的复杂性决定了大学组织变革的复杂性。大学组织变革是个动态的、非线性的复杂的过程。

2. 过程性。大学组织变革是一个连贯的不断变化的动态过程，是渐进式的改革。“渐进式改革”是一种“增量改革”，学校改革是一个“过程”，各种具体的“问题”，各种力量交织在一起，形成一张巨大的信念、实践、规范、价值观、习惯、偏见、观点和社会关系组成的网络。[③]

3. 系统性。组织是一个系统，是由多种因素组成的，系统中任何一个因素的变化都会导致系统的变化，大学作为一个拥有多种要素的动态系统，从学校组织目标到组织结构、组织文化及组织成员，无一不发生深刻的变革。正如挪威学者波 • 林达认为：“改革的成功需要学校不断的革新，它不要的不只是用一本教科书代替另一本教科书，或者是对课程或时间的分配进行结构性的变革，要使变革持续下去，每所学校必须进行为期几年的系统工作。”[④]

4. 适应性。组织变革是一个组织不断适应内外部的压力的过程，组织变革成功的关键在于能否在变革环境中求得生存与适应。加姆波特和斯波恩等人在上世纪 90 年代末提出了大学与环境关系的组织适应理论。大学外部环境的变化给大学所带来的最直接的变化就是成本、质量、效益和机会问题。

大学是复杂的有机体，会随着时间的变化而演进。大学会对内外环境的变化做出自己的回应，也正是因此，每个大学都会呈现出独特的面貌，我国大学制度的建立最初是借鉴西方发达国家的经验和模式，再结合我国所特有的国情而形成的。大学的组织决策过程也绝非是理想状态的，大学是一种特殊的社会组织，但要是一种社会结构形式，有着特殊的组织文化和组织政治，也就必然

① 周进：《由冲突到协调：学术自治与科层制》，《江苏高教》，2010 年第 1 期，第 18–21 页。.

② 苗东升：《论复杂性》，《自然辩证法通讯》，2000 年第 6 期，第 87–92 页。

③ 李春玲，肖远军：《强制性学校改革的实施困境分析》，《教育发展研究》，2009 年第 9 期，第 22–26 页。

④ [挪威] 波 • 达林著，范国睿译：《理论与战略——国际视野中的学校发展》，教育科学出版社，2002 年版，第 161 页。

处于既定的环境和制度等社会关系结构中，探讨大学与社会之间的关系和作用就显得非常必要。

第三章　西方国家大学治理结构

阿特巴赫在论述世界高等教育发展模式中指出，在提供先进的教育、推动科学研究发展以及帮助国家进步的任务方面，西方大学的治理模式被认为是学习的范本。特别是19世纪之后，受工业革命的影响，大学的地位日益彰显。20世纪之后，大学的职能多重化，再度使西方大学治理模式发生变化，西方大学渴望找出最理想的组织模式，使每一个参与成员都能满意的模式。

现代大学起源于欧洲，发达于美国，已经积累无数的经验，形成了成熟的大学治理权力结构和模式。对美国模式、英国模式、德国模式和法国模式的历史和现状进行比较分析，对我国大学治理权力运行模式建构具有启发意义。西方国家的大学一般具有以下几个特征：一是具有独立的法人地位，虽然法人地位的定义不同，有公法人、私法人、行政法人、非营利法人等；二是有明确的权力分割和制衡，如美国大学治理结构借鉴了美国的公司治理和政治系统中的三权分立，董事会—校长—教师的脉络清晰；英国的大学治理结构既受传统的行会联合体的遗留影响，也与其政治制度有一定相似性；德国大学则高度强调教授的决定性作用;法国大学中民主的成分更为突出，可视作“委员会式治理”。欧洲高校的权力核心在教授手中，代表社会对学校进行治理的力量较弱，没有与美国的理事会相似的外行机构，校长的权力也完全无法与美国同日而语；三是实现了权责利对等，每个主体的权利和责任界定清晰。大学的法律地位是由外部的法律来保障的，而权力分割以及责权利的关系则是由大学的内部的章程所规定的。

第一节　美国大学的治理结构

民主精神是美国的立国之本，大学是培养、传播民主精神的基地，民主原则也贯穿在美国大学的治理之中。美国强调公民治理的概念，大学也如此，大学中的每个个体都是公民。推动美国大学的繁荣的一个重要因素就是其背后的治理体制——共同治理（share governance）。共同治理强调学校决策的合法性必须建立在协商的基础上，所有受到决策影响的主体，都有机会来参与决策过程，并有平等的权利来选择议题和控制议程。美国学者罗森茨·威格曾把共同治理与产生于美国宪法的体制作了比较。他发现，共同治理的观念早在起草美国宪法时就已出现。[①] 美国大学共同治理较好地兼顾了学术自由与公共利益、民主参与和多元精英、决策的高质量和执行的高效率之间的关系，[②] 为美国大学的发展建构了良好的组织架构，这是美国成为高等教育强国的制度保证。研究美国大学的协商治理机制或许对我国正在建设的现代大学制度具有一定的启示作用。

一、美国大学共同治理的历史演进

大学治理是大学实现自己目标和任务的程序和实践，包括通过立法、政策和非正式的准则的形式表现出来的决策的过程和结构、各主体责任的分配、利益相关者的行为的控制和标准等。有效的大学治理的目标是建构健康的大学组织结构，使大学的最佳性能得以发挥，促进学生个人和社会的发展。大学的治理模式从直接的、具体的中央政府控制到自由放任的私营企业模式的变化，每一种模式都反映了某个模式的变化，每一种模式都反映了某个大学独特的发展历史和发展需要。大学作为创造或传播理念或观点（idea）的独特组织，有着服务于此目的的独特的制度安排。比如，终身教职保护教师的身份、学术自由和独立的声音不受侵犯。而共同治理的出现在于：（1）学术决策的制定应该规避短期的管理主义和政治考量；（2）教师是教学、课程和研究政策的最佳人选；（3）行政人员在资源分配、目标设置、选取领导者和指导学生生活等事务上不具备优势。因此，组织理论工作者将共同治理机制作为改进组织生产力的关键战略。[③] 此外，大学内部各层次利益主体可以通过这种集体谈判的形式（collective bargaining）来表达自己的权利和意见。共同治理对于维持大学的学

① 刘爱生，顾建民：《美国大学共同治理的思想内涵》，《中国科学报》，2012 年 6 月 27 日。

② 欧阳光华：《董事、校长与教授：美国大学治理结构研究》，高等教育出版社，2011 年版，第 200 页。

③ American Federatio of Teachers.*Shared Governance in Colleges and Universities: A Statement by the Higher Education Program and Policy Council*[R]. New Jersey: A Union of Professionals AFT Higher Education, 2006.

术正当性，抵制外部商业化对大学教育目标、标准和质量的侵害，以及支持学术自由和民主化管理方面都起到了关键作用。美国大学共同治理模式的形成虽然也有曲折和反复，但它的基本特征在于权力的去中心化、分散化以及以程序正义为特征的协商决策的治理模式，即权力由董事会、校长、教师和学生共同掌握。美国大学共同治理理念主张所有受到决策影响的利益相关主体都应参与集体决策，集体决策是在参与者信息畅通、平等和理性的基础上做出的。

大学是世界上最古老的组织之一，在其发展的几百年间，经历了外部的各种压力考验。中世纪大学是教授自治的组织，在欧洲殖民者踏上美洲大陆的时候，也带来了“教授自治”的理念。但在当时，教师的权力还被限于教学事务上。在最初的关于教师是否应该参与大学治理的争论中，认为教师的权力应局限于学术活动中。1858 年，密歇根大学校长亨利·塔潘（Henry P. Tappan）说：“教师是建立大学的唯一工作者”，所以教师在教学和课堂上应有至上的权威。① 这一概念得到广泛的认可。之后的 150 年，高等教育的发展促使共同治理原则得到发展。19 世纪晚期研究型大学的发展，20 世纪早期教师专业化的发展以及二战后的学术革命，学生人数的增加和学生构成的变化，以及 20 世纪 50 年代～ 60 年代政治环境的变化，这些都促使教师在治理中的声音的增加。教师的声音已经不仅仅限于课堂教学，而是扩展到同教育相关的决策。教授权力的增长是二战后美国大学治理结构最为显著的变化之一。从那时开始，高等教育发展依赖于共同治理所产生的合作决策的力量。②

美国大学共同治理理念的确定，一般认为是在 1966 年，由美国大学教授协会（AAUP）、美国教育协会（ACE）、美国大学董事会（AGB）三者联合发表的《大学和学院治理声明》（Statement on Governance of Colleges and Universites）中，“大学董事会成员（governing board members）、行政管理人员（administrators）、教职员工（faculty members）、学生及大学其他成员在彼此信任（belief）共同努力（joint effort）下参与大学治理。”从此，大学教师不仅拥有了参与决定教育和研究事务的权力，而且更普遍地涉足与大学教育相关的政策，如大学目标、规划、预算、选举等事务中，这项声明被视为是 20 世纪美国

① H.P.Tappan. *The Idea of the True University*[A]. In R.Hofstadter&W.Smith（Eds.）, *American Higher Education: A Documentary History*, vol 2[C]. Chicago: University of Chicago Press.1961,515-545.

② W.G.Tierney, and Lechuga, V.M. *Restructuring Shared Governance in Higher Education*[M]. New Directions for Teaching and Learning.San Francisco:Jessey-Bass.2004.

大学治理的重要里程碑。美国大学的董事会、行政人员与学术人员共同治理的模式，此种模式能够产生兼具质量与效率的决策，并能避免校园过度商业化，又被视为是与政府各单位之间的最佳权力制衡系统，此模式又具有民意基础以及能够适时对社会的反应给予回馈，得到民众的广泛认同。

该联合声明第一次明确确立了董事会、管理者、教师和学生共同治理的原则，建立了一套教师参与大学治理的程式标准，并对校长、教师、管理者和董事会各自在决策中的位置和职责做了建议，例如，董事会负责权力的授予（managing the endowment），校长负责维持和寻求新的资源，教师则负责教学课程。并不是说所有的决策都必须由三者之中的一个团体做出，大多数情况下都是由三者协商而定。各种力量在决策中的声音的大小视情况而定。① 强调教师、校长、董事会之间的沟通和理解的重要性，学校在制定重要政策时，要保障教师广泛参与决策的权力，要求大学和学院建立教师、董事会、校长之间的长期协商机制，实行三方谅解备忘录，扩大教师在学校管理委员会中的比例，高等教育机构的复杂性、多样性决定了治理机构、教师、行政人员、学生的相互独立性。这一文件在今天仍然是美国高等教育所奉行的基本原则，仍然在大学决策的形成中起着关键的作用。治理作为教师服务大学的一个主要组成部分也受到了 AAT 和 NEA 等组织的大力支持。②

20 世纪 90 年代，AAUP 再次强调大学治理必须依赖各成员间的协力合作（joint effort），而各成员权力的大小则取决于各成员所能承担的责任。“美国大学已进入提倡各大学成员适当分担责任的阶段。”1994 年，AAUP 发表《关于教授治理与学术自由关系的声明》（Statement on the Relationship of Faculty Governance to Academic Freedom）。《声明》指出，协商治理与学术自由是紧密联系的，有了学术自由，教师才能充分地参与学校管理而不必害怕受到管理层的迫害。因此，《声明》将协商治理与大学最基本的核心价值——学术自由联系在一起，论证了协商治理的合理性。

---

① American Association of University Professors. *Statement on Government of Colleges and Universities*[R].1966.218.

② Minor J. Faculty Governance at Historically Black Colleges and Universities[J]. *Academe*,2004,91（3）:34-38.

二、共同治理的理念和特征

民主是美国社会的基石，也正是这种力量帮助美国从 19 世纪一个落后的农业国家一跃成为 20 世纪的工业强国。高等教育不仅是个人获得权力和社会地位的工具和途径，也是实现民主的先决条件。[①] 美国大学制度上缺乏中央集权的计划编制、宽泛的公共物品概念以及对这些概念多样化的追求方式，使得美国大学治理的民主化程度较高。[②] 高等教育通过抵制决策的政治化代表了一种维护民主化的公共氛围。正如亨利·吉鲁（Henry-Giroux）在文章中所指出的，大学在抵御市场和行政力量侵蚀的过程中发挥了关键作用。[③]

美国大学共同治理的理念和特征包括两个方面：

（一）权力的分享

共同治理是目前美国高校决策制定中最首要的原则。大学治理协商民主的实现建立在权力在社会成员之间分享的理念之上，其在大学中的表现就是各利益相关主体共同治理大学。根据西索莱（Sithole）[④] 的理论，民主化的学校治理的一个关键原则是——决策是在各利益主体合作、协商、互信和沟通的基础上做出的，协商民主可以帮助各主体改变已有的行政化、官僚化的信念体系，建构性地思考各自的不同并进行积极的协商，而不是一味地去指责科层制的等级体系。共同治理的核心是教师和管理人员在大学决策中占有同样重要的地位，这一理念得到了大学教师和管理人员的共同支持。共同治理的原则在于平衡两种不同的权力体系——法定权力（管理层）和专业权力（教师）。共同治理存在的原因在于两种权力具有共同的目标——大学目标的实现和大学的持续发展。教授参与学校治理，与董事会、校长、系主任共同做出决策是保证学术自由和教育质量的基本要素。[⑤] 虽然共同治理在不同的大学会有不同的表现形式以及不同的程序和结构，但权力的分享是他们的共同特征。例如：在文理学院，所有的教师都参与治理过程；而大型的研究型大学则倾向于代议制程序，由教师

① Acemoglu D. From Education to Democracy[J]. *The American Economic Review*, 2005,95（2）:44-49.

② ［美］罗纳德·埃伦伯格著，沈文钦译：《美国的大学治理》，北京大学出版社，2010 年版，第 128 页。

③ Giroux H.A. The Corporate War Higher Education[J]. *Workplace*, 2002（9）:103-117.

④ Sithole S. *The Participation of Students in Democratic School Governance*[R]. Durban: The Education Policy Unit, 1995.

⑤ Taylor M. Shared Governance in the Modern University[J].*Higher Education Quarterly,* 2013,67（1）:80-94.

选举产生的教师委员会和联合委员会来代表教师做出决策。

共同治理并不是指每个人都参与到每个决策当中，而是指每个人在清晰的职责范围内实现最大限度的参与度。大学的决策过程涉及多个利益主体和参与者。外部利益主体包括董事会、捐赠者或纳税人、政府；内部利益主体包括管理者、教师和学生等。各主体之间协作和沟通的关键在于：清楚自己的职责和角色，同时也清楚其他人的角色和职责。从图 3-1 可以看到，大学评议会是最核心的，各治理主体都有其职责范围，各主体之间在某些事项上需要交换信息和共同决策，这种治理机制可以保证最有效决策的制定。董事会作为校内最高权力机构，负责校内资源及资金的分配和使用、与外界的联络以及办学资金的争取；以校长为首的行政机构则负责执行董事会的决议，行政机构必须首先取得教师的授权与信任，对非学术事务进行管理；教师委员会则对学术事务（如课程、教学、学生、教师晋升等事务）具有主导权，董事会及行政机构无权干涉。

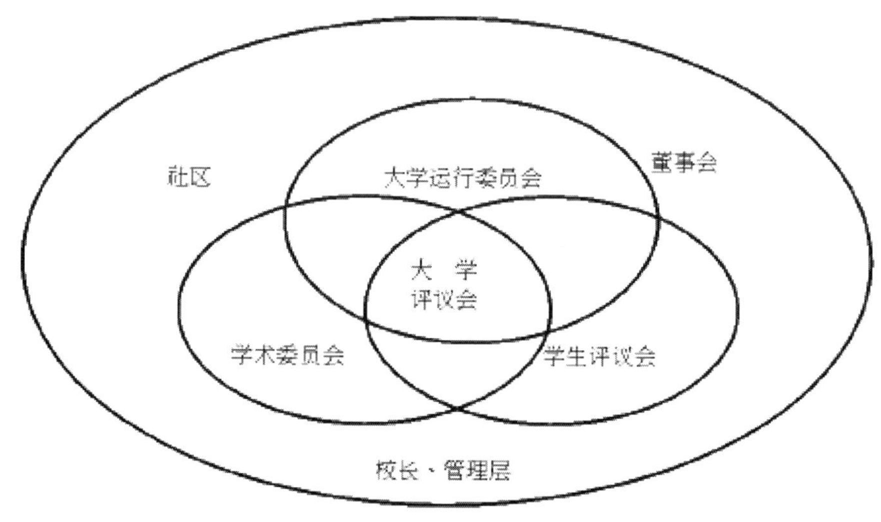

图 3-1 共同治理的利益主体

各利益主体参与治理的“度”是很难把握的，这也是导致这一概念比较模糊的原因。教师和管理者的目标总是相冲突的。[①] 教师希望能够提高学校的学术

① James E. *Decision Process and Priorities in Higher Education*[A].In Hoenace S. E.（eds）*The Economics of American Universities: Management, Operations and Fiscal Environment*[C]. Albany: State University of NY Press, 1990:77-106.

质量，并把这一标准置于其他目标之上；而管理者更关注大学的收益，特别是在目前财政紧缩的情况下。鉴于目标不同，在决策中二者力量的相互制约可能会产生不同的决策结果。米勒（Miller）通过调研发现，校长倾向于协商治理，但前提是将教师的权力限制在特定的领域，比如课程。① 迈纳（Minor）在调研了 103 所大学和学院后指出，超过 75% 的管理者认为协商治理运行良好，而 75% 的教师则不这么认为。2003 年，高等教育政策分析中心（CHEPA）和卡普兰（Kaplan）的研究也得出了同样的结论。

在 4 年制的大学中 90% 的学校都有教师委员会来参与大学治理。②Kaplan 曾经调研了 910 所公、私立高校治理结构后发现，美国高等学校仍偏向采用共同治理，并且在一些大学中印有指导手册（guide principles）供新进人员使用。在共同治理模式之下，董事会是最高的权力机构，决定大学重要决策，行政单位是决策执行和校务运行的主要单位，学术单位拥有对学术事务的所有决定权。大学内部治理主体主要包括治理委员会（董事会），校长，由学区长（chancellor）和教师组成的管理群体，教师评议会，学院系主任，部门主任，学生代表等。

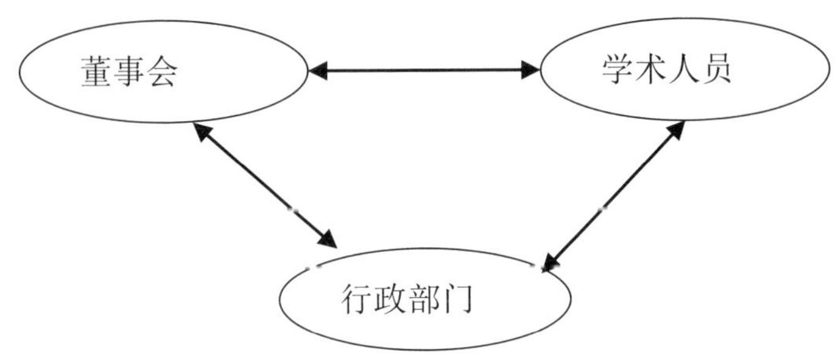

图 3-2：美国三元权力制衡治理机制

（二）尊重、平等与沟通的程序

程序正义的理念在美国宪法第五修正案和第十四修正案中得到了体现。这一原则贯穿于美国社会之中。贝达（Berdahl）把大学治理分为实质性自治和程序性自治。实质性自治是指大学或学院自行决定自己的发展规划和目标，程序

① Miller, M.T. *Conceptualizing Faculty Involvement in Governance*[M].Stillwater, OK: New Forums Press,2001:348-379.

② Kezar, A.,Lester,J.& Anderson,G. Challenging Stereotypes that interfere with Effective Governance[J] *Thought and Action*, 2006,22（2）:121-134.

性自治是指大学或学院可以自主决定实现这些目标和规划的手段和方式。共同治理不仅在于实现大学的实质性自治，也包括程序性自治。共同治理实现的关键在于各利益主体的持续沟通和信任，尊重利益主体的多样性。这正是协商民主所强调的通过程序正义来实现实质正义。通过平等、公正的决策模式来治理大学是民主社会的必然要求。正如弗兰克福特（Frankfurter）大法官所说，“一部美国人的自由史，在很大程度上，就是程序的保障史”[①]。

教师评议会（faculty senate）也称学术委员会，是教师参与治理的最普遍的形式。教师从学院或系里选举自己的代表组成教师委员会，与董事会、校长、学生组成协商治理委员会，就学校的发展目标、决策方向、财政、基础设施建设、学位、课程、招生、职称晋升、薪酬、学生事务以及其他事务进行讨论和决策。教师评议会分为院系评议会和校级评议会。从 20 世纪 60 年代起，教师委员会就成为美国大学治理结构中的关键一环。大学治理中的程序正义（procedural justice）是指在大学决策过程中，对涉及教师切身利益的事必须保证教师的知情权、发言权和影响力，保证决策程序的公正、公开。决策的合法性来源于程序上的正义，而不是具体的决策过程。甚至在某些大学（如堪萨斯大学、佛罗里达大学、德克萨斯大学）中，都设有正当程序委员会（due process committee）和教师申诉委员会（faculty grievance committee）专门审查大学决议的正当性。特别是当涉及大学教师职务晋升及解聘的案例时，正当程序就显得格外重要。以马里兰大学为例，马里兰大学的大学评议会（university senate）是学校最重要也是最有影响力的治理组织，每个月召开一次集体会议。大学评议会的主要作用在于为学校政策的出台提供建议，包括预算、人事、战略规划、设备添置、校园社区关系以及涉及教职员工和学生的事务。大学评议会由 190 名成员组成，其中包括 100 名教师、22 名行政人员、23 名本科生、10 名研究生、15 名院系主任、副校长和校长。评议会组成人员的多样化充分代表了各利益主体的权利，增加了各主体间的沟通和协商。在决策过程中，遵循的是罗伯特议事规则（Robert's Rules of Order），各主体之间是平等的“伙伴”（partner）关系。各主体可以充分表达自己的观点，即使无法达成共识，也可以透过理性思辨的过程，促进相互间的理解和包容。由于决策的做出是通过相关利益主体共同协商实现的，要求相关主体共同为这一决定负责，从而也加强了

① 季卫东：《法治秩序的构建》，中国政法大学出版社，1999 年版，第 12 页。

政策的有效性和执行力。此外，公开透明的决策程序也保证了决策的合法性和公正性。

协商治理和远离尘嚣的象牙塔是“失落国度里的两个神话”①。首先，共同决策可以超越传统的个人利益范围。共同决策的制定要求教师和管理者剔除差异性，集中于集体的而非个人的利益。这种方式可以建立广泛基础的发展远景，将共同掌权作为决策方式。这也表明，个人主义阻碍了有效的权力和责任分配。其次，协商治理的假定前提是领导者和决策制定者拥有共同的信念，忠于并践行民主价值和理念。例如，平等、共同目标、互相尊重以及参与性的决策制定过程是大学治理最基础的文化信念。然而，日益高涨的消费者导向的决策系统侵蚀着学术领域，对绩效的追求使得管理者对协商治理的效率产生了质疑，挑战着协商民主的基本原则。再次，各利益主体愿意分享权力的原因是为了学校整体的利益。有研究者指出，大多数学校协商失败的原因在于，各主体不知道如何谈判，如何礼貌地拒绝，如何适应双方之间改变的关系。②

我们以美国马里兰大学系统为例，来解释美国大学治理结构的组成与运作。美国马里兰大学系统（UMD System）的治理模式几经变革，到今天终于定型为董事会、行政系统和学术系统三权分立和制衡的系统。马里兰大学的内部治理结构由马里兰大学系统的董事会（the Regents of the University of Maryland），学术评议会（Division Academic Senate of the University of Maryland）以及行政执行系统（Chancellors & Division Academic Council）组成，主要治理运作是由行政部门与学术部门之间相互合作。马里兰大学董事会是马里兰大学系统内的最高权力机构，各分校并没有董事会的设立，虽然马里兰大学有 13 所分校，但董事会是相同的。董事会指派一名总校长作为马里兰大学系统的最高行政首脑，主要负责实践董事会的意见，设有各分校校长会议作为联络平台。总校长除了作为行政的最高长官，也是大学系统学术评议会的主席，负责将学术人员的意见传达给董事会。大学系统评议会又设有学术评议会与学术政务会，前者主要处理来自各分校学术评议会及所属委员会对大学系统的提案，后者主要是负责学术评议会的行政事务。

---

① Balbridge J V. Shared Governance: A Fable about the Lost Magic Kingdom[J].*Academe*, 1982,68（1）:12-15.

② Mabovula N. Giving Voice to the Voiceless through Deliberate Democratic School Governance[J].*South African Journal of Education*,2009（29）:219-233.

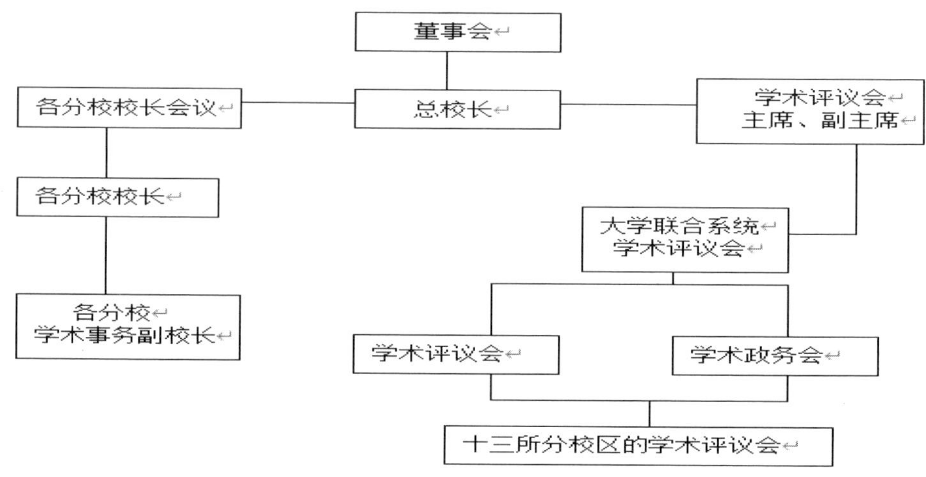

图 3–3 美国马里兰大学治理结构图

20 世纪 80 年代以来是美国高等教育急剧变化的时代，各州高等教育财政支出锐减，国家和社会更看重高校的绩效，政府和社会要求高等院校提供有关清晰目标、评估指标和达成度方面的证明材料。政府通过权力和法律来应对学生人数的增加，扩大教育机会均等，有效分配教育资源，政府对大学的干预范围和力度越来越大。尽管半个多世纪以来共同治理一直是美国大学治理的基本准则，但是进入 21 世纪之后，大学越来越多的面临外部的挑战。来自学术界外部的，比如商业界的介入，可能会使学校更加倾向于商业式的或科层化的运作，市场和效率的压力使得管理者和董事会不愿意教师介入到复杂的决策议题中，原因有可能在于不愿意等待他们决策，也有可能在于他们对教师能够做出最有利于学校的决策没有信心。[①]当前决策系统的改变迫使校长在短时间内作出重大决策，传统的决策模式受到极大的挑战，被指责效率低下。外部影响力的加大，使得大学更强调责任、质量和效率。例如州政府、校友会、认证机构都会对学校决策产生影响。立法者通过财政分配来影响决策的产生，个人捐资者要求在决策制定中占有一席之地，政府会通过规章和制度来间接引导决策，比如肯定性行动（affirmative action）对大学招生产生了深远和巨大的影响，认证机构通过设置合格标准来影响决策的形成。正如肯尼斯·莫蒂默（Kenneth Mortimer）和托马斯·麦康内尔（Thomas McConnell）说："二十年来州协调董事会和学区

① Cary Nelson.*The War Against the Faculty.Chronicle of Higher Education*[EB/OL].2009,April 16,B4.

系统管理层影响的加大已经使得决策不单单是学校内部的事。”有时候校长和董事会甚至成为应对外部压力的缓冲剂。① 同时，教师的流动性的增强，也使得他们更忠于学科而非学校。有学者研究得出，在财政紧缩期间，教师更缺乏影响政策的自信。这些都是教师参与共同治理弱化的原因。Birnbaum（1991）指出，“在私立组织，自治已经以许多方式逐步实现，但是在公立组织的很大部分，自治仍旧是各所院校希望但还没有实现的一个神话。然而在公私立院校中，同样盛行的治理和财政指导原则是：谁有黄金，谁统治。”②

三、美国大学终身教职制度的历史演进路径

在美国大学中，学术人员之所以能和董事会、行政人员形成三权制衡的局面，是因为在美国大学中，学术人员的权力得到了充分的保护，赋予教师自由表达自己的学术观点的权力，这一制度就是美国大学的终身教职制度。美国大学终身教职制度对于美国大学学术繁荣和高等教育发展起了比较重要的作用，终身教职的产生、发展及改革经历了漫长的历史过程。下面我们通过对美国大学终身教职的历史发展脉络的介绍和分析，来得出美国大学终身教职的产生、发展和现在所面临的挑战以及对策。

根据新制度经济学的观点，制度作为人创造出来的一种公共产品，随着外界环境和自身需求的变化，人们会不断地对旧的制度提出新的要求，以实现利益的增加。制度与环境的关系是相互适应的互动关系。当环境变化不是很剧烈的时候，制度基本能满足环境的变化，制度为了更好地适应环境，会通过自我调适，以满足环境的需求，这种制度的变迁属于制度的自我演化；当环境出现剧烈变化的时候，制度自身的问题与不足就会暴露出来，制度不能满足环境的需要，这时候对制度变革的要求就会显得比较突出。一百多年来美国大学终身教职制度的变迁基本符合上述情况。但是制度变迁并不是一蹴而就的，任何一个制度都会建立一种秩序和利益格局，想要改革这种秩序和利益格局，需要多方的长期的努力。这就是制度主义理论中制度的路径依赖。美国大学教授终身教职制度（Academic Tenure）是美国高等教育教师管理中独具特色的一个方面，

① Mortimer K. & McConner T. *Sharing Authority Effectively*][M]. San Francisco: Jossey-Bass.1978.

② Birnbaum, R Faculty in Governance: The Role of Senates and Joint Committees in Academic Decision making[J]. *New Directions for Higher Education*,1991,18（3）:8-25.

但并不是说，终身教职是完美无缺的。自终身教职确立之日起，就伴随着争议。从 20 世纪 90 年代开始，美国社会各界对高等教育领域中的终身教职制度的批评越来越多，对终身教职的关注度大大提升了，关于终身教职的改革也开始缓慢进行，这可能预示着终身教职的历史命运的转折。

（一）终身教职的产生与发展路径

美国是全球高等教育最发达的国家，也是目前世界各国高等教育效仿的对象，其中一个重要的原因就在于美国具有高质量的师资队伍，而高质量师资队伍又与美国的教师管理体制与制度是密不可分的。长期以来，基于试用期（probationary period）的终身教职制度，被公认为美国大学选拔和激励教师最有效的制度安排，是美国大学教师任用制度的中轴。①

1. 终身教职的产生

当英国开始在北美殖民时，他们也带来了他们独特的高等教育模式。在最初的三所殖民地学院中，哈佛、威廉玛丽和耶鲁，如同牛津和剑桥，学术自由理念得到了尊崇。虽然这一时期由于办学经费的匮乏，教师的经济和社会地位不尽如人意，但是他们的职业安全是有保证的，只要教师没有违法出格的行为，就无被解雇之忧，教师“应当在品行端正期间持续任职。”②18、19 世纪的捐赠讲座和民间捐赠办学的兴起，推动了大学和教师数量的增长。于是，19 世纪末 20 世纪初，一些大学尝试建立学衔等级制度（academic ranks），即讲师、助理教授、副教授和教授依次递升的制度。

这一时期德国的学术自由理念传入美国，美国的一些保守主义者认为学术自由可能带来革命性后果，威胁国家安全和社会稳定，开始对大学教师的学术自由权利加以限制，导致大量教师由于学术观点与校方或官方不一致而遭到解雇。1894 年威斯康星大学经济学教授理查德·伊利（Richard T. Ely）因为在课堂上讨论社会主义和工人运动而遭到解雇；1900 年美国斯坦福大学经济学教授爱德华·罗斯（Edward Ross）由于斯坦福夫人反对他关于华工和铁路垄断的观点而失去了其在斯坦福大学的职位；1903 年数学家哈斯特（G. B. Halsted）在田纳西大学工作了 19 年之后，因为公开批评学校在人事聘用方面存在腐败而遭

① 周作宇:《美国终身教授制的变迁与启示》,《高等教育研究》，2001 年第 3 期，第 106–109 页。

② Metzger,Walter P. *Academic Tenure in America:A Historical Essay*[A]. In :William R.Keast（ed.）.*Faculty Tenure:A Report and Recommendations by the Commission on Academic Tenure in Higher Education*[C].New York:Jossey-Bass,1973.93-159.

到解雇，等等。一系列的解聘事件都加速了终身教职概念的发展和制度的建立，教师将终身教职看作是学术自由的最后保障，避免学校管理层做出不利于教师表达观点和意见的管理制度。①

1915 年，美国大学教授协会 AAUP（American Association of University Professor）正式在约翰霍普金斯大学成立，杜威被推选为第一任主席。这次会议发表了《原则宣言》（1915 Declaration of Principles on Academic Freedom and Academic Tenure），确立了高等学校教职员工的思想自由和学术自由。宣言里指出，虽然大学教授是由董事会任命的，但是他们绝不是董事会的雇员，正如联邦法官是由总统任命的，但是他们并不因此成为总统的雇员。学者必须被允许自由做他们认为是对的事情，学者一旦被委任，任命机构没有权力对他们的职业功能加以干涉。教师的聘用只能由其同僚组成的学术委员会来决定，学校管理层和董事会成员不得干涉学术委员会的人事决定，等等。此后，终身教职作为一种制度才被慢慢接受。

2. 终身教职的发展

1940 年是美国终身教职制度发展的里程牌时间。在这一年，美国院校协会（Association of American Colleges）简称 AAC 和 AAUP 联合发表了《关于学术自由与终身教职的原则声明》（Statement of Principle on Academic Freedom and Tenure），学术界将此声明作为终身教职在美国高等教育领域确立的标志。《声明》界定并明确了终身教职的试用期限、同行评议、聘任程序和解聘原因等。《声明》指出大学教师经过最长不超过 7 年的试用期，经同行评议合格，就应享有永久的或继续任职的资格；终止这种任期必须有充足的理由，比如“财政危机（financial exigencies）”“教师不称职（incompetent）”“道德败坏（moral turpitude）”，解聘的理由必须是真实可信的；同时必须遵循严格的程序，包括学校必须送达正式的书面通知给教师，教师有权举行听证会进行自我辩护等。自 1940 年的声明之后，终身教职作为一项正式制度才被确定下来，有学者认为“在 20 世纪美国的高等教育中，可能没有单个文件像 AAUP 和 AAC1940 年发表的联合声明那样为人们广泛阅读、诉求、讨论和批判”，堪称 20 世纪美国高

① Bok Derek.Beyond the Ivory Tower:Social Responsibilities of the Modern University. Cambridge[M], MA:Harvard University Press,1982.5.

等教育的经典文献。[①]

二战之后的《退伍军人法案》使大学生数量急剧增加，也造成了师资短缺。为了吸引高质量的师资，许多大学开始为教师提供正式的终身教职。这一时期终身教职的比例达到了 52%。[②]1950 年代的麦卡锡时代（McCarthy era）和 1960 年代的反战运动及政治正确（political correctness）[③] 使许多教师因为政治倾向而遭到解雇。虽然这一时期终身教职的保护作用有限，但仍起到了一定的免疫功能。欧文·拉蒂摩尔（Owen Lattimore）是约翰霍普金斯大学国际知名的远东学者，被指责具有苏联倾向，拉蒂摩尔的终身教职使其免受来自政府及大学董事会的政治压迫，更重要的是得到了校长、系主任、教授明确支持，最终保住了其在约翰霍普金斯大学的职位。[④]1964 年的人权运动加大了终身教职在保护教师权益方面的作用。哈佛大学文理学院前系主任亨利·罗索夫斯基（Henry Rosovsky）说："回首，我很高兴看到终身教职和学术自由的传统抵御了政治和权力的侵犯。"同时这一时期由于冷战和苏联卫星上天给美国带来的沉重打击，使 20 世纪 60 年代和 70 年代成为真正的大学发展的黄金十年（decades of university）。高等教育得到了联邦和州政府、私人基金、公司和学生家长的大力支持，随之带来的是终身教职教师的大量增长。

从以上终身教职的历史发展脉络来看，从其产生到 20 世纪中期，终身教职基本能适应环境的变化，更重要的是，在一定时期它通过保障学者的学术自由与职业安全大大促进了高等教育的发展以及学术繁荣。它们是终身教职制度获得合法性与合理性的主要根据。从终身教职制度变化的方式看，它是缓慢的自我演化。

3. 新公共管理背景下终身教职制度的变革

政治、经济与科技是影响教育制度变迁的最主要的三种力量。科技的发展及其观念变化使教育制度环境变得更为复杂，不确定性也随之增加，经济则是教育制度的制约性条件，而政治则是导向与规范。美国高校终身教职制度也不

① 顾建民:《自由与责任：西方大学终身教职制度研究》，浙江教育出版社，2007 年版，第 69 页。

② Tenure（academic）[EB/OL].http://en.wikipedia.org/wiki/Tenure_（academic）.2012-03-13.

③ 政治正确（Political correctness）是美国民权运动的产物，意思为在语言和行动上最大程度的减小对宗族，宗教等特定人群的感情伤害。

④ Loope, David R. *Academic Tenure: Its Origins, Administration and Importance*[R].South Carolina Commision on Higher Education Staff Position Paper.1995.4.

能例外。

（1）新公共管理时代终身教职制度困境

对终身教职制度改革的要求，受特定的环境因素的影响，其中政党的执政理念是影响最大的因素，具体说就是 20 世纪 70 年代末 80 年代初的新公共管理运动。新公共管理的基本主张首先是强调目标的达成，其次是使用私法工具，如合同、招标—投标，创造公平竞争的环境，最后是配置和管制的结合。[①] 新公共管理设计的合同制国家里，人事和其他资源都通过一系列的合同进行管理。因其对绩效的要求，新公共管理运动成为席卷全美政府和公共服务部门的改革运动，高等教育组织也不能例外受到影响。终身教职不仅表示高校教师的学术职业分层，从法律上讲，它反映的是学校与教师之间的长期聘用的契约关系。然而在新公共管理改革运动之前它只是一种象征性的关系契约，它一方面具有很强的专业性，对教师权利充分关照，另一方面对教师责任的数量和质量的要求十分模糊。这种制度设计使人们对终身教职的教师的工作及其结果无法判断，被认为是对高校教师的“奖励制度”。这是终身教职制度的逻辑困境。终身教职制度作为一种长期聘用的合同制度，它在执行过程中已经大大地违背了其初衷。终身教职“绝不是终生的职业保证，它只是为了保障教师在经过一定时间的试用期之后，不会被任意地解聘”[②]。

终身教职制度的逻辑困境爆发的诱因是终身教职的现实困境。一是 20 世纪 80 年代以来是美国高等教育急剧变化的时代，各州高等教育财政支出锐减。而高等教育每年的花费却在逐年增长，人们普遍认为高花费是因为要付给教授高工资。二是有人认为终身教职会造成学术僵化，教育质量下降。特别是 1993 年废除警察、消防员和教授的强制性退休年龄之后，更加剧了这种对抗，公众普遍担心年龄大的教授的学术生产力和在教学和指导学生方面的有效性。三是高等教育质量的下滑，每年大约有三分之二的毕业生进入大学继续学习，而高投入并没有带来高质量。公众认为终身教职是教师无能力（incompetent）的庇护伞，使教授变得不思进取，终身教职的存在是以牺牲大学组织的效率和活力为代价的。赫勒曼（Helleman）指出“现有体系充满着腐败，非法操作的任命、

① ［英］简·莱恩著，赵成根译：《新公共管理》，中国青年出版社，2004 年版，第 42 页。

② WilliamW. Van Alstyne. *Freedom and Tenure in the Academy*[M].Durhamand London：Duke University Press，1993.325.

普遍的裙带关系以及公共资源的不当使用。”[①] 因此 AAUP 断言，“我们处在围攻之下”[②]。改革终身教职制度自然成为政府与高等教育管理者们的选择，其中绩效评估和契约关系改变是对高校终身教职影响最大的。

根据新公共管理改革的主张，大学与教师之间的关系由终身契约转变为非终身契约，采用多年的合同关系（multi-year contracts）来代替终身教职制度的声音已经浮出水面。有学者调研了四年制公立高校、四年制私立高校、两年制社区学院和盈利性高校四种类型大学的校长，大部分校长都倾向于用合同聘任制的方式代替终身教职。[③] 同时越来越多的学校雇佣兼职教师来解决办学经费的压力。有预测指出，终身教授的数量在下个十年会下降至 20%，AAUP 指出每年被授予终身教授的人数正在以一种值得警戒的速度下降。[④]2011 年佛罗里达州州长里克·斯科特（Rick Scott）有意实施高等教育终身教职的改革，斯科特和其他共和党的立法者都在积极推动结束终身教职而代之以短期的雇佣合同，并以佛罗里达海湾大学（Florida Gulf Coast University）作为榜样来推广，这已经不是政治家第一次提出终身教职的改革了。

政治与经济环境的变化，对大学提出了新的要求，大学也采取了一定的应对措施。相关资料显示，20 世纪 80 年代后期，政府和社会要求高等院校提供有关清晰目标、评估指标和达成度方面的证明材料，[⑤]1982 年美国高等教育委员会（National Commission on Higher Education Issues）建议各个学校制定针对终身教师的定期评审制度，促进教师的能力发展和保证教学质量。[⑥]1989 年，美国大学协会 46 个成员学校中，实行职后评审的只有 3 所，而到 1996 年，680 所

① Arthur D.Hellman. *Reining in the Supreme Court:Are Term Limits the Answer?*[A] In:Roger C.Cramton, Paul D.Carrington. *Reforming the Court:Term Limits for Supreme Court Justices*[C].Durham NC:Carolina Academic Press,2006.291-316.

② Ryan C.Amacher, Roger E.Meiners.*Faulty Tower: Tenure and the Structure of Higher Education*[M]. Oakland, California:the Independent Institution,2004.xi.

③ Jack Stripling. *Most Presidents Prefer No Tenure for Majority of Faculty*[EB/OL]. Chronicle of Higher Education. [EB/OL].http://chronicle.com/article/Most-Presidents-Favor-No/127526/.2011-05-15.

④ Martha S. West, John W. Curtis. *AAUP Faculty Gender Equity Indicators*[R].American Association of University Professors.2006.18-19.

⑤ Chritopher J. Lucas. *Crisis in the Academic: Rethinking Higher Education in America*[M]. Hampshine: Macmillan Press Ltd., 1996.208-210.

⑥ Jeffewy W.Alstete. *Post–tenure Faculty Development:Building a System for Faculty Improvement and Appreciation*[M].New York:Jossey-Bass Publishers,2000.9.

学院和大学中 61% 的院校制定了职后评审政策，有 9% 的高校正在筹备当中。[①] 卡内基的一项研究显示被调查的 192 所院校中有 88 所（46%）对终身教师进行聘后评审。[②] 可见，大学为了适应外部政治、经济环境变化，改革或者调整终身教职制度成为政府与大学当局主要应对策略之一。

（2）终身教职制度改革的推动力量与措施

激进改革派要求改革教师聘用期，相对温和派则要求通过终身教职职后评审满足公众对大学绩效的要求，当然这两种主张并不是绝然对立的，它们是在新的环境下对终身教职制度的调适或者改革，是终身教职制度改革的主要议题。其改革的动力有来自外部和内部的原因，外部的推动者主要包括立法者、董事会，他们强调的是终身教职的效率和效益，他们更愿意将职后评审作为大学剔除懒鬼（slack）和提高教师生产率，赋予大学更大灵活性的机制；而内部的推动者来自学校内部，主要是教师和管理者，他们看重的是终身教职在推动教授自身发展和提高大学教育质量中的作用。有研究者在对美国 225 所实施职后评审的高校的调研后得出，有 55% 的学校是由教师或管理者推动的，有 19% 的学校是由州立法推动的，有 26% 的学校是由董事会来推动的。[③] 终身教职职后评审政策的出台有四种方式：一是由州立法通过法案的形式来推动，比如阿肯色州，南卡莱罗那州，弗吉尼亚州、科罗拉多州和德克萨斯州；二是由州立高等教育系统推动，比如亚利桑那州，马里兰州，佛罗里达州、田纳西州和威斯康星州；三是由管理者和教师的集体谈判而形成，比如加利福尼亚州，明尼苏达州，马萨诸塞州和肯塔基州；四是由大学主动实施的，比如德雷克塞尔大学（这一方式比较少见）。

I 由州立法和州高等教育系统推动

1995 年弗吉尼亚高等教育委员会的报告（making connections: matching Virginia higher education’s strengths with the commonwealth’s needs）中指出：“许多委员都认为终身教职是终生职业的保障，因此每个由州财政支持的大学和学院都必须实行职后评审制度”。1996 年此建议通过并形成法案（the Appropriate

① *The Truth About Tenure in Higher Education*.Published by the Higher Education Departments of the National Education Association and the American Federation of Teachers [EB/OL]. http://www.nea.org/home/33067.htm.2012-03-22.

② Richard P. Chait.*The Questions of Tenure*[M].Cambridge：HarvardUniversity Press,2002.63.

③ Jeffery P. Aper, Judith E. Fry. Post-Tenure Review at Graduate Institutions in the United States: Recommendations and Reality. *The Journal of Higher Education*, 2016, vol.74,No.3,p241-260.

Act of 1996 General Assembly）。同年为了回应政府对终身教职的质疑，科罗拉多的大学校长组成专门的委员会（Ad Hoc Committee on Tenure）调研终身教职的实施情况，该委员会于 1997 年提交报告，建议采取职后评审，12 月科罗拉多前州长罗伊·罗默（Roy Romer）签署了在科罗拉多州立大学实施职后评审的法案（Declaring the need for a Post-Tenure Review System for All Colorado’s Institutions of Higher Education），法案规定，科罗拉多州立大学所有终身教授必须每五年评估一次，每个终身教授都有责任维持自己的学术生产力。1997 年阿肯色州也通过了在州内大学实施职后评审的法案（House Bill 2143 Act 1330）。1998 年南卡莱罗那州通过立法（Best Practice for a Performance Review），规定南卡莱罗那州的大学必须每三年对学校的所有终身教授评估一次，分为优秀、合格和不合格三等，不合格者将面临被辞退的危险。德克萨斯州立法会 1998 年以 29 票对 1 票的结果通过了终身教职职后评审的法案（Senate Bill 149），规定所有州内大学必须每六年评估一次，如果连续两次被评定为低于标准则有可能面临解雇的危险。

从以上各州的实践看出，各州出台职后评审制度的目的之一是创造激励教师不断保持较高学术生产力的制度环境，另一目标是为学校提供对表现低于学校要求的教师的正当解聘程序。这一政策的成功与否的标志还在于能否真正有效提高教师的学术生产力，包括教师个人和教师集体的。

II 由教师和管理者共同推动

1995–1996 年间明尼苏达大学董事会提出了 13 项提议，其中一项提出董事会有权削减工作表现不好的教师的工资，如果研究项目被取消或者被重组，他们有权解聘终身教授。汤姆·雷根（Tom Reagen），董事会成员之一，说“目前的终身教职制度没有赋予大学应有的适应性，使其在遇到困难时无法及时快速调整。”这项改革一出，立刻遭到教授的集体反对，因为当时有 87% 的教师或者是被授予终身教职或者是终身轨的教师，[①] 如果这一改革被认可，那终身教职就形同虚设。明尼苏达大学的教授通过各种方式联合各方力量，AAUP 也向全国大学发出呼吁共同抵制此项改革。各高校也趁此时机从明尼苏达大学挖取高层次人才。最终，为了维护学校人才稳定和教学科研的正常进行，在各种力量

① *The Truth About Tenure in Higher Education*.Published by the Higher Education Departments of the National Education Association and the American Federation of Teachers [EB/OL]. http://www.nea.org/home/33067.htm.2012-03-22.

的妥协和沟通之下，校董事会不得不做出了妥协，在不废除终身教职的前提下，实行职后评审。1996年，在经过了两年的沟通协商之后，加利福尼亚州立大学系统达成了（Collective Bargaining Agreement）协议，教师同意每五年进行职后评审，加利福尼亚教师协会（California Faculty Association）作为重要的教师组织在与大学的谈判中起了关键作用，在它的努力之下，兼职教师可以获得合法的终身职位，并取消了教师的绩效工资，宣称所有教师的贡献都是具有同样价值的。1994年肯塔基大学艺术与科学系主任理查德·爱德华（Richard Edward）提出在其学院实施职后评审，经过一年半的讨论修改，其后又两次遭到教师的反对而停滞，经过多次修正之后，终于在1998年春季得以通过，在提交至学校评议委员会（University Senate Council ）审查之后，2000年秋季在全校范围内得以实施。终身教职的周期性评估为四年，对那些评估结果（merit）为不合格的，将由同行评议会进行年度或半年度评估。1999年在马萨诸塞州教师工会与学校管理层的协商下，马萨诸塞大学开始了多年性、阶段性的终身教职评价制度.（Periodic Multi-Year Review）。拥有终身教职职位的教师除了年度的考核报告外，每七年还必须提交主要研究成果和履职情况的综合报告，以及对以后研究和工作的未来预期。同时，在报告当中，教师可以针对自己的研究项目，提出申请研究经费的要求。

II 由大学主动实施

终身教职改革的第四种方式，即由大学主动实施只专注于教师个人专业发展的终身教职职后评审制度。德雷克塞尔大学的职后评审制度不同于其他学校，不设任何惩罚措施，不设任何标准。在评审周期上，有的专业的教师实行五年一次的评审，有的专业只对其中某些表现不好的教师进行目标评审（triggered review），有些专业则是二者相结合。在评审范围上，有的学院由部门主导职后评审的工作，有的则是在学院层次进行。在评审方式上，有委托部门主管进行职后评审的，有进行同行评审的。虽然这种方式当中，职后评审已经变成了一种制度，但是由于在实践当中并没有统一的标准，导致该制度的目标是不清晰的。

美国大学教授联合会（AAUP）作为大学教师权益的保护组织，是一直反对职后评审制度的，“职后评审将会削弱学术自由的传统，并用来作为终止终身教职的工具。而且还会产生额外的费用，浪费教师的时间，抑制教师的创造性，对同行关系产生坏的影响。”[①] 但是 90 年代各州相继实行了职后评审的制度，AAUP 不得不做出一定的让步，并于 1998 年发表了《终身教授职后评估：AAUP 的回应》（ Post-Tenure Review: An AAUP response ）的报告，在报告中认可了终身教授的职后评审制度，但同时指明这种评估不是对教授终身资格的再评估，评估结果也不能作为取消终身教授资格的依据，其主旨应在于促进教师的职业发展。

从以上的描述和分析可以看出：

第一，终身教职制度改革的重点在于教师工作绩效评价和以非终身聘用契约代替终身契约，最终建立具有一定年限的合同制的聘用制度。

第二，终身教职制度改革的动力有来自外部的，也有来自内部的。更多的研究者关注这一制度改革外部因素，而忽视了其内部制度逻辑因素。有人认为，“财政紧缩、大学教师新的人口特征以及取消强制退休的做法”[②] 是终身教职制度的三大驱动力；一种不同的观点认为，“与变化着的学术场所密切相关的主要因素是评估与绩效责任、财政压力、治理和权力、技术”[③]。

第三，从终身教职制度改革的推动力量来看，在终身教职制度改革过程中，有联邦与州政府的法令和政策、相关组织的调查报告、专业学术组织（主要是教授协会、教育协会、卡内基教育基金会等）、大学管理当局（董事会和校长）和教师群体。美国高校终身教职制度改革最大的推动力来自新公共管理改革的影响，这与其说是终身教职制度改革的背景，不如说是新公共管理改革模式的移植与主张的实践。

（3）终身教职制度的路径依赖及其未来

终身教职对于高等教育的作用就像拉丁语对英语结构的影响，是巨大而意义深远的。在美国，终身教职对大学中的学术自由的保障是显而易见的，没有人能够低估它在指导和训练民主社会的年青一代的关键作用。终身教职深深植根于高等教育之中，我们要做的是如何使这一古老的概念保持其应有的活力和竞争力。我们必须抛弃那种认为终身教职要么全有要么全无的（all-or-nothing）

---

① AAUP.*On Periodic Evaluation of Tenured Faculty*[R].In AAUP Policy Documents and Reports. Washington ,DC: 1995. 49.

② [美]唐纳德·肯尼迪著，阎凤桥等译:《学术责任》，新华出版社，2002 年版，第 164–165 页。

③ James P. Honan & Damtew Teferra , The US Academic Profession : Key Policy Challenges[J]. *Higher Education,* 2001,（41）:183—203.

命题，简单地认为它对所有类型的学校都有价值或者认为它毫无价值。为终身教职制度辩护者认为，终身教职并不是造成大学经费增长的主要因素，不断膨胀的官僚体系、昂贵的设备等等这些才是造成大学经费增加的主要因素，终身教职作为保障学术自由和教师经济利益的作用正在消失，使得有志于从事教师职业的学者因为经济利益的考量而放弃将教师作为自己的职业选择。合同制聘用制度使教师缺乏对学校的归属感，对学校和教师的长远发展不利。在实践中，在职后评审制度实施十年后，有数据显示只有极少数的教师因为评审不合格而遭到解聘。比如在堪萨斯州立大学，在其实施职后评审 5 年中只有一位教师因此而遭到解聘，同样在德克萨斯州立大学，自其 1998 年实施职后评审后，只有一位教师被讨论是否重新授予终身教职。2001 年亚利桑那大学系统在接受职后评审的 2711 位教师中，只有四位是不合格的。[①] 在现实中只要进入终身教职轨，是很难被解雇的。

以上资料表明终身教职制度改革存在较强的路径依赖，这是其惯性所决定的，对于已经形成的大学秩序和利益格局，想要一下废除终身教职制度是不可能的。但是并不是说改革没有成效。相关的调查与统计显示，在过去的几十年中，大学教师的构成比例正在发生改变，越来越多的兼职教师正在代替终身教职。美国大学教师协会 2010 年发表的研究报告指出，四十年前绝大多数的教师都在终身教职的轨道上（tenure track），即使是那些主要从事教学而不是研究的教师，但是今天百分之七十的教师都不在终身教职轨道上。而且，相关报告似乎在建构一种新的替代性制度，美国大学学费与绩效中心（The Center for College Affordability and Productivity）2010 年发布了《减少大学花费的 25 条途径》（25 Ways to Reduce the Cost of College），其中第三条就是要改革高校的学术雇佣政策，提出“……大学可以用有职业保证和学术自由的长期合同来代替终身教职，或者用更慷慨的医疗保险和更多的退休金来吸引教师放弃终身教职”。

终身教职制度的合法性与合理性根源于其对学术自由与职业安全的积极作用。或许我们可以认为，终身教职制度曾经是保障学者的学术自由和职业安全的最好制度，但是它并不是唯一的不可替代的制度。关于学术自由的理念可追溯到古希腊时期，柏拉图的思想影响了整个西方文明的发展，他在他的阿基米德学园里实现了学术自由的美德，“思想者聚在一起寻求真理，献身于辩论的

① Gabriela Montell. *The Fallout From Post-Tenure Review*[EB/OL]. The Chronicle of Higher Education.http://chronicle.com/article/The-Fallout-From-Post-Tenure/46063/

艺术”[①]。古罗马的哲学家西塞罗也将学术自由的理念贯穿到了塔斯库勒姆学园（Tusculum）。他们将个人自由表达自己思想的权利视为最神圣的权利。随后的中世纪大学，比如巴黎大学、博洛尼亚大学和剑桥大学都忠实地践行着学术自由的思想，即使是在基督教统治的黑暗时期，大学仍然持有一定的学术自由，教师可以自由选择教学内容和发表学术观点。[②] 在实践当中，虽然学术自由的理念并不能完全保证教师免遭宗教的迫害，但是自治概念为教师免受学术领域之外的官员的过度侵害提供了保护。历史表明，当大学是学者的真正的自治共同体的时候，才能真正保护学术自由与职业安全。因此，终身教职未来的改革和发展，还有待于教师、研究者和高等教育当局的共同探索。

第二节　英国大学的治理结构

英国大学从历史上来看，有四种类型的治理结构：牛津式（Oxbridge）、苏格兰式（ancient Scottish）、市民大学（civic university）和高等教育公司式（higher education corporation）。

一、欧洲中世纪的起源时期（11 世纪—15 世纪）：教师大学 vs 学生大学

19 世纪之前，英国的高等教育史几乎就是牛津、剑桥大学史，这两所诞生于 12、13 世纪的大学，继承了中世纪巴黎大学的“自治”传统，教师组成教授会，自主管理教学、课程、学位授予、选拔校长等大学内部事务，形成教授治校的传统。这一状况大约持续了四百年。

西欧大学的历史可以追溯到巴黎大学和博洛尼亚大学，这两所大学为之后大学的建立提供了模板，有学者将他们称为英语世界国家大学的“亚当和夏娃”。[③] 两所大学建立的原则是截然不同的，巴黎大学是由教师建立的，被称为“先生大学”，其宗旨在于建立一个学者们互动的协会，为学者们提供一个可以继续他们学术的场所。学者们允许年轻的学者或学生在大学中学习，学生因此

---

① Robert K.Poch.*Academic Freedom in American Higher Education: Rights, Responsibility and Limitations*[M]..Washington, DC : The George Washington University,1993.3.

② Haskins,Charles Homer. The Rise of the Universities.Ithaca, NY:Cornell University,1987.55.

③ Andrew M. Boggs. Understanding the origins, evolution and state of play in UK university governance[J]. *The New Collection*, 2010, vol.5, Oxford: New College,1-8.

必须付费给老师的指导，在此类大学中学生在大学治理中的声音是几乎微乎其微的。

与巴黎大学不同，博洛尼亚大学是由学生建立的，也是由学生来运行组织的。学生有选择性地雇佣老师，在此类大学中，大学治理是由学生来主导的。1167 年，亨利二世将学生从巴黎大学召回后，成立了牛津大学，牛津大学继承了巴黎大学的治理模式，几十年后，在 1209 年，剑桥又复制了巴黎－牛津大学的治理模式，巴黎——牛津大学治理模式作为英国唯一的大学治理模式统治了英国四百年之久。

虽然在这一时期的大学中，教师在大学中具有较大的话语权，但并不意味着学生没有参与治理的权力。在两所大学中，仍然由学生选举产生校长（Rector），比如格拉斯格大学（Glasgow University，1431 年建立）和亚伯丁大学（Aberdeen University，1495 年建立），由学生选举产生校长也表明了教师并不是大学中唯一的利益主体。

二、艾丁伯格大学时期（16 世纪—18 世纪）：世俗 vs 教会

在 16 世纪一种新型的大学——爱丁伯格大学出现，建于 1582 年，这一时期大学的发展开始考虑当地社会的需要（local community），之前牛津和剑桥主要以培养神职人员（ecclesiastical institution）为主要任务，是教会的分支机构，大学被授予皇家封号，大学完全是由神职人员来统治的。

爱丁伯格大学的建立使大学不再脱离世俗，开始与当地社区建立联系。当牛津和剑桥还完全掌控在教会的手中时，爱丁伯格的治理结构中已经包含了“大学围墙之外”的人，大学被视为是整个社区整体的一个部分，爱丁伯格预示着世俗参与大学治理的开始。爱丁伯格大学引入了“议会”（court）的概念，大学议会监管大学的整体运作，它的成员中当地社区人员的数量超过了教会人员的数量，“议会”的出现为大学治理委员会的出现提供了平台。

三、维多利亚和市民大学时期（18 世纪 –19 世纪）：两院制

18 世纪中后期到 19 世纪，受工业革命的影响，大学逐步开始考虑经济社会发展的需要，同时受柏林大学的影响，大学成为了科学研究的中心。工业界和政府开始将大学视为促进经济发展和迎接科学发展挑战的工具。19 世纪后半期一大批学校开始出现，谢菲尔德大学、曼彻斯特大学、伯明翰大学等，既

是为了满足中产阶级对高等教育的需求，也是增强国家科研实力的需要。这些“市民大学”（civics university）[①] 因为当地社区在建立大学中发挥了重要作用，因此形成了“两院制”的治理结构（bicameralism governance structure）。两院制是指董事会和学术评议会共同治理大学。董事会负责资金筹集和财政预算，学术委员会负责课程、学术规划和学生管理。董事会由外部理事（lay members）组成，学术评议会由大学教师组成。1858 年的英格兰大学法案（Scotland's Universities Act）将两院制的大学模式正式确立和规范下来。

这种新型的治理模式也影响了太平洋另一面的国家的大学的发展。这一时期正值 19 世纪晚期，是美国和加拿大高等教育大发展的时期，美国和加拿大都出现了新型的大学，不再是教会大学一统天下，同时，美国和加拿大也逐步将自己的高等教育影响推至世界其他国家，在北美，两院制和外部理事治理模式已经变成主导的大学治理模式。

四、现代大学时期（19 世纪 -20 世纪）：公司化和绩效

20 世纪的大部分时间，维多利亚时期的两院制是大学治理的主流模式。但是 20 世纪六七十年代，高等教育双轨制的出现（dual higher education）以职业培训为核心的理工学院（vocationally-focused polytechnic institution）正式成为高等教育的一个分类，职业学院的出现给英国带来了一种新的治理结构——公司治理（corporation governance），比如金斯顿大学、伦敦帝国学院、提赛德大学，这类大学的数量总和甚至超过了古典和红砖学校(red brick university)的总和。[②] 在这类大学中，外部的董事会是主要的治理主体，学术评议会只是起到咨询辅助决策的作用。

英国大学治理结构的变迁历经九百年的过程，这个过程充分证明了治理结构是随时间不断演化的，而且不同的治理结构可以在同一时间不同的学校中共

---

① 英国的大学主要分为三类：一，建校八九百年的拥有悠久历史的传统大学；二，建校一两百年，大多为市立大学，校园建筑具有鲜明的哥特式建筑风格；三，20 世纪 80 年代末 90 年代初由技术学院改制而成的新大学。红砖大学指于二战前维多利亚时代在英国六个主要工业城市成立发展起来的 6 所大学（分别为伯明翰大学、布里斯托尔大学、利兹大学、利物浦大学、曼彻斯特大学、谢菲尔德大学）。“红砖”这个名称源于它们的校园建筑多以工业时代大量生产的红砖建成。后来一般说到红砖大学都泛指所有成立于 1800 年后至 20 世纪初期，以中产阶级平民教育为目标的中生代大学。

② Andrew M.Boggs. Understanding the Origins, Evolution and State of Play in UK University Governance [J]. *The New Collection*, 2010（5）:1-8.

存。自 1992 年《继续与高等教育法》颁布之后，允许多元技术学院改组为大学，高等教育双轨制从此划上休止符。英国将 1992 年后由以职业培训为核心的理工学院改组而成的大学称为“新”大学，以前的称为“旧”大学。在牛津、剑桥这类研究型大学中，实行的还是学术与行政相平衡的两院制治理结构。

五、英国大学治理结构的组成

英国政府一向承认大学是独立和自治的组织，政府不直接干预大学事务。这是与英国政府一贯遵循的自由主义思想和信奉“自由放任”的哲学理论、主张“国家消亡论”的政治目标有密切的关系。早期自由主义的代表亚当·斯密、约翰·密尔都认为国家只是一个“守夜人”，除了国家的自身安全受到威胁外，不应该去干涉他人的自由，在教育领域，国家干预教育是通向暴政的第一步。“政府只要决心要求每个儿童都受到良好的教育，并不必自己操心去备办这个教育。”[①] 在英国，大学传统以来被称为自治的部门（autonomous sector），政府授予他们许可证（charter），不论在学术还是内部治理结构方面都具有较高的自主性。在这种哲学思想的指导下，英国政府对教育的发展起到支持和保障作用，即使对高等教育的财政拨款也是通过中介机构大学拨款委员会（Higher Education Funding Councils）来进行的，避免了政府与大学的冲突。英国大学虽然完全依赖公共财政，但是却不受到政府的直接干预，大学拨款委员会在其中起了缓冲的作用。

在英国大学内部校一级的权力机构包括治理委员会、评议会和副校长等主要行政人员。在 1992 年的《继续与高等教育法》中规定：

（1）治理委员会的成员由 12 ～ 24 名人员组成（包括校长在内），其中独立成员可多选 13 人，由外部的工商界有相关经验的人员组成，成员不得为组织内的职员或学生，或政府选派的代表；其中 2 名必须是大学教师，由学术评议会指派，2 名是学生，由学生指派；另外 1 ～ 9 名成员为原治理委员会的成员，由治理委员会产生。其中独立的外部成员必须过半数。治理委员会每年至少开会四次。其职责包括：决定大学的发展方向并且监管（oversight）大学组织活动；保证有效率地使用学校资源，保证学校的偿付能力；进行年度收支预算；设置校长及职员的任职条件、职责、职级、薪酬；指定外部审计人员。

① 约翰·密尔著，程崇华译：《论自由》，商务印书馆，1996 年版，第 115 页。

（2）学术评议会：对学术事务负责，包括组织的学术标准、学位授予、科学研究、教学、课程和学术活动发展与促进、监管董事会与校长的责任。学术委员会由 30 ～ 40 名成员组成，且学术委员会成员在参与学校内部具有管理实权的职位比例至少在 50%。

（3）主要行政人员：包括校长、副校长等。英国大学的校长通常是名誉职位，由在社会上具有一定地位与声望的人担任，不具有实权，只在学校的重大仪式上出席，比如授予学位。副校长是大学的实际掌权人，是组织的行政首长，负责学校的具体运作。

英国的政治结构是高度分权的联邦体制，是君主立宪制的政体，有一个象征性的国家首脑——女王，她是国家的象征，但却有名无实，王室拥有荣誉、地位和尊严，但是没有实际的决策权，而民选的议会、首相则拥有实权。这是英国分权思想的最明显的体现。这种政治体制也影响了社会生活的方方面面。在大学同其政治体制相似，实行的是高度分权的学院体制。大学相当于联邦政府，而各个学院则相当于联邦的各个州。在牛津大学，大学是由 39 个学院组成的联合体，虽然没有大学校园的存在，但每个学院都是自成一体的，都具有独立的校舍和校园，学生是在各个学院注册的，各个学院独立接受捐赠，大学只提供公共层次的服务，比如图书馆、毕业证、对外交流、网络服务等。在过去，牛津大学的副校长一般由某个学院的院长担任，任期 2 年，但在 1992 年《继续与高等教育法》之后，这一惯例被立法废除，改由单独任命，任期 7 年。在英国，一般的称校长为 chancellor 或者 rector，如同女王一样，校长并没有实际的决策权，只在重大的仪式比如毕业典礼、校庆等重大场合出现，一般由社会地位比较高的名誉人士担任，而几名副校长（vice-chancellor）则负责日常的行政事务，是有实权的人。学校的决策一般是由 senate 或者 council，有的学校则是 board of governor 来做出，是最高的立法和决策权力的象征，相当于议会的立法机构。他们的决议，副校长必须执行，senate 或者 council 是由大学全体教师选举产生的。我们以英国布里斯托（Bristol）大学的治理结构为例。

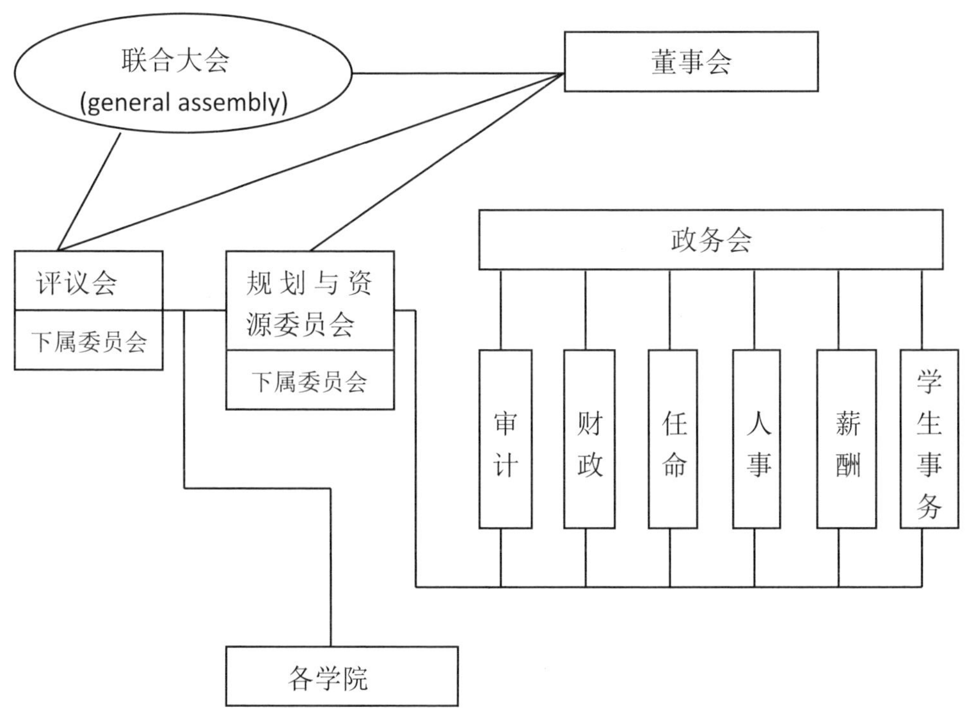

图 3–4 英国布里斯托大学治理结构图

目前，在英国大学出现了一种强烈的进取的倾向，如大学的副校长来源于工商业界的背景增加，如牛津大学的副校长就具有产业界的高级管理经验和背景，南岸大学（south bank university）的助理副校长曾经在产业界任职，甚至南岸大学工商学院聘请了一名没有任何职称的工商界高级管理人员做院长。在南岸大学，很多教授是兼职的，他们一周在南岸大学工作 1—2 天，按时间计算待遇和收入，显示出一种强烈的公司化倾向。英国诺丁汉大学（university of Nottingham）校长 Colin Campbell 指出了市场权力在大学的涉入情况，说明学术研究、行政部门甚至是英国政府是如何共同地受到市场力量牵引与发展的。"英国大学曾经严格地为政府控制，目前大学都进入了市场，进行竞争，大学必须学会市场推销技巧。……市场的收益，教师可以获得一些，学院也可以获得一些，大学也得到一些，钱回到大学，就比较没有争议。"[①] 在英国大学中，这种对工商企业从业经历的重视，可以视为现代大学管理之中的一种市场化倾向，

① Colin G. Campbel. *Colonial Williamburg Foundaton: Seventy-five years of historic preservation and education*[M].New York: Newcomen Society of the United States 2002.1.

为了应对日益严峻的竞争，大学的管理和组织设计越来越向产业界靠近，大学管理之中更多借助了公司和企业的经验。这是目前的一种世界性趋势。

第三节　德国大学的治理结构

德国高等教育曾是世界高等教育中心，洪堡开创的现代大学理念仍然在影响世界高等教育进程。但现在，德国高等教育已经被美国等国家超越。对其兴盛进行追溯，对其停滞进行思考，对其复兴进行研究仍是当今高等教育研究的一个热点。德国大学的治理也深受欧洲理性主义的影响，将大学视为一种文化机构，一种远离政治干预的相对自由的机构。为了履行探求新知的功能，大学需要独立行动的空间，大学的价值不能以市场方式来衡量，不能简单地将其视为新知识的创造与提供某种特定技术的场所，大学是社会文化的整合，体现与培育一个国家的文化遗产，这一功能远非量化目标所能衡量的。[①]

与崇尚个人主义的英国相比，德国的国家主义思想强盛，黑格尔、李斯特、俾斯麦使得 19 世纪的德国成为国家主义的中心。政治上的国家主义也对高等教育产生了影响，政治上的强势干预与文化上的自由思想使得德国形成了一种独特的高等教育体制。德国大学是强势的官僚主义和学术寡头相结合的产物。从外部来说，德国大学是德国政府来举办和管理的，但是政府只享有宏观管理权，无权干涉大学内部事务，同时政府要保证大学不会受到来自外部的力量（比如宗教）的干涉。这一时期，在早期人文主义者的影响下，洪堡创立了具有里程碑意义的柏林大学和讲座制。讲座由大学评议、提名，由大学任命、拨款，教授是他研究领域中的唯一一名讲座持有者，同时也是研究所的唯一负责人，对讲座内的教学、人事、科研、财务等负全责。19 世纪柏林大学“教学科研相统一”和讲座制的实施使得德国大学一跃成为世界高等教育的佼佼者。德国教授拥有相当大的学术自治权力，这种权力也得到了国家和大学的认可。从 19 世纪到 20 世纪上半叶，讲座制作为欧陆模式为世界各国所仿效。

但是二战之后，讲座制的弊端开始显现，由于讲座制生成机制的制约，“当建立界限保护某学科时，边界就标志着所有者的领土，外人不得擅入，以便跟

① 王英杰，刘宝存:《西方大学的共同治理》，北京师范大学出版社，2012 年版，第 50 页。

其他学科划清界限”[①]。“负责管理的教授已经发展了他们的既得利益，使得在他们领域内兴起的新专业作为亚专业保留在他们的研究所以内，而不允许它们成为新的研究所或独立的讲座。”[②]讲座制加重了学科的封闭性，使学术的发展无法随着外力的变化而积极创新，再加上纳粹政党的干预和政治势力的介入，使得德国在二战之后学术领域的地位日益降低。1990 年在东西德统一之后，德国面临新的情况，不得不展开新一轮的教育改革。

德国是联邦制国家，根据 1949 的《联邦基本法》，联邦政府对各邦教育只有监督权，各联邦可各自订立不同的大学法（Hochschulgesetz）。在 1976 年的《大学基准法》中规定，德国公立大学为公法社团，为国家机构，德国大学原则上是文化领域的公法社团。德国始终认为教育是国家任务，具有国家教育目的，大学在行使自治权力处理事务时，仍应受国家监督，而非“国中之国”（Statten in Staate）。[③]由大学负责学术事务（教学、科研、学生事务），而行政事务（人事、经费、总务）则由各联邦监督。1998 年《大学基本法》修订，给予大学松绑。“联邦政府与各邦共同建构……，决定 262 所公私立高等院校是研究、教学、学术继续教育、知识转化、国际交流和自我管理的共同主体。”[④]改变过去由单一的行政委员会（Verwaltungsrat）负责执行与监督的功能，将权力重新分配，由校长、校务委员会或称学术评议会、理事会共同负责大学发展。

校长为首的校务会议：校长由教授集体选出，任期 4 ～ 8 年，校长为行政与学术的双重代表，其主要职责为：处理国家委托事务；担任校务会议主席，负责会议召开的准备，主持会议及执行其决议；处理校内行政事务，为行政人员最高长官，但对各系行政人员无指令权，仅有监督权；维护大学运行秩序；行使紧急处分权；咨询请求权等，校长的权力有一定程度的增强。

理事会：德国大学基本法修改之后，参考美国的董事会制度而设立，设立的主要目的是想改革德国学术界与外部缺乏联系的局面，因此理事会的组成人员包括来自政界、工商界等外部人士。以柏林大学为例，柏林大学理事会成员 10 名，包括柏林市政府负责大学事务之教育委员 1 名，柏林政府与行政部门或

---

① ［美］华勒斯坦著，刘健芝译：《学科·知识·权力》，生活·读书·新知三联出版社，1999 年版，第 22 页。

② ［美］伯顿·克拉克著作，王成绪译：《探究的场所：现代大学的科研和研究生教育》，浙江教育出版社，2001 年版，第 38 页。

③ 董保城：《德国学术自由之研究》，教育部高等教育教育司，1995 年版。

④ 梁福镇：《德国高等教育的演变与发展》，《通讯在线》，2010 年第 31 期，第 39 页。

柏林知名社会人士 5 名，柏林大学成员 4 名。其职责包括：审议大学预算；大学机构设置，但不包括各院系学科分类项目；大学发展规划；学校关键性职位的人选；涉及学校发展的重大事项，何为重大事项则由理事会决定。“理事会不但具有监督功能，同时对学校发展重大议题享有参与决策权，但不涉及与教学研究有关之学术事项。”[①]

学术评议会：根据大学基本法第 38 条的规定，德国大学当中包括四种群体：教授；学生；高级助理、高级工程师、学术及艺术人员以及学术与艺术人员助理；其他工作协助人员。[②] 所以德国大学学术评议会由教授、助教、行政管理人员与学生组成。校长是当然成员，但不担任主席席位，教授占一半以上的席位，体现了德国教授治校的特点。其职责包括：决议学校组织规程；选举或提名校长、副校长；决议预算草案；决议院系设置与变更；决议学生事务；决议教授引进及职称评审事务；决议考试规则等。

2006 年，联邦政府和各邦政府达成《2020 年大学协定》(Hochschulpakt)，取代了执行 30 年之久的《联邦大学基本法》，开始扩大学校的办学自主权，在经费拨款上，不再使用类别预算，大学可根据自己的情况协调内部经费使用，由教授治校转为“共同治理”，要求有不同的利益群体参与决策，增强决策的民主化程度，除原来由单一教授组成的学术评议会改由教授、学术人员、学生和行政人员四类群体共治，另外新设置了理事会邀请校外人士共同参与学校治理，改变了过去的招生由政府配额的方式，可以由各学校依据学校发展进行自主选拔，德国大学开始积极应对外部的变化。

我们以亚琛工业大学（RWTH Aachen University）为例，亚琛工业大学是德国最大的理工大学之一，是德国九所精英大学之一，同时是 TU9、IDEA League、TIME、UNITECH 等一系列学术联合体的成员。

---

① 董保城：《从“学者共和国”到“学术企业体”之两难：论新版大学法草案》，黄俊杰主编：《二十世纪大学教育的新挑战》，台湾大学，2005 年版，第 305 页。

② 李建良：《从德国经验谈公立大学法人化及其组织》，台湾法学会、大学教育改革促进会、台大法学基金会、台大法律系：《“21 世纪大学法”研讨会》，台北，1998 年版，第 18 页。

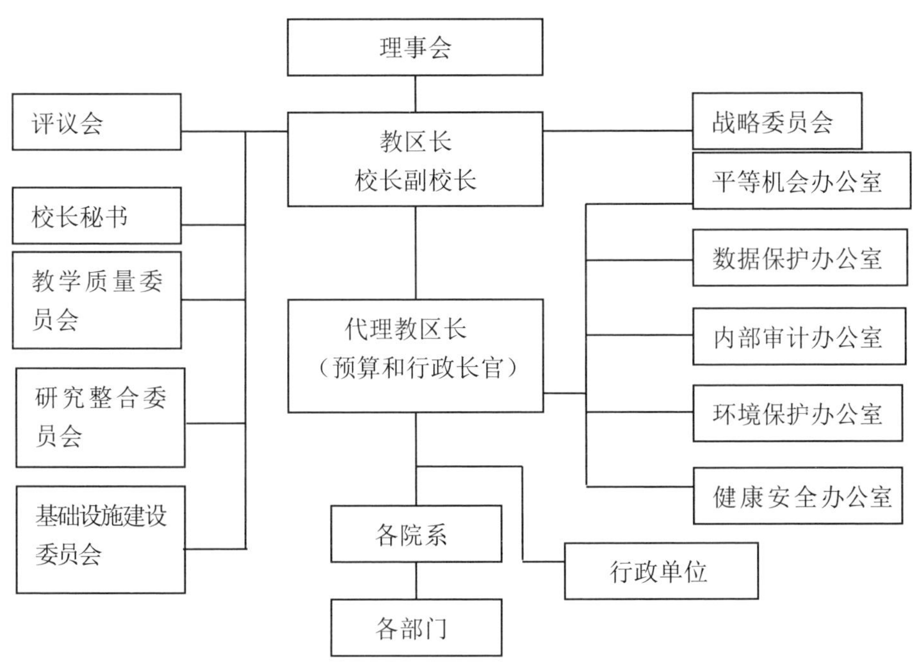

图 3-5 亚琛工业大学治理结构图

在今天高等教育的国际竞争中，德国模式已越来越有被美国模式所取代的趋势。德国大学治理结构有倾向美国化的痕迹。根据《德国高等教育总法》，德国大学治理结构分为三个重要部分：起立法职能的理事会；起决策职能的评议会；起行政职能的校长办公会。这三部分职能设置，带有很强的美国大学治理结构痕迹。特别是新设置的理事会，几乎与美国董事会职能相一致。它的成员有内外两类人员组成，一是大学是社会公益机构，它的治理需要社会人员参与；二是大学需要理事会中的外部人员联系社会，充当大学与社会之间联系的中介，从而使大学更好地与社会契合。在联邦部长埃德尔加德·布尔曼（Federal Minister of Edelgard Bulmahn）发布的《变革的勇气》（Courage ot Change）报告中指出，长期的资金不足，学习时间过长，高辍学率，教学设备投入不足，教学目标缺乏实践导向，在国际领域缺乏吸引力等，这些都使德国的大学缺乏竞争力。

由于德国大学传统上被视为国家体系的一部分，德国大学的教师都具有公务员的身份，大学的教学和科研经费也是来自政府的财政拨款，因而大学不需要直接面对市场，政府在大学和市场中间起了缓冲的作用（正如英国的大学拨款委员会 University Grants Committee, 简称 UGC，在大学和政府之间充当了缓冲剂的作用）。克拉克曾经直观地用数据形式表现了各国家大学中私人投资的百分比，非常清楚地表明了德国大学的国家性质，比如智利大学中私人投资的比重占了 76%，韩国占了 83%，泰国占了 67%，美国 53%，澳大利亚 44%, 加拿大 43%，英国 37%，法国 14%，德国 8%。① 近些年，德国政府为了激励大学提高自身绩效，实行了以目标和产出为导向的绩效资金分配模式，绩效指标包括科研经费、学生完成学业率、学生入学率等。

有学者研究指出，德国大学治理结构改革的内容包括四个方面：一是国家开始对大学的控制松绑，特别是通过经费分配方式的改变，来激发大学提高绩效；二是设立校务委员会，体现外部利益相关者的诉求；三是实行以目标为导向的绩效管理，形成竞争格局；四是强化行政上的自主调控，并缩减与学术自治的相关权限。②

我们可以借用雷达图来表示德国大学权力结构的演化：

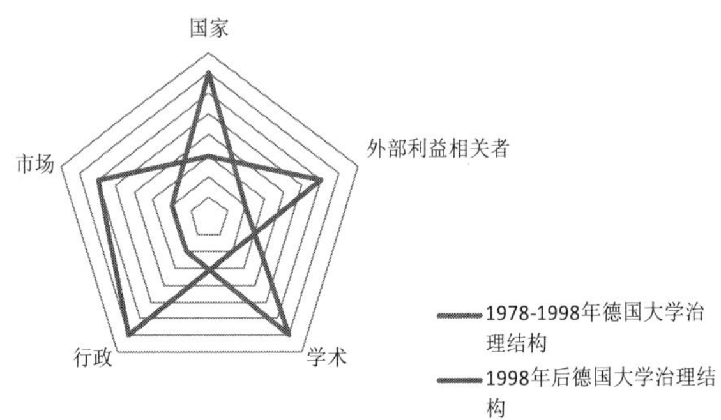

图 3–6 德国大学治理结构演化图

资料来源：Ivar Bleiklie and Stefan Lange. Competition and Leadership as Drivers in German and Norwegian University Reforms.*Higher Education Policy* 23, 173-193（June 2010）

① Burton R. Clark.*Sustaining Change in Universities: Continuities in Case Studies and Concepts* [M]. Maidenhead, UK: Open University Press, 2004. 120.

② 张源泉：《德国高等教育治理之改革动向》，《教育研究集刊》，2012 年第 58 卷第 4 期，第 91–137 页。

第四节　法国大学的治理结构

长久以来，法国的高等教育治理倾向于中央集权。直到今天，中央政府仍在高等教育的经费拨款、机构设置、教学及科研人员的聘任及大学评价方面具有主导权，这种中央集权的大学治理被视为是保证全国教育机会均等的重要原则。[①]1789 年之前，法国大学以巴黎大学治理结构为主要运作模式，是法人社团共治模式（la corporation collegiale）。大学拥有的法人组织地位（statut de corporation）使其在王权与教会的双重压力之下，可以独善其身，享有行政自主、免交赋税、司法特别待遇与学位授予独立权和内部民主治理的权力。

1789 年法国大革命之后，拿破仑以帝国大学来统一组织各类教育，可以看做是法国教育部的前身。这一时期，受十八世纪末期以“国家”为唯一合法教育举办机构的理论的影响，其中以拉夏洛泰的思想为代表，在上呈国王的建议书中，他这样写到：我在此向全国各界声明要求，只由国家资助兴办教育。这对国家而言是非常重要的，因为国家之子终究需要国家主要成员共同教养。[②]拉夏洛泰的思想为教育脱离神学和教会的控制提供了依据。在教育体制上，全国只有以国家为主的唯一大学，各地只能设有学院或高等专门学校，中央政府有权介入文凭授予和教育内容、教育标准的设定。大学区设 32 个学区，每个学区分管几个省的教育行政工作，大学区的总长作为教育方面的最高首脑并直接由拿破仑任命，并将全国教育行政与教学人员作为公务人员划分等级，大学教授具有政府官员身份，这项政策一直沿用至今。第三共和国时期，大学已不再具有独立法人地位，大学只是公众服务机构，1896 年《大学组织法》规定各大学可成立“大学理事会”自主处理相关事务。由于全国各地区大学的成立，衍生出了中央集权与大学自治之间的关系，也由于这一时期美国和德国大学的蓬勃发展，对法国高等教育的发展提出了挑战，传统的中央集权管理体制开始松动。

二战之后，中等教育毕业人数剧增，加上大学与专业学院的二元系统，导致受教育权因社会阶级差异而造成受教育权机会不平等问题更加突出。1968 年

① 黄照耘，江相玲：《法国高等教育治理模式之演进与现状分析》，《教育资料集刊》，2008 年第 39 期，第 1–36 页。

② 同上。

学生运动后，由当时的教育部长埃德加·福尔（Edgar Faure）主导的《高等教育方向指导法》通过，在改革高等教育治理方面迈出一大步。大学校务基于“自治与民主参与”原则，交由大学理事会自主决定，并由教学研究人员与学生选举大学校长，任期5年，负责全校校务处理。这种治理模式取代了从1896年由各大学区总长管理的模式，并确立了自治与民主参与原则。法国高等教育治理的变革是逐渐将权力下放地方及各级大学，1980年后推行了一系列的去中央化、分权化和地区化的措施。影响法国高等教育的另外一个重要法案是1984年的《高等教育法》。继承之前的大学自治与民主参与原则，大学校务由行政咨询理事会（administrative council）、学术咨询理事会和大学生活与学业咨询理事会（scientific council and council for university studies and life）共同决定。其中行政咨询理事会决定大学相关纪律奖惩，学术咨询理事会管理大学相关学术研究事务，并拟定大学学术研究发展方向计划，然后提交行政咨询理事会做决定，大学生活与学业咨询理事会管理教学与学生校内外生活之协助，并向行政咨询理事会报告课程教学发展计划。这三大理事会共同产生大学校长，任期5年，由于大学校长的任期比理事会的任期长一年，因此其独立地位与行政权力均更为加强。①

法国大学的内部治理结构是由大学校长、行政咨询理事会、学术咨询理事会和大学生活与学业咨询理事会共同构成的。校长的职责包括代表学校签订合同和协议，安排学校的开支和预算，调配学校各个部门的人员，任命考试委员会成员和维护学校的秩序。行政咨询理事会由20～30人组成，由该校教授、副教授与学生代表（8～14人）和至少包括学区议员和地方企业负责人各1名的校外人士（7～8人）组成。其职责是就学校整体规划和教学研究做出重大决策并实施有力的领导。学术咨询理事会由教授、行政人员、学生、科研人员和校外人士30～60人组成，其中教授和研究员占40%～50%，校外人士占20-30%，学生代表占20%～25%，行政人员占10～15%，就人员聘用和晋升、专业设置、学术事务做出决策。大学生活与学业咨询理事会是学生组织的指导和支持机构，一般由20～40名成员组成，学生与教师代表占75%～80%，行政人员10%～15%，校外知名人士10%～15%，其职责是指导学生的学习、

① Boursin & Leblond. *L'administration de L'Educaton nationale*[M].Paris:PUF. 1998.85. 黄照耘，江相玲：《法国高等教育治理模式之演进与现状分析》，《教育资料集刊》，2008年第39期，第1–36页。

生活以及就业，帮助改善学生的学业和生活条件，协助学生开展文娱和体育活动，负责学校后勤设备的补充与维护。①

以埃克斯马赛大学为例（如图所示），埃克斯马赛大学2012年由马赛第一大学（Université de Provence）、马赛第二大学（Université de la Méditerranée）和马赛第三大学（Université Paul-Cézanne）合并而成，是现在法国规模最大的大学，也是法语国家和地区最大的大学。

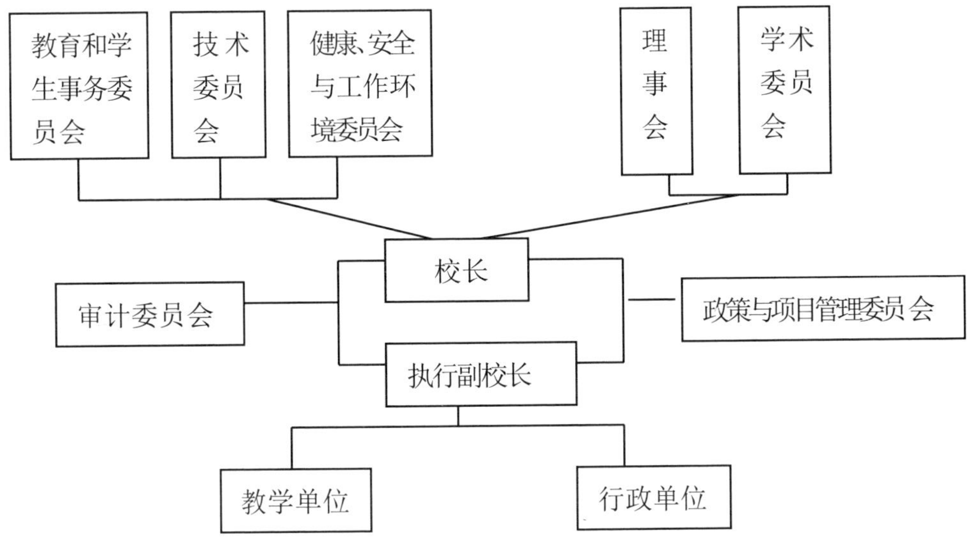

图3–7 法国埃克斯马赛大学治理结构图

法国大学治理结构的改革可以被视为是历史遗产与跨国高等教育竞争之间压力的结果。在20世纪80年代之后，世界大学处在不断的变革之中，法国高等教育也经历了广泛的改革。特别是法国大学在各类世界大学排名中的成绩不佳，更加速了这种改革。法国大学以政府集权式的管理为主，因而大学比较拘泥于固有的治理形态，因而有学者称法国大学是“中央集权”（state-centeredness）与“固步自封”（immobilisme）的缩影。② 相对于“市场”而言，法国高等教育更加倾向于公平，对竞争和办学主体的多样化一直是不提倡的，因而很多试图赋予大学自主权的努力都没有成功。尽管法国大学的教师具有与

① 洪源渤：《共同治理——论大学法人治理结构》，科学出版社，2010年版，第76—78页。

② Michael Dobbins. French Higher Education Governance after Shanghai: More State, More Market, and More Humboldt. *Comparatvie & International Higher Education*, 2013（5）:31-35.

行政决策者共同治校的权力，但是在学校课程、人事政策、质量保证等方面仍然是由国家统一管理的。这种由国家统一规划和管理所带来的问题是，大学缺乏自行进行战略规划和决策的能力。1999年的博洛尼亚进程和2007年的《里斯本协议》，使法国大学从竞争角度去看待大学发展的问题，加之法国大学在各种大学排名中的表现不佳，这些因素都加速了法国大学治理结构的改革。

公共管理理论中的“合约化”（contractualisation）为法国政府调整与大学间的关系提供了新的思路，政府与大学签订为期四年的合同，以大学的绩效为下一期国家拨款的依据。20世纪90年代中后期之后，法国高等教育逐渐从等级化的（hierarchical steering）决策结构转向多中心决策（polycentric policy-making）和多元化目标（multi-directional）的体制，这种发展模式融合了市场驱动模式和传统洪堡模式（state-driven marketization with a Humboldtian touch）。2006年法国政府开始推动“高等教育与研究集群”（pôles de recherche et d’enseignement supérieur，PRES）计划，对法国的高等教育进行大规模的改组与调整，并成立了法国国家科研署（ANR）专门负责对高等教育的拨款，以及高等教育研究与教学评估机构（AERES）负责对大学的绩效评价。萨科齐总统用大学排名的数据来支持他的改革假设：大学的产出与成功与大学的自治程度紧密相关。①之后政府开始逐步下放对大学的管理权限，比如大学拥有了较大的人事权，大学可以与教师自主协商合同内容与薪酬，而不需政府行政机关的批准；在治理结构方面，外部力量开始进入大学，最重要的标志是法国大学中出现了“董事会”（conseil d’administration），董事会的人数大约在20～30人，其中包含了教学和科研教师，也有外部的商业和地区的利害相关人；同时加大了校长的权力，校长有权分配政府拨款和私人捐赠，有权决定人事聘任和对教师的绩效奖励。但是，教师们都认为校长权力过大，会对教师的专业自主造成侵犯，是“学术封建主义”（academic feudalism）的表现。由上可见，法国高等教育正处于深刻和系统的变革之中，新的治理模式既不是纯粹的学术资本主义（pure academic capitalism），也不是旧有的以单一的政府治理为主的模式。法国高等教育试图在政府控制、洪堡模式和市场导向中寻求一种新的平衡。

大学的改革是与经济和政治紧密联系的。在20世纪60年代之前，欧洲大学是“象牙塔”，以培养学术精英为目标，由学者自治，较少与外部社会联系。

---

① Michael Dobbins. French Higher Education Governance after Shanghai: More State, More Market, and More Humboldt. *Comparatvie & International Higher Education*, 2013（5）:31-35.

但之后，随着高等教育的民主化，政府开始在资金和治理方面干预大学，鉴于学生人数越来越多，财政经费压力越来越大，绩效标准的压力等等，学术人员的权力有一定程度的削减。重视大学的表现（performance）与资源合理使用，甚至从反应能力（responsiveness）的观点，评估大学内部各种服务与学术活动，评估大学是否能够对预算做出最有效的分配。[①] 西方大学的面貌有了很大的改变，理想中的“洪堡模式”（Humboldtian）慢慢地在瓦解之中。[②] 在 2000 年，主要的盎格鲁—撒克逊国家开展了一系列的改革，旨在增加大学的绩效，将权力从学者、研究者和州政府转向中介结构（也被称为缓冲机构，buffer bodies）。这些机构通过竞争机制来较好地分配资源。虽然中介机构不像政府以政策下达方式直接命令大学必须有所作为，但其影响力并不下于政策所带来的冲击。例如，英国大学拨款委员会（University Grants Committee，简称 UGC）便是中央在高等教育系统进行协调作用和影响的例子。

在最近的十几年中，受全球化和知识经济社会下的学生规模扩大、公共财政的紧缩和私人捐赠的减少、科研项目和创新的重要性增加、国际高等教育市场竞争加剧等因素的影响，各国的高等教育都经历了较大的转变。在学术自主、政府主导、市场竞争的众多因素中，学者意欲重新寻找一种新的治理结构，既非传统的教授治校，也非政府主宰的国家机构，也不是以营利为主要目的企业大学，满足各方利益者的需求。

表 3–1 美国、英国、德国、法国大学内部权力职责划分

国家	事务 机构	校务 规划	校内 规则	校长 选举	人事 任免	财政 预算	教学 课程	学术 研究
美国	董事会	●	●	●	●	●		
	校务会	●			●	●		
	学术评议会	●	●		●		●	●

① John Sizer.University in Hard Times: Some Policy Implication and Managerial Guidelines[J]. *Higher Education Quarterly*, 1987（41）: 354–372.

② 詹盛如:《大学治理模式之转变及其对经营效率的意涵：台湾与英国之比较》,《教育研究月刊》, 2008 年第 176 期，第 79—90 页。

续表

国家	事务 机构	校务 规划	校内 规则	校长 选举	人事 任免	财政 预算	教学 课程	学术 研究
英国	治理委员会	●	●		●	●	●	●
	政务会	●	●			●		
	学术评议会	●	●		●		●	●
德国	理事会	●		●	●			
	校务会	●				●		
	学术评议会	●	●	●	●	●	●	●
法国	行政理事会	●	●	●		●		
	校长	●			●	●	●	●
	学术理事会	●	●		●	●	●	●

第五节　国际高等教育治理的未来发展趋势

1971 年克拉克·克尔在美国第 26 届全国高等教育会议上曾指出："高等教育正处于一个充满着不确定性、迷茫和冲突的时期，……但是有两个因素是不变的：社会大众对高等教育的支持和社会与校园环境的变化。高等教育面临着一系列的不确定因素的挑战：（1）社会发展的方向还不明确，特别是世界文化正在发生变革；（2）新教育技术的影响，在教学、科研和社会服务方面；（3）大学治理结构；（4）大学财政等。"因此，在未来的几十年中，高等教育的发展要包含三个关键要素：适应性（adaptability），普遍性（expansibility）和创造性（creativity）。各个国家大学都已经意识到了变革的紧迫性，1998 年 5 月首次召开的格利永会议（Glion Colloquium）总结到：大学治理变得越来越关键，特别是对研究型大学来说，并将下次会议——也就是 2000 年的会议，主题确定为专门讨论大学治理的问题，格利永会议的参与者包括了欧美大学的校长、高等教育领域的知名学者以及商业界的人士。"自 1520 年开始，西方世界所建立的 85 个机构中，现存至今的有 70 个是大学，这 70 所大学仍然保持着原有的校址和建筑，教师和学生仍然在从事教学和学习活动，大学的治理也仍然延续着古老的传统。”

然而在过去三十年中，世界各地的大学和学院经历了深刻的转换。公共资源显著下降，政府财政危机带来的办学经费缩减，大学作为公共产品的理念已经被高等教育市场化及“创业型”大学、卓越、生产力或效率为中心的管理目标和教育私有化所取代。1970 年后，随着高等教育规模的不断扩大，高等教育的定义、目标和实践被重新定义。研究高等教育治理的关键在于大学是一个特殊的机构，其核心权力——学术权力，在过去的几个世纪中都保持不变。20 世纪 60 年代和 70 年代的治理运动改革是关于将教师和学生纳入决策范围的民主化运动，而从 1980 年代起，引入新公共管理理论后，则转为对治理效率的关注，带来了决策参与主体和程序的变化。

从国家控制到国家监管模式的转变，赋予了大学更多的自主权的同时，也对大学施加了更严苛的市场绩效压力，从好的方面来说，这种模式可以有效降低大学对国家公共财政的依赖性。例如，澳大利亚大学已经开始用市场理念推动原有的学术治理的改革。目前澳大利亚政府对大学的财政拨款占大学总经费的不足 50%，而大学正常运营的经费已高达数十亿美元，① 这种对比之下，大学必须迅速和果断地回应市场，这就需要强大和专业的治理和管理方式。“澳大利亚高等教育治理和管理的改变直接关系到学术职业的重新规范和对知识观和的大学观的根本转变。”全球化（globalisation）促使国家的职能发生转变，国家从对大学的管控中退出，不仅仅在大学中，在社会各公共领域中，如何处理与市场的关系变得尤为突出，市场有可能是对“公共性”（public）的侵蚀。高等教育市场的日趋成熟，大学需要基于自己的本性和特性积极参与全球化的竞争。但是我们需要知道在生产力驱动政策下所带来的均质化的影响，会对大学的目标和大学社会责任产生不利的后果。

高等教育治理主要是对知识的治理，使知识形成连贯的知识体系。知识系统可以被定义为“一个有组织的结构和形式化的过程，用于生成和表示知识的内容、组成、分类等。”知识体系的价值基于四个方面：首先是，它是一个组织知识的场所和用于处理复杂性和细节化所带来的挑战的框架；其次，可以从组织中获益——谷歌就是一个最好的例子；再次，知识系统使世界各地的人们基

① *Trends in Higher Education Governance*.University World News, 2009, July Issue No.1.

于分享和发展知识的信念得以互相理解和合作；最后，有组织的知识体系可以实现现存知识的再使用和再配置。[①]不论在发达国家还是发展中国家，高等教育治理模式的有效性都取决于是否这种模式促进了知识社会和知识经济的发展。

一、欧洲高等教育治理的重塑：市场和绩效

今天欧洲的高等教育也在经历剧烈的变革，欧盟各国都在实施旨在将其经济、政治体制和社会机构一体化的政策，结成广泛的强大的联盟政策理念，正在变得越来越清晰。对于高等教育来说，研究和创新是至关重要的组件。这种理念也在欧盟委员会的各种雄心勃勃的进程（process）和项目中得到了体现，确保欧洲保持知识的生产者和传递者的角色。进入20世纪90年代之后，欧洲高等教育改革的速度加快了，在很大程度上是由于两个主要项目的推动：1999年的《博洛尼亚宣言》，其目的是使欧洲高等教育系统更具竞争力和吸引力，2000年的里斯本战略，试图将欧盟各国分散的高等教育整合为一个更强大、更一体化、以知识经济为基础的高等教育体系。尽管欧洲高等教育的多样性被认为是其主要优势之一，但同时，透明度、质量、增长、效率和卓越，这些因素被视为是欧洲成为世界上最强大的的教育和经济领袖之一的先决条件。2007年的现代化议程（Modernisation Agenda）强调，教育、研究、创新和高等教育的现代化是《里斯本协议》的重要支柱。而合理的治理结构和过程是实现上述目标的先决条件。

在这样的背景下，欧盟委员会越来越强调大学在知识经济社会的作用，但是随着高等教育支出成本的增加，政府越来越难以匹配科学的增长成本和提供高质量的教育和科学研究。缺乏竞争力一直是欧洲国家大学的主要挑战之一，批评声集中于欧洲大学未能充分发挥其潜力，促进经济增长和社会凝聚力，提高工作数量和质量，统一和平均的趋势，过分强调单学科和传统的学习方式和学习者，缺少世界一流的大学。尽管存在这些困难，欧盟委员会认为，欧洲大学的质量和吸引力需要增加，人力资源需要加强，在保持欧洲高等教育体系多样性的同时，也要提高高等教育的兼容性。这些都需要高等教育治理体系的改革来保证。因此，在2007年11月，欧盟理事会通过了“现代化欧洲大学在全球经济中的竞争力”的决议，探讨如何使欧洲高等教育再次成为“世界参考”

① *Trends in Higher Education Governance*.University World News, 2009, July Issue No.1.

（world reference）。

（一）政府角色的转变：由控制变为监管

从管理向治理的转变，需要几个因素的支持：一是财政，高等教育不断扩大的财政支出需要新的资金来源；二是理念，市场被视为一种协调机制。如今的欧洲，虽然高等教育准市场的功能日益增加，但政府依然发挥着重要的指导作用；三是全球化、国际化和欧洲化，改变了高等教育的国界，对政府和高等教育系统提出了新的挑战。例如，欧盟的框架方案已被证明是一种有效的激励大学在国家层面进行大规模合作的方法；四是，有证据表明，新公共管理（NPM）在“现代化”（modernizing）公共服务上发挥了重要作用。一些欧洲国家开始以企业的方式来看待公共服务部门，通过给予他们更多自主权的方式，对他们提出责任、效率和效益的要求。

在政府与大学的关系上，在过去二十年中，政府放松管制，加强大学的自主权，是欧洲高等教育外部治理体系的发展趋势。大学应该从政府的过度管控和微观管理中解放出来，回归以社会问责为主的评价机制，大学自主权的扩大将会改善高等教育机构的性能。政府与大学之间关系的变化所带来的大学自主权的增加和更加强调质量保证和问责制度，这种政策的背后是市场机制的推动，“政府监管”（state supervision）正在逐步取代“政府控制”（state control）和“学术/同行治理”（collegial governance），通过竞争和赋予大学更多的自主权使他们对消费者的不同需求更加敏感。但是，经济学家也指出，大学不同于理想型的企业，市场的作用很可能出现“失灵”的状况。政府对大学的监管环境（也就是外部治理）和大学内部的治理结构和过程，以及资金和人力资源的配置情况，影响着大学是否能够有效地在本地、区域、国家级国际层面提供服务。自1990年以来，可以明显看到，政府与大学的关系表现出更多地复杂性和动态性，更重要的是，更多的治理主体参与到大学的决策体系当中，这种整体的转移是“从管理到治理”的转变，权力被分配至不同的决策水平，被称为是“多层次/多主体的治理”（multi-lcvcl/multi-actor governance）。

大学自主权的增加可以从实质性和程序性两方面来说。实质性的自主权指的是大学可以决定自己的目标，比如，“学术是什么”；程序性的自主权指的是大学实现自己目标的途径和方式，比如，“学术如何得到”。具体来说，实质性的自主意味着大学有权决定学术和研究政策，授予学位、课程设置和学生录取等事项，程序性自主权意味着大学运行上述事务所需要的权力，比如财务管理、人事管理和预算管理等。Ashby 认为，所谓的大学自治，其内涵包括六个方面：免于非学术的行政干预管理、自由分配资金、自由招收教职员工且决定工作条件、自由选择学生、自由设计和传授课程、自由设置标准和决定评价方式。[①]

研究表明，国家的权力正朝向三个方向消散：一个是向上转变为超国家水平的政策议程、策略选择和规则，如欧盟工会、世界银行等；二是向下赋予各联邦、地方政府和高等教育机构本身更大的自治权；三是向外的，比如非政府组织（NGOs）。市场治理理念的核心是将国家看做是市场的推动力（engineer），在这种治理模式下，政府干预的重点在于形成一个公平竞争的自律的环境。[②]

（二）以绩效为基础的治理机制的确立

欧洲国家大学治理改革的焦点在于自治与绩效两方面，欧洲大学的管理性治理（managerial governance）有增强的趋势，这与对市场与绩效的强调是分不开的。治理是欧洲高等教育政策改革领域最重要的问题之一。这是一个复杂的改革领域，涉及高等教育系统的多个方面的日常运作，如人力资源管理、资金、质量保证、课程设计、招生以及国际化等。欧盟委员会希望尽力在一个更加连贯和兼容的框架中确保欧洲高等教育的多样性和异质性。欧洲大学的差异化发展在欧债危机之后，变得更为明显和迫切。据英国《泰晤士报·高等教育副刊》2012 年 6 月 13 日报道，欧洲大学协会已发出警告，欧债危机会导致欧洲大陆大学支出的差异化。欧洲大学协会的监测发现，从 2008 年到 2012 年间，欧洲大陆南部和东部的很多国家在研究和高等教育方面削减了超过 10% 的预算。[③]

2011 年欧盟委员会的交流会议中凸显了高等教育现代化的进程的信号，高等教育治理作为行动的关键领域之一备受关注。2008 年经济合作与发展组织的高等教育专题评论揭示了 24 个国家（其中 12 个是欧盟成员国）高等教育治理领域发生的新变化，报告表明：大学内部的行政机关执行权力的增强，同行治理权力的丧失，外部的利益相关者日益参与到大学的内部治理事务中。同年的欧律狄刻报告（Eurydice Report）也指出了欧洲高等教育在治理结构、经费和人

---

① Ashby, E. & Anderson, M. *Universities British, Indian, African: A Study in the Ecology of Higher Education[M]*. London: Weidenfeld & Nicolson.1966.

② De Boer, H., Enders, J. and Schimank, U.*On the Way Towards New Public Management: the Governance of University Systems in England, the Netherlands, Austria, and Germany*, In: Jansen, D.（Eds）. *New Forms of Governance in Research Organizations: Disciplinary Approaches, Interfaces and Integration*, Dordrecht, 2007.135-152.

③ 王昕：《欧债危机导致欧洲大学经费差异化》，《世界教育信息》，2012 年第 11 期，第 32-34 页。

员政策方面的变化。另一个主要的变化是大学治理委员会的构成和地位的变化，大学的外部利益相关者开始出现在大学委员会中，也建立了一些新的治理机构，比如监事会（supervisory board）的作用是确保大学符合国家的法律法规，保证大学的切身利益不被侵犯，通常学校年报或财务报告、战略规划和财政预算等都要提交监事会审核通过。

（二）欧盟国家大学治理改革案例

我们通过下文十个欧盟国家近些年在大学治理方面进行的政策和程序改革，来分析欧盟国家在大学治理方面有什么新的趋势。

1. 德国

从 1995 年至 2005 年是德国高等教育治理体系改革的重要时期，改革的目标在于建立企业化的高等教育体系（entrepreneurial HEI），政府放松对大学的管制，以绩效为基础的财政拨款机制，国际化等。德国境内 16 个州之间改革措施是不同的，但是相同的地方在于：（1）大学的自主性得到增加，决策的权力正由教育部（Ministry）下放到各个大学；（2）州政府和大学之间的关系倾向于以绩效拨款为基础的共同协作的关系；（3）来自外部的压力，比如工业界、地方政治和社会的压力，在逐渐增长；（4）一个复杂的私人的认证机构正在应运而生。总体来说，外部利益主体对大学策略的影响度还是比较低的。而对私立大学来说，校长是具有广泛权力的最高层次的行政管理者，在中间层次，学院或系主任的权力也有所增强，与之相对立的，学术评议会、咨询会和教师团体会相应地丧失部分决策权。

2. 法国

法国高等教育是二元体系结构的：大学提供教育和研究，“大学校”（Grandes Ecoles）和“学院制高职”（Ecoles Polytechniques）提供精英和职业培训。法国高等教育很大程度上是由政府控制的，但是，二者之间的关系有向大学自主权倾斜的趋势。例如，大学与政府签订四年制的合同，政府对大学进行效果评估来评价大学是否履行了其职责。值得一起的是，法国大学校长的权力并没有得到较大的增强，因为在法国大学校长的职责在于行政指导而不是最高层的行政管理。法国认为高等教育是社会融合和经济成功的关键因素。国家直接控制的认证与大学自我评价相结合，这也给予了大学一定数量的自我设计权限。法国大学档案的建立（profile-building）为州政府对大学评估提供了依据。合同管理和目标管理使得大学成为最有权力的主体，大学校长由三个委员会的代表联合选举产生，代表中包括了行政人员、学生和外部治理主体。

3. 英国

基于学生学费压力的增大，对大学绩效的要求也随之提高，因此外部的绩效审核和评估势在必行，政府也通过一系列的行动来实现大学绩效的提高。例如，“公平入学办公室”（office for fair access）监督大学入学 / 招生政策，与其他欧洲国家不同，英国高等教育的权力之争主要集中于大学层面，这种竞争主要存在于教授团体和大学管理人员、董事会之间，这种竞争不同于欧洲其他国家大学教授与国家官员之间，对英国模式来说，政府部门处于从属地位已是核心特点。英国大学治理权力结构改革的特点是强化国家的协调作用。例如，英国教育部通过将大学拨款委员会重新划归其管理范围，使大学拨款委员会具有了官僚的性质，也更具有行政效力。从一定程度上可以说，英国高等教育领域的权力之争，已经转变为欧洲模式的教授与国家行政权力的斗争。

4. 荷兰

《高等教育和研究法案》（Higher Education and Research Act，WHW）于1993 年生效，此后高等教育的改革就围绕质量保障、资助和内部治理结构，以及资源和人事管理进行。2003 年，国家认证委员会（National Accreditation Council，NAO）建立，同年 9 月，佛兰德和荷兰政府决定密切合作，合并他们国家的认证机构为 NVAO（the Accreditation Organization of the Netherlands and Flanders），负责保证两国的高等教育质量。高等教育质量保证从院校自我评价（self-evaluation）和外部同行评价（external visitation/peer review）两方面进行，大学每三年必须进行自我评价，每六年必须接受外部同行评价。另一个重大改革是新的治理模式的引入：“现代化的高校治理结构”（modernisation of university governing structure，简称 MUB）。此结构的作用在于最大限度地优化高校的治理结构，改善教学和科研质量，同时能赋予大学更多的自主权。这也当然在一定程度上增强了大学层面和中层管理层面的执行权力，结果也就会相对地削弱教师代表的权力。新的管理机构——咨询委员会也出现了，组成人员仅仅限于外部的利益相关者。

5. 挪威

1993 年，挪威高等教育发生了一次大的变化，100 所地区大学合并成为 26 所州立大学。在 2003 年，一场综合改革又发生了，这次的改革涉及多个方面，主要目标在于提高挪威的高等教育质量。2005 年 8 月的新法案，强调将实行新的高等教育治理机制，政府下放自主权给大学，大学董事会有权决定大学应该怎样运行以及内部的领导关系和治理结构。质量保证机构——教育质量保障处（Norweigan Agency for Quality Assurance in Education，NOKUT）也是这一时期建立的。

6. 奥地利

2002 年奥地利大学治理委员会成立，开始在大学决策中发挥重要作用。奥地利应用科技大学的任务和策略是联合地区利益相关者共同做出的，联邦政府在大学中只有有限的权力，仅仅限于那些受政府资金资助的项目，校长（rector）的权力得以增强，校长是由董事会根据学术评议会的提议推选而出的。执行委员会（executive board）由一个校长和四个副校长组成，联邦科学部（Federal Science Ministry）对大学内部治理结构的影响显著降低，治理委员会一般由 5—9 人组成，一半的成员由学术委员会选举产生，而另一半则由政府部门任命。

7. 丹麦

根据 2003 年的法案，董事会是大学最高的权力机构，董事会要确保大学作为一个教育和科研机构的利益，行政领导和管理层、学术委员会也参与到大学决策中。董事会中的大部分成员都来自大学外部，董事会主席由外部成员来担任，此外，董事会成员包括学生代表、教师和管理人员，大学管理者的任命应该依据他们的科学和管理（scientific and managerial）技能来授予。

8. 芬兰

芬兰高等教育治理体系的改革开始于 1980 年，在 20 世纪 90 年代的经济危机后进一步加速，芬兰的国家战略是使其成为领先的信息和通信技术国家，大学和理工学院被认为是实施这一战略的重要力量。大学和教育部之间的关系发生了变化，新的大学内部质量评价模式被采用，大学事务运行的自主权加强了，拨款方式从项目列举式（line-item）转变为一次性预算（lump-sum budgeting）。

9. 冰岛

在过去十年里，冰岛高等教育的发展可以描述为“整合和多元化”（integration and diversification）。一方面是将各大学整合到统一的框架之下，二是与各个大学制定绩效合同，将大学的实际效益（deliverables）作为结果，促进大学的多元化发展。

10. 克罗地亚

克罗地亚在 2003 年通过了《高等教育法案》，法案的通过预示着大学治理相当大的变化，根据新的大学法案，大学治理是由大学校长、大学评议会和咨询委员会共同完成的，治理机构中的人员组成也有了变化，成员不仅仅只来自学术界，非学术界人员的比例上升至5%，学生代表的人数也上升至8%～15%。大学咨询委员会是新出现的的治理机构，成员组成来自大学内部和外部的利益相关者，包括本地、社区和商业界的人士，二者的比例大约在50%。咨询委员会的规模和人数取决于大学的规模。

在欧洲，政府仍然是高等教育机构的主要资金来源，由于欧洲大学大部分的经费来源于国家财政性拨款，对政府的依赖性较强，因而，在政府财政性拨款减少的情况下，欧洲大学要想在激烈的国际高等教育竞争中取得优势，就必须引入外部社会资金，从而改变了欧洲大学原有的治理主体和结构，外部资金的进入会促使大学着眼于绩效的提升，也有利于大学教育质量的提高。欧洲大学模式面临两个方面的改革：一是强化院系的行政功能，强化院系主任和负责人的权力，同时削弱讲座教授和中央政府的权力；二是形成院校之间的差异化发展，在博洛尼亚进程和《里斯本协议》中都提出要提高欧洲大学的竞争力，形成院校间类型上的差异，或者扩大现有各类型院校内部的差异，以满足现代大众化高等教育内在的越来越多样化的要求。[①]

二、美国大学治理发展新趋势

美国高等教育系统是一个庞大的网络，每年大约有4500亿美元，370万名员工和2600万名学生在这个庞大的系统中（美国教育部，2013年）。在全球范围内，美国的高等教育是非常受国内和外国留学生欢迎的。过去一个半世纪的努力，美国高等教育也成为国际领先的教育体系，影响了国际研究型大学的发展。不过，这样并不是说，美国高等教育是完美无缺的。阿特巴赫（2011）现在是一个“充满紧张的时期（a period of strain）”，Blumenstyk甚至认为现在是美国高等教育的危机时期。美国学生的贷款已经超过了1.2万亿美元，面对日益增长的学费，学生和父母对高等教育的不满情绪日益增长。另一个问题是在学生的平等入学上，虽然在保障所有学生都能得到平等的入学机会方面已经做

① ［加］约翰·范德格拉夫著，王承绪等译：《学术权力——七国高等教育管理体制比较》，浙江教育出版社，2006年版，第201页。

出了很大的努力，但是有证据表明，不平等的状况正在上升。[①] 其他的挑战包括政府削减支出，终身教职位置的减少，教师的流动性加大等等。

（一）新公共管理运动的兴起

新公共管理运动（NPM）这一术语开始于 20 世纪 70 年代的 OECD 国家，用来描述公共部门管理范式的转变。新公共管理运动的兴起源自对国家高度中央集权的批评，造成资源浪费、效率不高，相对的，私人管理部门的结构和市场机制可以解决此类问题。新公共管理理论作为一套组合的学说，众多的评论者（commentators）和多样性使得我们很难对新公共管理下一个直接的概念定义，Hood 总结了新公共管理中五个最常见的主题：从强调政策制定到管理技能，从强调过程到强调结果，从强调有秩序的结果到提供公共服务，从统一标准到强调合同条款。[②]

新公共管理运动在 20 世纪 80 年代的里根时期获得势头，至 20 世纪 90 年代的布什和克林顿时期成熟。全社会不论哪一领域都感受到了它的强大威力，包括公共事业机构的学校、医院和社会保障等。对于高等教育治理来说，20 世纪的后半段，"合规"（compliance）变成了主题词，四个"A"——进入（access）、分配（attribution）、绩效（accountability）和可负担能力（affordability）也成了公共议程的主要目标。

促使新公共管理在美国高等教育领域影响快速扩大的原因有两个：一是 1945 年至 1975 年期间，高等教育大众化时期学生人数的激增，在不到三十年的时间里，高校招生人数从 160 万增长到 1100 万，给大学的设备和服务造成了沉重的负担；二是"事实上的私有化"（de facto privatization）和政府投入的持续锐减，具体而言，大多数州在上世纪 80 年代为公共高等教育提供财政资助，其覆盖率达到了 50%。然而，今天这个百分点跌倒了少于 30%，更有个别大学的资助率不足 10%。高等教育花费的增加，特别是学费的价格猛涨和政府财政供给的减少迫使大学去寻求新的私人的资源，即学生、家长、校友捐赠、企业和非政府组织。政府投资份额的萎缩，外部投资者的进入，给了外部利益主体更多影响大学决策的机会。这也要求大学在质量和效率上表现良好。大学遵照

① Joe Maes. U.S. Higher Education Governance: New Public Management Reforms and Future Predictions. *Working Papers in Higher Education Studies*.2015（1）:90-113.

② Hood,C. The New Public Management in the 1980s: Variations on a Theme. Accounting. *Organizations and Society*, 1995,20（2-3）,93-109.

新公共管理的理念进行政策和实践的改革，包括将预算拨款的标准从以教师的学术表现为主转为以提高学生的学习结果为主，采用信息技术，并进行课程改革试验，按照学生的需求设置以职业培训为重点的课程，总的来说，美国高等教育的竞争加剧，市场需求要求大学简化成本和提高质量已经成为共识。

（二）政府管控的加强

在很大程度上，当代美国高校的各个方面都可以追溯到殖民地时期的第一所大学（1636—1789）和新兴国家时代（1790—1869）。一开始，在 1945 年—1975 年的高等教育大学化时期，源于二战之后美国人口的增长与经济的繁荣。为了适应学生数量的大量增加，联邦政府扩宽了大学的准入条件，并出台了专门向弱势群体倾斜的政策，相应地，大学雇佣了更多的员工，开设额外的课程，建设了新的教学楼和添置新的设备来回应多元化的校园生态。

1976 年—1993 年是大学发展的巩固时期，随着大学规模和复杂程度的扩大，NPM 所提倡的专业化的人员和效率，就更加明显。伴随着联邦和州的教育拨款的减少，这迫使学校转而依附原始的资金来源——学费，和寻求代替性的收入来源，如私人研究合同和筹款活动。NPM 的理念、行为和管理结构都对大学非常有吸引力，能帮助大学在分散和竞争的高等教育环境中实现生存和可持续性地发展。

乍看之下，与欧洲国家相比，美国政府几乎或很少参与或干涉大学的内部事务，最明显的差异是美国没有中央集权的高等教育，没有国家大学，联邦政府的拨款只占了美国大学全部经费的 20%。这是由于美国宪法规定联邦政府对教育没有管辖权，教育事务是各州的事务，政府只起补充作用。然而，第二次世界大战之后，联邦政府开始积极介入大学事务，在三个领域表现最为明显：学生资助、科学研究和社会正义。正如 Oliva 和 Beiz 所说："通过立法、规范和法律，以及选民公投（ballot initiatives）、保险运营商政策（insurance carriers policies）和商业法律研究（commercial law in research），高等教育毫无疑问，正变得合法化。"通过这些政治和法律行为，联邦政府对大学施加与直接或间接拨款相挂钩的规则和条例压力，从而对大学有了更多的控制权。

联邦监管对大学影响的一个实例是 1965 年的《高等教育法案》（Higher Education Act），以及 1968 年和 2008 年的《高等教育修正法案》。其规定事项包括了学费补助和贷款，增加了对校园服务的资助，优先资助弱势学生，并指出，每个州必须建立高等教育协调委员会（higher education coordinating boards）。从新公共管理和质量保证的角度，《高等教育法案》大大增加了大学的透明度和报告义务（reporting obligations）。大学必须向社会和政府公开的信息包括：（1）学费数与净增加（net increase）的理由，为了降低学费所采取的步骤；（2）每门课程提供的教材信息，允许学生去获得更便宜的教材资源；（3）年度工作报告，包括评估机制、州或国家的许可证测验结果、如何对教师培训来回应社会的需求、教师在课堂内使用新技术手段的活动；（4）包括校园犯罪、毒品和酒精滥用的预防、消防安全、扩宽学生入学来源多元化、联邦财政援助的接受者和辍学率、毕业率、学生奖励、学生贷款违约等事项。

Harcleroad 和 Eaton 大学的外部利益主体分为三种：自愿的、私人的和公共的企业。① 每一种主体都在自己的特定领域中对大学的决策作出有着越来越多的影响。第一种类型的典型代表是由联邦政府领导的高等教育认证委员会(Council for Higher Education，CHEA)，其于 1996 年成立，高等教育认证委员会是美国最大的大学联盟组织，旗下有 3000 个学位授予单位和 60 家认证主体。他们充当 80 亿美元的"把关人"（gatekeepers）的角色，每年将政府的教育投入分配给各个高校。第二类主体的代表是全国大学生体育协会（National Collegiate Atheletic Association，NCAA），作为校际体育卓越的治理机构，NCAA 有会员超过 1200 所学校和附属机构。每年的运作经费在 6.5 亿美元，90% 的收入来自电视和营销费用。作为一个经济机构，NCAA 通过大学体育赛事的商品化来盈利。私人企业与高等教育的关系越来越密切，这也是由于联邦和州资助的减少，大学不得不转而寻求外部更多的资金支持的推动，比如企业捐赠基金和研究合同。企业和大学的合作关系给了企业参与大学治理决策的正当理由，Pusser 的研究表明，企业高管作为大学治理委员会的成员投票来影响大学决策的产生。大学中 60% 以上的董事会成员在私人企业任职。他们的结论是大学与公司董事会成员之间的重叠对美国高等教育产生了显著的影响。例如，提高全职教授的工资、企业有权获得大学教师新的研究成果的知识产权等。②

美国高等教育治理改革的一个主要方面，是使其在所有先进国家最混乱的高等教育系统变得更有行政秩序。美国高等教育领域的权力一直稳定地朝着加

---

① Harcleroad,F.F. and Eaton J.S. *The Hidden Hand: External Constiuencies and Their Impact.* In: Albach, P.G., Gumport, P.J. and Berdahl, R.O.（Eds.）. *American Higher Education in the Twenty-first Century: Social, Political, and Economic Challenges*. Baltimore: John Hopkins. 2011.195-225.

② Pusser,B., Slaughter, S. and Thomas, S.L. Playing the Board Game: An Empirical Analysis of University Trustee and Corporate Board Interlocks[J]. *Education*,2006,77（5）:747-775.

强院校行政领导的方向发展，[1] 院校行政官员和董事会的权力有所增加。

（三）管理自治（managerial self-governance）与共同治理

美国高等教育管理思想的起源可以追溯到早期的19世纪，在20世纪70年代新公共管理思想兴起后，管理自治的趋势加剧。高等教育大众化、私有化、利益相关者需求的提高，使大学意识到现有的治理结构并不能很好地应对快速转变的高等教育现状。新的管理结构和扩大的管理主义是不可避免的。高等教育利用公司模式追求更高的效率，大学被视为“商业”（business）越来越有说服力。高等教育已经成为一个“纳税人（包括个人和企业）作为股东，董事会成员具有公司董事和大学董事的双重职务，大学校长作为总经理，学生和家长作为消费者”的市场。在商业文化占主导地位的美国文化中，大学治理效率的低下导致目前的治理模式有着不好的名声（a bad name）。大多数人将造成这种结果的原因归结为终身教职制度（tenure），于是，人们就产生了疑问：“为什么大学不能像企业那样高效？”“为什么大学不能快速地适应环境的变化？”“我们应该如何重新设计大学，使他们更符合当代文化？”有数据证实，在大学费用的负担比例上，学生开始负担起更大的比例。在2008—2009学年度和2011-2012学年度，大学的费用总支出中，由父母的借款、收入和存款支付的比例从40%下降到37%，由学生的借款、收入和存款支付的比例从24%上升到30%。[2] 而学费的增加也影响了学生学业的完成。2013年的全美大学生学习投入调查结果显示，约32%的大一学生和36%的大四学生表示经济问题影响了他们的学业表现；对于每周工作21个小时或更长时间的全日制大四学生来说，这个比例上升到近60%，他们往往会因为费用问题而选择不买必备的学习资料，超过40%的人表示他们通常会因为缺钱而选择不参加活动。[3]

尽管公共资金在减少，截止到2010年，几乎每个州都建立了以学生学位完成率和毕业生就业能力为指标，针对大学的奖励或处罚机制。大学只能迫使自己在不利的宣传（adverse publicity）、经费削减和项目减少的情况下寻找出路，结果是，联邦管制和外部的监管的加大，是以学术共同治理的减少为代价的，教师在决策过程中的参与程度降低。虽然大学校长一般都出身于学术界，但是

① ［加］约翰·范德格拉夫著，王承绪等译：《学术权力——七国高等教育管理体制比较》，浙江教育出版社，2006年版，第204页。

② Sallie Mae and Ipsos.*How American Pays for College*[M]. Newark, DE: 2012.8.

③ 威廉·G. 鲍恩著，欧阳淑铭译：《数字时代的大学》，中信出版社，2014年版，第55–56页。

之后很快他们就会更关注行政而不是学术。出现这种现象的一个原因就是：教师和管理者——随着外部利益主体的影响的增加——在关于高等教育的核心理念上二者是对立的。这在教学和科研领域尤为突出。举个例子来说，教师们都认为高等教育是典型的促进教学和研究的机构，而管理者则将教学和研究看作是带来支付费用的客户，也就是学生，和私人投资者的手段。大部分的教师都认可供方为主（supply-side）的课程设置和自由通识教育，因为他们相信教师知道什么对学生来讲是最好的，相反，管理者则从买方市场（demand-side）的角度来看待问题，倾向于让外部的利益主体决定学生应该学什么。全国学者协会（National Association of Scholars）的数据表明，教师在这场对立中正在失去发言的机会，因为各个大学都在削减文科的通识课程，而增加职业培训类的课程。

在美国大学中的另一个显著变化是，为了节省开支，大学雇佣了大量的临时教师（contingent faculty）来代替终身教职的教师，至 1975 年，所有高校中的兼职教师的比例上升至 30%，而同一时期，社区学院中兼职教师的比例上升至 40%—50%。在接下来的 30 年里，兼职教授变得非常有吸引力，因为他们的工资或待遇相对正式教师来讲要少一些，这导致了在某些机构中兼职教师的比例高达 60%—70%。相反，这并没有导致行政人员的减少。自 2005 年以来，非教师职位的人数上升了 240%，全职的行政管理人员与全职教师的比例为 2：1。这些数据都表明学术共治的治理模式正在让位于行政化的管理。此外，这种教师构成上的变化也带来了另一个显著的影响。兼职教师被排除在共同治理之外，他们没有权力参与集体谈判和协商活动，全职教师在这方面具有优先权力。有研究表明，兼职教师的数量越多，相对应地，在这个学校中行政管理人员的权力就比学术人员的权力大。[①] 这种循环也导致兼职教师的工作量增加，同时兼职教师对其所工作的大学的治理不感兴趣、不参与。

大学评议会有时被定性为功能失调（dysfunctional）。约翰·克莱默（John Kramer）的《美国大学的小说》（The American College Novel）分析了从纳撒尼尔·霍桑（Nathaniel Hawthorne）到现在的 700 本关于美国大学的小说，发现在这些小说中，一次又一次地嘲讽了共同治理下的大学评议会，任何参与大学评议会会议的人都知道，在一个议题上达成共识要花费大量的时间，因为在一个

① Cohen, A.M. and Kisker,C.B. *The Shaping of American Higher Education: Emergence and Growth of the Contemporary System*[M]. San Francisco, CA: Jossey-Bass.2011.

满屋子都是博士的房间里，每个人都认为自己是最聪明的人。[①]

（四）美国高等教育发展的新动向和新趋势

寻找一个有效和稳定的高等教育组织模式要经历时间的考验和验证。美国大学和学院之间的竞争是非常激烈的，从纵向上来说，大学要证明自己比过去有进步，从横向上来说，大学要证明自己比其他大学要好。大学排名就成为很好的指标或标准。1989 年的美国新闻和世界报告（U.S News and World Reports）有了第一个世界大学排名，2000 年的上海交大学术（Shanghai jiaotong University）排名和泰晤士报高等教育（Times Higher Education）排名，使得各个国家和各个大学都非常看重自己在大学排名中的位置。各个国家和大学对大学排名的狂热，从侧面反映了，在大学排名中一个令人印象深刻的位置是获取额外资源、招收更多的学生和吸引更强大的合作伙伴，也是获取科研资源、校友和企业捐赠的关键影响因素。按绝对值计算，在过去十年里，美国大学收到的捐款数额普遍增加了。比如，在 2001 年财政年度，哈佛大学收到的捐款数额大约是 180 亿美元，耶鲁大学和普林斯顿大学分别是 107 亿美元和 84 亿美元。相比之下，在同一财政年度，哥伦比亚大学收到的捐款数额是 42 亿美元，宾夕法尼亚大学和芝加哥大学分别是 34 亿美元和 33 亿美元。在 2011 年财产年度，哈佛大学收到的捐款数额是 317 亿美元，耶鲁大学和普林斯顿大学分别是 194 亿美元和 171 亿美元，相比而言，哥伦比亚大学、宾夕法尼亚大学和芝加哥大学收到的捐款介于 60 亿美元和 80 亿美元之间。[②]

另一个方面，在过去的三十年中，美国营利性大学的数量呈指数型的增长。在 2001 年时，营利性大学的招生人数只有 76 万，而到了 2010 年，这一数字已经达到了 240 万。在联邦财政资助方面，以 2009—2010 学年为例，全年联邦政府共拨款 1465 亿，其中营利性大学就收到了 32 亿，这也引发了社会公众的讨论，营利性大学应该怎样花纳税人的钱，是否他们的学位能够给学生提供优质的学习能力。

再次，新技术应用于在线教育也是对传统高等教育模式的一个挑战。在 2013 年，有 670 万学生至少选修了一门在线课程，而在 2001 年这一数字只有

① Frank McCluskey & Melanie Winter. *Higher Education Governance in the Digital Age*[EB/OL]. https://www.higheredjobs.com/blog/postDisplay.cfm?post=516.

② National Association of College and University Business Officers, NACUBO Endowment Study, 2002, and NACUBO-Commonfund Study of Endowment,2011.

160 万。特别是在 2012 年，被称为“ MOOC 元年”，知名大学和私人机构合作推出了大规模开放在线课程（Massive Open Online Courses，MOOCs）。尽管社会大众和大学对 MOOC 的未来还不确定，不可否认的是，MOOC 的出现动摇了高等教育的传统模式。数字革命也给了希望提高大学治理效率的人们新的希望。今天，数字革命改变了社会的各个领域，改变了我们工作、购买，甚至约会的生活方式，因此，我们也希望它能给高等教育注入新的活力。通过对大数据的分析，我们可以看到学生的学习有何特点，对学生学习行为的分析，可以帮助老师更有针对性地制定每个学生的个性学习方案。在线教育的发展能否给高等教育带来新的发展动力，还需要能够提供关于学习效果和节约成本的有力证据，以及能够低成本地使用、维护和推广学习平台的证明。

总之，营利性教育机构扩张和在线教育技术的发展，加之我们上面讨论的政府财政投入的减少，使得高等教育的“饼”越来越小，这也加剧了高等教育市场的激烈竞争。此外，有趣的是，在商业界，竞争常常会带来价格的下降，但是这并没有在美国高等教育领域中发生。美国高等教育仍然是世界上学费最高的国家（OECD，2014）。美国大学排名在世界大学排名中的良好位置，超现代化和先进的设备，优质的教育质量，较高的学生就业能力，这些都是证明接受美国高等教育物有所值。虽然金钱的投入与个人的努力的回报率仍然值得商榷，甚至有学者指出高等教育是在玩一个大多数人都会输掉的游戏（rigged game）。

（五）未来的挑战

21 世纪的到来对美国高等教育的本质、价值和管理提出了巨大的挑战。高等教育的社会期望和公共资源都发生了巨大的转变，大学内外部环境的变化对大学内部的因素都产生了影响：学生、教师、治理、课程、功能以及在社会中的位置。正如克拉克·克尔和玛丽安·盖德在二十年前所指出的，高等教育的危机和变化“一直是规律，不是例外”。影响高等教育成本的三个因素：效率低下，根深蒂固的渴望——“买最好的”，供给问题及匹配不当问题，[①] 前两个问题比较容易理解，对供给不足和匹配问题怎么理解呢？一是由于高等教育大众化之后，学生人数的激增，导致某些院校的教师和设备不能及时更新，且对学生及时完成学业的激励过弱；二是匹配问题指的是，学生的能力资格与其实际进入的高校招生要求之间的匹配，那些在高中阶段用功学习且成绩优秀的学生，并没有进入与他们的成绩相匹配的大学。不断增高的高等教育成本给学生

① 威廉·G. 鲍恩著，欧阳淑铭译：《数字时代的大学》，中信出版社，2014 年版，第 5 页。

及其家庭带来了沉重的负担。在20世纪60年代，鲍恩（Bowen）就在《美国主要私立大学财务问题》（The Economics of the Major Private Univesites）中提出，“从长远来看，每个学生上大学的成本（这跟学费是两个显然不同的概念）增长速度将超过整个经济总体成本的增长速度，这种趋势是不可阻挡的。”克拉克·克尔将这一发现命名为“鲍恩法则”。①

以上所讨论的问题都是围绕大学与社会、大学与政府的关系展开的，高等教育的花费对纳税人和个人来说都是相当昂贵的，但同时，高等教育也对个人和社会来说是很重要的，对个人来说，受教育可以帮助公民向上层社会流动，对社会来说，高等教育的稳定发展，可以保证经济的稳定，为社会提供受过教育的公民和劳动力，传播和创造文化，保障公共卫生和社会福利。大学或许是通往社会和经济稳定的路径，但是大学也有可能是障碍，因为大学的入学机会是与社会阶层紧密相连的。

在可预见的未来，国家政府将继续是高等教育中的主要参与者。这是因为国家继续资助大多数公立大学的基本教学经费，政府仍然还保留着对大多数公立大学的广泛的监督权，从大学目标制订到采购设备等。近年来，一些州的州长和立法者充当了修订和重组高等教育的催化剂，他们审查全州学位课程，创造或取消了全州董事会，推动大学重新调整招生，科研项目向机械和工程类倾斜，或其他同州内优先发展策略相符合的项目。

学院和大学的校长以及其他管理人员相比之前，已经获得更多的权力来处理预算压力和外部需求的压力，而且这种权力有加强的趋势。权力下放和以责任为中心的绩效（responsibility-centered budgeting），给了下层机构更大的自由度和灵活性，然而，这一趋势也带来了疑问，如何保持大学的使命和目标，是否院系在面对大量的外部资金的时候能够依然保持进取。另一种形式是受托人、管理人员和教师之间的共同治理模式。在一些具有悠久历史的精英大学中，共同治理依然强劲。教师通过院系和大学的学术评议会行使自己的权力，包括教师招聘和晋升、录取研究生、决定课程设置、大学发展规划和发展方向等。然而，一些学者认为，许多大学中的教师已经变成了“管理专业人士”（managed professionals），其次，教师队伍中兼职教师比例的增加，也会对未来共同治理的发展造成阻碍。

---

① William G. Bowen, *The Economics of the Major Private Universities*[M]. New Yorks: McGraw-Hill,1968.

第四章　中国大学内部治理体系分析

现代大学制度起源于欧美国家，到今天已经形成了完善成熟的现代大学权力结构。从以上对美、英、德、法四个发达国家的高等教育治理结构的分析，我们可以看到，在西方大学的权力结构中存在着五种权力：政治权力、行政权力、学术权力、民主权力和学生权力。不同的权力分配是伴随着不同的教育价值观而产生的。政治权力体现的是国家本位的教育价值观，行政权力代表的是效率本位的教育价值观，学术权力是学术本位的教育价值观的体现，民主权力代表的是以教师为本的教育价值观，而学生权力则代表的是以学生为本的教育价值观。这种权力配置方式也影响了其他国家的权力分类和结构，对我国大学治理权力结构的影响也不例外。

第一节　大学治理主体类型

大学是复杂的有机体，会随着时间的变化而演进。大学会对内外环境的变化做出自己的回应，也正是因此，每个大学都会呈现出独特的面貌，因此，对大学发展历史的研究是非常必要的。我国大学制度的建立最初是借鉴西方发达国家的经验和模式，再结合我国所特有的国情而形成的。因而在我国大学制度中也存在着政治权力、行政权力、学术权力、民主权力和学生权力五种权力。因而，在本章作者将集中探索政治权力、行政权力、学术权力和民主权力，这四种权力的合法性来源及其在我国大学当中的现实表现。

一、政治权力

从博洛尼亚大学和巴黎大学开始，高等教育就一直面临着国家与教会控制的问题。时至今日，高等教育作为国家的重要组成部分，受到国家政体和政治权力的影响。政治权力在大学中成为合法权力，是因为高等教育成为推动经济和社会发展的关键力量，其活动原则必须符合国家的需要和广泛接受的社会标准。这也使得政党、政治家和政府官员参与高等教育的决策合法化，政党的意识形态有可能会左右大学的发展和大学的权力结构，政治权力被广泛认可也基于这样的一种信念：资金的合法权力，即谁有钱谁统治。① 假如高等教育是私人的事，那么政府的影响可能被剥夺，如果高等教育是由公共资金资助的，那么政府不能不拥有某些决定权。如在德国和法国，大学都是由政府出资举办的，大学的主要办学经费来自于政府的财政拨款，大学教授更是由政府任命的，具有公务员的身份，因而大学和教师都必须忠于国家，受国家政治的影响程度较深，这就保证了国家对大学的政治控制。

今天，没有任何一个国家的高等教育系统中没有这种形式的权力，政治权力一般被认为是等级最高的权力。虽然政治权力在各个国家的表现和程度不同，依据国家的中央集权程度和国家对高等教育的控制程度而定，例如，民主政治允许各种各样的政党和自治的私立的联合会的存在，独裁政府基于一党统治，但也允许教会、工会和其他形式的联合会享有某些自治权。②

二、行政权力

随着高等教育规模的发展和功能的增加以及学科的分化，要求教师将精力集中于教学和科研，行政管理人员不再主要由教学人员担当，专职的行政管理人员在大学中正发挥着越来越重要的作用。正如前文中我们所列举的美国马里兰大学的例子，马里兰大学系统是一个多校园系统，十三个分校有各自独立的行政管理系统，在十三个分校之上还有一个州管理体系，它的办公室位于帕克分校（college park）的校园之外的建筑物中。特别是 20 世纪 80 年代之后，新公共管理运动的兴起及市场机制的引入，以及学生学费增加，政府财政拨款锐减等原因，社会对高等教育绩效的要求越来越高，最能体现外部人士对大学影响的是美国，主要体现在邀请大学外部人士担任董事，负责总政策并负有最终责任，掌握最后权力，同时，又设立一个行政机构向董事会负责并掌握着受董

① ［美］伯顿·克拉克著，王承绪译：《高等教育系统——学术组织的跨国研究》，杭州大学出版社，1994 年版，第 134 页。

② ［美］伯顿·克拉克著，王承绪译：《高等教育系统——学术组织的跨国研究》，杭州大学出版社，1994 年版，第 134 页。

事会委托的权威、权限和责任。[①] 形成了教授、行政人员和董事会分而治之的局面。由于各方追求的目标的不同，常常会引起行政权力与学术权力的冲突。[②] 大学行政管理人员和教学人员，在日常生活中越来越相互分离，每一方面都试图保持自己“一类人”的接触。行政人员有充足的理由把教授和学生看作是缺乏理解的人，甚至是制造麻烦的人和敌人。[③]

三、学术权力

学术权力最初来自早期学术行会中教师统治的历史传统，在思想上也得到了教学与研究自由学说的支持，在制度上也得到了保证。大学评议会作为大学教师参与大学治理的重要组织，在美、英、德、法四个国家的大学权力结构中都有着重要的位置。甚至在强势的官僚政治和行政干预面前，教授们仍然具有强有力的集团发言权。即使在实行中央集权管理体制下的法国、德国，虽然大学的自主权力受限，但是反而突显了教授的权力，相对于美国大学教授的权力来讲，德国、法国大学的教授要更大一些，这与欧洲国家浓厚的教授治校的传统相一致。

行政权力与学术权力是相伴生的两种权力，在美、英、德、法四个国家中也不可避免地存在着行政权力与学术权力的博弈。20 世纪 80 年代之后，美国高校教师面临越来越强的行政权力的干预和控制，为了维护自身的利益，不得不组织教师工会与学校谈判。而教师能够与行政权力进行对抗，也是因为在这些国家中，学术权力与行政权力具有相同的地位与话语权。学术界的基本准则便是所有成员平等。[④] “在大学学术共同体中，包含一个独立于政府之外的学部是非常重要的，没有任何外界可以对它下达指令，它可以自由评估一切。它仅关心它这门科学的自身利益，也就是说只关心‘真理’”，在‘真’的问题上它

① ［加］约翰·范德格拉夫著，王承绪译：《学术权力——七国高等教育管理体制比较》，浙江教育出版社，2002 年版，第 118 页。

② 有学者曾以美国密苏里大学堪萨斯城分校为例，分析了美国大学中学术权力与行政权力冲突的情况，认为权力制衡的大学治理结构是解决冲突的组织保障。

③ ［美］伯顿·克拉克著，王承绪译：《高等教育系统——学术组织的跨国研究》，杭州大学出版社，1994 年版，第 125 页。

④ ［加］约翰·范德格拉夫著，王承绪译：《学术权力——国高等教育管理体制比较》，浙江教育出版社，2002 年版，第 2 页。

不承认任何外在的命令。”[①]

四、学生权力

学生是中世纪大学的主人，学生在校长和教授的选聘、学费的数额、课程的开设等方面拥有全权，17 世纪之后，学生的权力被大大削弱，权力逐渐转移到国家、学校和教授的手中。直到 20 世纪 60 年代之后，学生运动的推动，学生权力才又成为西方国家大学权力结构中的重要一极，学生积极地参与到学校的各种决策中，这在法国和美国表现地最为明显。在美国，学生作为顾客，在推动高等教育课程改革和提高教学质量方面发挥了重要作用。在美国大多数高校的理事会和评议会中都有学生成员。在法国大学的治理结构中，专门设置了大学生活与学业咨询理事会，与大学校长、行政咨询理事会、学术咨询理事会共同构成了法国大学治理结构的主体。特别是在今天高等教育国际市场竞争越来越激烈和学生自身的主体意识增强的情况下，学生权力的增长是必然。

五、民主权力

除了上文我们提到的学术权力和学生权力可以视为是民主权力的表现外，民主作为西方国家治国的基本原则，已经深入到社会的方方面面，大学也不例外。大学的治理民主体现在大学内外的利益相关者共同参与大学的治理上。西方国家大学民主管理主要体现在两个方面：一是董事会或理事会的构成人员上，大学的董事会或理事会是大学的最高决策机构，由大学校长、教师和学生代表、学生家长、地方教育当局代表、企业单位代表和社会各界人士代表所组成，这种组成人员的多元化充分体现了各方利益；二是在大学内部，有大学教授评议会、学生社团、教师工会等组织，充分表达教师和学生的利益需求，积极参与到大学治理当中。这种决策主体的广泛性和多元化也是西方发达国家保证大学决策科学化、民主化的需要。

第二节　大学内部治理主体及其权力来源

大学作为一种特殊的社会组织，内部存在着复杂的权力关系。在我国大学

---

① 黄宗贵:《大学治理机制之相关理论与运作模式》[EB/OL]. http://WWW.nhu.edu.tw/society/e-j/88/88-24.htm

内部既存在着由政党权力和行政权力组成的不同层次的纵向权力关系，也存在着不同类型的专门委员会、不同业务部门、院系之间组成的横向的权力关系。各种权力的运作，形成了大学内部各权力的合作与摩擦、扩张与限制、协调与冲突。大学内部权力的来源大致有三种：一是大学作为学术组织所特有的权力，二是外部法律或权力机构所赋予大学的权力，三是大学内部主体所享有的权力。

一、政党权力——党对大学的领导权力

大学的社会职能除了培养人才、科学研究和社会服务外，大学还需要传播和复制统治阶级的文化和意识形态。中世纪大学的政治权力主要来源于教会以及后来的王权，通过特许状（章程）让大学获得合法地位。在我国，建国后这项功能的实现是通过在大学当中建立党政社团和组织系统来实现的。执政党领导一切，是我国一项基本的政治制度。坚持党对教育的领导，这既是经过长期革命实践形成的，又是经过长期革命实践得出的一条真理，是社会主义教育事业健康发展的根本保证。

在新中国成立之后，我国建立了中央集权的高校管理体制，政府成为高校内部治理结构的主导者。这一指导思想的体现就是在大学中建立了党委会，来保证大学办学的社会主义方向。关于党委会的论述最早定位是在新中国成立后，当时处于体制的过渡期，由校长代表政府管理学校一切事务，党组织在政治上发挥其领导作用，但不涉及具体行政事务。这是党委的雏形。1955 年中宣部在《关于学校教育工作座谈会的报告》中再次强调：“为了建立起高等学校中党的强有力的领导，必须选派得力的干部到这些学校中担任领导职务。……积极建立和健全党委管理学校教育的工作机构，加强党委对学校教育工作的领导和监督。调配一批强的干部到高等学校中担任校长、党委书记。”党委正式成为推动高等教育发展的一种力量。之后，又经历了历次调整，1978 年的全国教育工作会议上，通过了《全国重点高等学校暂行工作条例》，规定：“高等学校的领导体制，是党委领导下的校长分工负责制。高等学校的党委委员会，是中国共产党在高等学校中的基层组织，是学校工作的领导核心，对学校工作实行统一领导。”1989 年《中共中央、国务院转发国家教委 < 关于当前高等学校工作中几个问题的意见 > 的通知》，指出，在今后相当长的一个时期内，高校仍应实行党委领导下的校长负责制。1990 年中共中央下发了《关于加强高等学校党的建设的通知》，明确提出要“坚持党委的领导地位”，“党委要发挥政治核心作用，坚

持党管干部的原则，全面领导学校的思想政治工作，参与对教学、科研和行政工作重大问题的决策”。1993 年《关于新形势下加强和改进高等学校党的建设和思想政治工作的若干意见》，指出高等学校原则上实行党委领导下的校长负责制，经过上级党组织批准的少数高校可以继续进行校长负责制的试点，这些高校的党委应充分发挥政治核心作用。1996 年中共中央下发《中国共产党普通高等学校基层组织工作条例》，指出高等学校实行党委领导下的校长负责制。校党委统一领导学校工作，支持校长按照《中华人民共和国教育法》的规定积极主动、独立负责地开展工作，保证教学、科研、行政管理等各项任务的完成。1998 年《普通高等学校党建工作基本标准》，党委对学校工作的领导主要体现在坚持社会主义办学方向，领导班子建设，党的总支和支部建设，思想政治教育工作，和对工会、共青团、教代会、学生会和统战工作的领导方面。1999 年《中华人民共和国高等教育法》第 39 条规定：“国家举办的高等学校实行中国共产党高等学校基层委员会领导下的校长负责制。中国共产党高等学校基层委员会按照中国共产党章程和有关规定，统一领导学校工作，支持校长独立负责地行使职权，其领导职责主要是：执行中国共产党的路线、方针、政策，坚持社会主义办学方向，领导学校的思想政治工作和德育工作，讨论决定学校内部组织机构的设置和内部组织机构负责人的人选，讨论决定学校的改革、发展和基本管理制度等重大事项，保证以培养人才为中心的各项任务的完成。”2010 年 8 月，中共中央颁布新修订的《中国共产党普通高等学校基层组织工作条例》规定，“高等学校实行党委领导下的校长负责制，党委统一领导学校工作，支持校长按照《中华人民共和国高等教育法》的规定积极主动、独立负责地开展工作，保证教学、科研、行政管理等各项任务的完成”。2014 年 10 月 15 日，中共中央办公厅印发《关于坚持和完善普通高等学校党委领导下的校长负责制的实施意见》。指出，党的十三届四中全会以后，党中央确定高等学校全面实行党委领导下的校长负责制。实践证明，这一制度符合我国国情和高等教育发展规律，必须毫不动摇、长期坚持并不断完善。要坚持党委的领导核心地位，保证校长依法行使职权，建立健全党委统一领导、党政分工合作、协调运行的工作机制。

国家举办的高等学校实行中国共产党高等学校基层委员会领导下的校长负责制。我国大学现行的党委权力是由中国共产党大学委员会、直属党务部门、直属各系、各职能部门党总支和党支部委员会组成的。中国的执政党——中国共产党通过中国共产党高等学校基层委员会（通常指党委会）将自己的领导力量延伸到大学。大学党委会的成员都由政府或上级教育行政部门任命，大学领导层成员也就具有了党的干部的身份，通过这种方式，政党将学校和学校领导干部纳入中国共产党的治理体系和权力控制范围之内。在大学内部，大学党委通过建立党委会——院党总支部委员会（党员人数不足50人的称为支部）——教研室支部委员会和学生支部委员会，形成有等级和结构的政党权力体系。对工会、共青团和学生会等群众组织和教职工代表大会、民主党派的基层组织实行政治领导；在教师和学生中通过发展党员等形式，中国共产党将自己的的权力影响力扩展到大学的各个角落。

从上述规章制度及《高等教育法》对党委职责的规定，大学的政党权力包括以下几个方面：

（1）领导决策权。根据《高等教育法》的规定，我国实行的是党委领导下的校长负责制。党委处于领导核心的地位，大学在自身的领导体制上没有自主选择权。这里的领导包括三个方面：一是对行政权力的领导，二是对工会、共青团、学生会等群众组织和教职工代表大会、民主党派的基层组织的政治领导，三是对学术事务的领导。党委领导坚持民主集中制原则，实行集体领导与个人分工负责相结合的制度，重大问题要充分发扬民主，由党委集体讨论通过，然后根据职责分工，分别由党委和行政组织实施。院级以下的政党权力体系有参与讨论相应级别的行政、学术事务的权力，院级党总支委员会还要求在本单位中充分发挥政治核心作用，这种权力架构可以保证政党的权力影响到学校的方方面面。

（2）监督权。大学党委不仅具有对学校工作的领导权、决策权，而且还拥有监督其他权力执行党委决定的权力。院级以下的党组织要保证党和国家的方针、政策和学校的决策在本单位的顺利实施。

（3）干部管理权。根据《中国共产党普通高等学校基层组织条例》第二十一条的规定："高等学校党的委员会要坚持党管干部的原则，按照干部队伍革命化、年轻化、知识化、专业化的方针和德才兼备的原则选拔任用干部，并对学校党政干部统一管理。中层行政干部的任免，由党委组织部门负责考察，经校党委集体讨论决定后，按规定程序办理。"这一规定使得大学党委拥有了对大学内部不同层次的干部的任免权力，使得大学党委拥有了独一无二的权力，大大提高了政治权力的权威性。

（4）意识形态控制权。对大学意识形态的领导是政党权力的一个重要职责。

大学政党权力利用意识形态控制权调控着大学的政治文化和大学生政治社会化的进程，促使大学及大学成员的行为目标和思想目标与执政党保持一致。

二、行政权力——校长管理学校的行政职权

大学不同于其他的社会组织，它是一个包含学术属性和行政属性的机构，既是以人才培养为目标的学术组织，也是具有复杂的科层机构的行政组织。随着机构的增大，科层制是不可避免的模式。一所规模较大的大学必将是科层性的。[①] 拿破仑最早在法国大学中实施学区制，构建了科层制体系，提高了教学效率，短期内为法国培养了大量军工人才。20 世纪，特别是 1911 年费雷德里克·泰勒（Frederick W. Taylor）出版了《科学管理原理》一书后，促进了大学行政的理性化（administrative rationalization），大学开始呈现科层化的趋势。在韦伯看来，科层制是以实现高效率和合理化为目标的理想化组织模型，[②] 大学是一个由各院系和职能部门组成的职责明确，层次清晰的结构体系。大学的规模的扩张，人员和职能的增多，使科层制成为大学的必然选择，随之而来的是大学行政管理职能的加强。因而大学的内在发展必然需要行政管理，但不能“化”。[③]

同时，大学的行政管理权力也是来自外部的政府所赋予和让渡的。与其他国家不同，我国的大学是由政府行政机构来领导和管理的。在 1951 年，国家完成社会主义改造，将一切都收归国有之后，所有组织和团体都变成了“公有制经济”，大学也不例外。大学成了政府的大学，大学的一切事务都处于政府行政权力的控制之下。大学经费的划拨、课程的设置、培养方案的制定、甚至教学内容都掌握在政府手中。大学成了政府的下属部门，被赋予了行政级别，大学的校长、党委书记和中层干部都按照行政级别享受一定的待遇。所以大学只能被动地寻求行政部门的支持，被动地“被行政化”。

中国大学的“类政府化”和“类官僚化”一直是社会所诟病的焦点。大学

① Westmeyer, Paul. *Principles of Governance and Administrative in Higher Education*[M]. Springfield: Charles C. Thomas Publisher, 1990.33.

② “bureaucracy”在西方社会科学中原本是一个中性词汇，用于表示一种行政或生产管理的组织形式。但由于苏联对这一组织形式持否定态度的影响，“bureaucracy”以“官僚制”的译法使用，近年来，随着西方社会科学译著的增多，“科层制”的译法逐渐为大众所接受。

③ 袁贵仁:《用事实求是的办法解决大学的行政化问题》[EB/OL]. http://www.chinanews.com/edu/2012/09-06/4163362.shtml.2013-10-12.

的行政化可以表现为两个方面：一是外部的行政化，即大学与政府是上下级的领导关系，没有办学自主权。《教育法》第十四条规定，高等教育由国务院和省、自治区、直辖市人民政府管理。《高等教育法》第十三条和第十四条也规定，国务院统一领导和管理全国高等教育事业。省、自治区、直辖市人民政府统筹协调本行政区域内的高等教育事业，管理主要为地方培养人才和国务院授权管理的高等学校；国务院教育行政部门主管全国高等教育工作，管理由国务院确定的主要为全国培养人才的高等学校。国务院其他有关部门在国务院规定的职责范围内，负责有关的高等教育工作。二是大学内部的官僚化、官本位思想，使得大学学术氛围淡薄，学术发展丧失了积极性和动力，学术成为行政的附属品。

校长作为学校的最高行政管理人员，在《中国共产党普通高等学校基层组织工作条例》《中华人民共和国高等教育法》等文件的规范阐释下，具体负责：全面负责本学校的教学、科研和其他行政管理工作，执行学校党委的集体决定，党委要支持校长独立负责地行使行政工作的指挥权，不能包揽具体行政事务决策权，校长也要尊重支持党委对学校重大事务的决策权。根据《高等教育法》第四十一条规定，高等学校的校长全面负责本学校的教学、科学研究和其他行政管理工作，行使下列职权：（一）拟订发展规划，制定具体规章制度和年度工作计划并组织实施；（二）组织教学活动、科学研究和思想品德教育；（三）拟订内部组织机构的设置方案，推荐副校长人选，任免内部组织机构的负责人；（四）聘任与解聘教师以及内部其他工作人员，对学生进行学籍管理并实施奖励或者处分；（五）拟订和执行年度经费预算方案，保护和管理校产，维护学校的合法权益；（六）章程规定的其他职权。高等学校和校长办公会议或者校务会议，处理前款规定的有关事项。大学内部行政化的产生是外部行政化的延伸。

学校行政权力机构和非行政化的权力机构纵横交错，构成一张权力之网。在校长—副校长—院长—系主任，校长—副校长—处长—科长两条纵向科层等级制行政权力体系中，不同位置上的人获得不同范围的行政授权，形成上位制衡下位，下位反映上位的“权力链”，在行政职能部门的处长和非行政部门但行政化的院长、系主任之间，也形成互相连带、互为依托的横向权力关系。[①] 这种权力网络保证着学校的正常运行。

① 毕宪顺：《权力整合与体制创新》，教育科学出版社，2006 年版。

大学内部根据不同的业务分工，适应不同类别的行政事务的需要，设置成平行的不同行政职能部门，如下图所示：

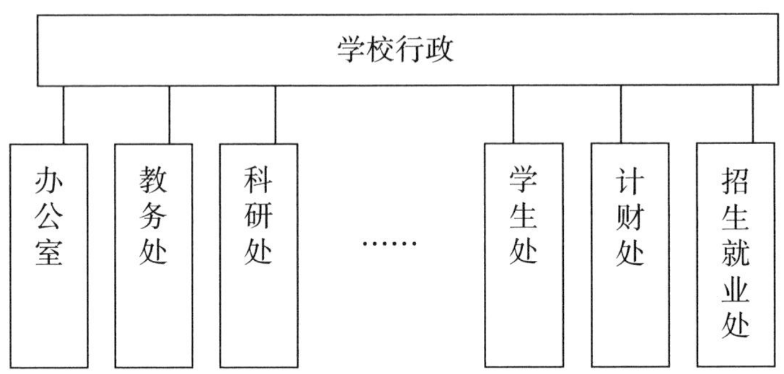

三、学术权力——学者管理学术事务的权力

学术权力在大学权力结构中，是与政治权力、行政权力相并行的另一种重要权力，学术权力是大学特有的权力类型，大学是探究高深学问的学术性机构，学术活动的特征决定了大学教师应该在大学的各项事务，尤其是学术事务中扮演者不可或缺的角色，成为大学学术权力存在的内在逻辑。正如伯顿·克拉克所说："专业的和学者的专门知识是一种至关重要的和独特的权力形式，它授予某些人以某种方式支配他人的权力"[①]而学术权力要想发挥作用，就必须具有相应的制度和规范，才能为学者管理学术事务提供一定的平台。

学术权力是由从事教学科研的老师、研究员等人员组成的学术团体，比如学术委员会拥有和行使的，其职责范围包括教师的职务晋升及聘任、学位授予工作、课程或专业的设置、科研项目的审批等学术事务的决策权力。正如我国《高等教育法》第四十二条规定，高等学校设立学术委员会，审议学科建设、专业设置，教学、科学研究计划方案，评定教学、科学研究成果等有关学术事项。学术权力主要由学者组成的学术委员会来体现，大学内部各级与学术有关的委员会就学术事务提出议案，逐级商讨、讨论、向上一级委员会呈报，最后呈送校级最高权力机构，议案一经通过，即由校长及大学各职能部门人员所组成的行政委员会讨论、贯彻执行，并交由职能部门与院系等行政机构执行。学术委员会的成立可以充分调动学者参与学术研究与学术治理的积极性，保证学术活

① [美]伯顿·克拉克著，王承绪译:《大学系统——学术组织的跨国研究》，杭州大学出版社，1994年版，第121页。

动有序、有效地运行，实现大学权力分治。

正如阿什比在书中所说："学术事务……从下向上流动，最初它由系或部务委员会提出，然后它作为建议上升到评议会，评议会可能留下，也有可能退回它，但很少改变这种建议……最后（中间可能还有好几级），它达到理事会，作为一项建议等待批准。和评议会一样，理事会也有可能留下，也有可能退回它；如果理事会对它做出改动的话，那将是严重地违反常规。"①

"渊博的知识产生了一种关键性的和有特色的权威。在这种权威的形式中，一群专家或类似人员在一人一票的基础上共同决定事项，并选举主持工作的官员。教授集体的权威在系务会议、教授会议、大学评议会和理事会中到处可见。它实际上是高等教育系统被视为理所当然的东西——这种情况与传统的企业管理大不相同。其合法性是无可怀疑的。"②

学术权力是大学治理结构中与政党权力、行政权力相并行的重要权力，强调大学学术权力、维护学者利益是由大学组织的特性所决定的，伯顿·克拉克指出，只要大学仍然是正规的组织，它就是控制高深知识和方法的社会机构、学术组织。大学学术权力是学术资源获得之前提，是学者学术利益实现的有力保障。西方大学都非常重视学者权力，并有相应的机制保障学术权力的实现。美国大学坚持教师参与学校治理，学术事务由学者自己决定，评议会是教师参与学校治理的机构，教师通过校、院两级的评议会参与学校的决策制定。德国大学是"教授大学"，不仅在大学的最高权力机构——校评议会中，教授占据了绝大多数的席位，甚至在下一级的学部和基层学术组织中，教授都拥有占绝对支配地位的席位。法国大学实行校长负责制，教师集体对校长权力的制约有一定的限度，但却通过科学委员会、学习与大学生活委员会等机构起到咨询和辅助的决策作用，在这些机构中教学和科研人员的数量占了 60% ～ 86%。③ 在我国，民国时期的大学受西方大学的影响，"教授治校"有着良好的社会环境和运行机制，但在 20 世纪 50 年代之后，随着大学的国有化和政治化，大学的办学自主权逐渐缩小，学术权力被政党权力和行政权力压制，处于被忽视的地位。

---

① ［加］约翰·范德格拉夫著，王承绪等译：《学术权力——七国高等教育管理体制比较》，浙江教育出版社，2003 年版，第 99 页。

② ［英］迈克尔·夏托克著，王义端译：《高等教育的结构和管理》，华东师范大学出版社，1987 年版，第 25 页。

③ 李硕豪：《权力博弈——一所中国大学内部权力运行的故事》，中国社会科学出版社，2011 年版，第 74 页。

从20世纪80年代开始，随着国家与大学关系的逐渐清晰，大学的自治权力开始恢复，大学开始设置学术委员会、学位委员会、教师职称评审委员会、教学督导委员会等机构，从结构上开始建立教师行使学术权力的运行机制。虽然1999年的《高等教育法》对学术委员会的地位和职责进行了认可，但只是一种粗略的解释，对学术委员会具体的人员组成以及其职责范围都没有明确的规定，这也是造成学术委员会在实践中运行不佳的原因。

但是，我们也应看到，学术权力的过度膨胀，也往往导致学术权力公共性的丧失。西方大学讲座制背景下教授权力的膨胀以及由此所带来的对学科资源的垄断和对学术新生力量的压制就是例证。[①]“从19世纪20年代发展起来的操作层次，特别是它的‘讲座’形式的局部控制，到19世纪末，有许多已经变得僵化，已经变成凝固的权力，负责管理的教授已经发展了他们的既得利益，使在他们领域内兴起的新专业作为亚专业保留在他们自己的研究所以内，而不允许它们成为新的研究所或独立的讲座。”[②]学术自由不仅会受到来自外部的政府的干涉，也会遭到来自其内部的学术组织内部的既得利益者或者其他学科的压制。这也是为什么20世纪60年代之后，欧洲国家开始由教授垄断的讲座制向“系部制”转变的原因。正如约翰·范德格拉夫在《学术权力——七国高等教育管理体制比较》书中所指出的，“一个世纪以来，美国模式一直把官僚权力放在实现地方理想和提高院校地位服务的位置上。院校的官员甚至比教授们更关心和支持自己的院校，因为大家的工资收入和事业的成功，都直接依赖于整个院校的成功。因此，这些人的观点和利益与中央部门的官员们的观点利益有根本的区别，院校的官员们大多来自教师和学生组织，……形成准自治的管理文化。”[③]

四、民主权力——教师等利益群体民主管理和监督的权力

亚里士多德说：“自由和平等在民主社会中最为常见，但只有当所有人平等地分享权力的时候才能得以实现。”（If liberty and equality, as is thought by some, are chiefly to be found in a democracy, they will be attained when all persons alike

① 赵俊芳：《论大学学术权力》，中国社会科学出版社，2012年版，第60页。

② ［美］伯顿·克拉克著，王承绪译：《探究的场所——近代大学的科研和研究生教育》，浙江教育出版社，2001年版，第38页。

③ ［加］约翰·范德格拉夫著，王承绪等译：《学术权力——七国高等教育管理体制比较》，浙江教育出版社，2003年版，第193–194页。

share in the government to the utmost.）民主是维护人民权力和利益的利器。主权在民和分权制衡是现代西方民主理论的精髓，这种理念广泛地扩展到国家生活的各个领域，也不可避免地存在于美国大学之中，成为大学民主权力增强的外推力量。大学民主作为基层民主的一种，是实现全社会民主的重要组成部分。民主化对美国大学的影响首先表现为大学教师权力意识的觉醒。[①] 二战之后，美国大学教师纷纷组织教师工会，并通过集体谈判的形式参与大学的治理，集体谈判日渐成为美国大学教师参与大学治理、维护自身经济利益和职业安全的重要表达方式。这里值得一提的是，对学生权力的觉醒是 20 世纪 60 年代高等教育民主化发展的结果，当时正值二战后经济迅速发展的时期，物质生活极大丰富，但同时也带来了社会整体道德伦理水平的下滑，再加之这一时期以萨特、马尔库斯等资本主义社会批评学家的理论的影响，以及欧美各个国家对待越战的态度和国内社会矛盾激化等多方面的原因，20 世纪 60 年代后半期，学生运动风起云涌。以从法国开始的“五月风暴”为代表，席卷了欧美，让全世界都看到了学生的力量，学生也是参与政治决策和社会发展的重要一极力量。然而，结果却并不像我们所预期的那样，在 20 世纪 60 年代的学校抗议浪潮中，与初级教职员、行政管理人员和高层次行政机构中的行政官员相比，学生们在这些领域之多只得到很少的好处。[②] 但是，学生参与大学治理与各项事务，已经成为西方国家的共识。如德国在《高等教育总纲法》中，对大学校务委员会中的学生比例做了规定，法国的《富尔法案》也要求在大学的治理委员会中必须有学生代表参与。

而在我国，教师表达权力的方式是通过教职工代表大会来实现的。《中华人民共和国教师法》规定教师有权对学校教育教学、管理工作和教育行政部门的工作提出意见和建议，通过教职工代表大会或者其他形式，参与学校的民主管理的权利。我国《高等教育法》第四十三条规定，高等学校通过以教师为主体的教职工代表大会等组织形式，依法保障教职工参与民主管理和监督，维护教职工合法权益。1985 年的《关于教育体制改革的决定》中也指出：“要建立和健全以教师为主体的教职工代表大会制度，加强民主管理和民主监督。”《高等学校教职工代表大会暂行条例》中也规定：“工会是教代会的工作机构，在教代会

① 郭道晖：《法理学精义》，湖南人民出版社，2005 年版，第 154 页。

② ［加］约翰·范德格拉夫著，王承绪等译：《学术权力——七国高等教育管理体制比较》，浙江教育出版社，2003 年版，第 217 页。

闭会期间，工会作为常设机构履行其职能。”党的十八大明确提出“健全党内民主制度体系”的重大任务，并将制度建设作为提高党内民主决策科学化水平的保障。民主制度的完善可以依法保障教职工参与学校民主管理和监督，完善现代大学制度，促进依法治校。

教职工代表大会是教职工依法参与学校民主管理和监督的基本形式。大学教代会的职权包括以下:(一)审议建议权，听取学校章程草案的制定和修订情况报告，提出修改意见和建议；听取学校发展规划、教职工队伍建设、教育教学改革、校园建设以及其他重大改革和重大问题解决方案的报告，提出意见和建议；听取学校年度工作、财务工作、工会工作报告以及其他专项工作报告，提出意见和建议;(二)讨论通过权，讨论通过学校提出的与教职工利益直接相关的福利、校内分配实施方案以及相应的教职工聘任、考核、奖惩办法;(三)评议监督权，审议学校教职工代表大会提案的办理情况报告，按照有关工作规定和安排评议学校领导干部；以及通过多种方式对学校工作提出意见和建议，监督学校章程、规章制度和决策的落实，提出整改意见和建议。教代会的职责可以用“参事议事”来表示，对涉及到教职工切身利益和学校发展的事项提出建议、意见和提案，参加相关的协商、沟通和讨论的过程。

第五章　中国大学内部治理的效率分析①

从本章开始，将进行大学内部治理的博弈分析。在大学内部的政党权力、行政权力、学术权力和民主权力四种权力中，对大学决策影响较大的权力是政党、行政和学术权力。我国高等教育的领导体制是党委领导下的校长负责制，政党通过大学行政管理系统发布行政命令间接实现左右决策的目的，大学行政管理人员除了根据政府和政党的政策和法律制定政策外，还会根据自身的利益影响决策，行政部门“一方面是学校内部设立的管理机构，另一方面也受到政府相应部门的控制，贯彻政府部门的意图，以实现政府部门的意志。”② 教授团体作为大学教师群体和学术的代言人，在大学内部决策中维护学术尤其是教师的利益。由于我国大学内部决策体制的特殊性，行政系统也是作为政党和政府的代言人出现的，所以在大学内部权力的博弈中我们将重点考察行政权力与学术权力博弈的情况。

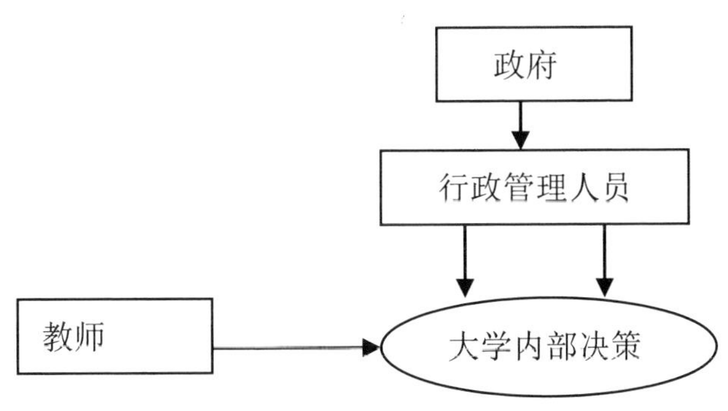

图 5-1 大学内部决策主体关系图

① 本章节部分内容发表在：Applying Game Theory to the Balance between Academic and Administratvie Power in Universities.[J]. *Social Behavior and Personality,* 2014, 42（6）.

② 季诚钧:《大学属性与结构的组织学分析》，人民教育出版社，2006 年版，第 80 页。

博弈论看似佶屈拗牙聱牙，但其思想极易理解，简单来说，博弈论就是研究人们如何进行决策，以及决策如何达到均衡的问题，每个博弈者在决定采取何种行动时，不但要根据自己的利益和目的行事，还必须考虑他的决策行为对其他人的影响，通过选择最佳行动计划，来寻求收益或效用的最大化。有学者认为，博弈论的理论并不适于具有上下层级关系的决策者，但作者认为，虽然目前我国大学的治理权力结构仍然是直线—职能式的而不是并行式的，政党权力和行政权力相对于学术权力仍然是处于上层结构，政党或行政人员与教师是管理与被管理的关系，但在现阶段权力下移的大背景下，教师的意见得到关注，教师的话语权得到提升，学术委员会在某些事项上具有了决策权，教师在学校决策中发挥的作用越来越大，在一定程度上学术权力和民主权力已经具备了与政党和行政权力“讨价还价”的能力，因此我们说它们之间存在着一定的博弈关系。这在应用博弈论分析中央与地方政府关系的论文中也能得到例证。①

本章将通过对行政权力与学术权力之间的博弈得益的分析，利用博弈模型给出一种策略选择优于另外一种策略选择的原因，以及不同的权力分配模式对大学的组织效率会产生什么样的影响。正如我们前文所提到的，博弈的结果受到两个因素的影响，一是信息，二是时间序列。根据参与者对信息的掌握情况，分为完全信息和不完全信息博弈。完全信息是指参与人对信息有完全的了解，不存在任何不确定性，不完全信息是指在博弈开始之前，至少有一方参与人对信息的了解并不完整。同时，根据博弈时参与人决策的次序，又分为静态博弈与动态博弈，静态博弈是指双方同时选择行动策略，双方互相不知道对方的策略，动态博弈是指参与人的行动存在先后顺序，后参与人可获得前面参与人的部分或全部信息。下面我们就以案例为核心对不同情况下的行政与学术权力博弈的情况进行分析。

需要说明的是，由于大学内部权力博弈情况及影响因素的复杂性，正如诺斯认为的人类行为比经济学家模型中的个人效用函数包含的内容复杂得多，因而我们无法将影响博弈结果的各种因素都纳入到博弈模型中去，而只能采用价

① 陈健：《为什么宏观调控有时会成为“空”调——整体博弈视角下的中央与地方关系》，《河北经贸大学学报》，2012 年第 3 期，第 39—44 页；庞明川：《中央与地方政府间博弈的形成机理及其演进》，《财经问题研究》，2004 年第 12 期，第 55—61 页；谢蓉，温倩文：《财政转移支付制度下中央与地方博弈关系》，《中国行政管理》，2005 年第 7 期，第 53—56 页；杨博文，王勇军：《中央与地方在城市空气污染治理中的非均衡博弈分析》，《统计与决策》，2014 年第 3 期，第 52—56 页。

值预设的方式简化模型，将博弈置于一个较为理想的状态下，来分析在这种模型假设下，行政权力与学术权力二者的策略选择与行为表现。虽然博弈论模型是以一种抽象、演绎的方式，通过给博弈双方赋值的方式来推演二者的策略选择，在实际的博弈问题中，可能会存在现实适用性的问题，但博弈模型依然能够为政策的制定提供有益的思考，这也是我选择博弈论作为论文的分析视角的一个重要原因。

第一节　博弈的模型建构

一、谁动了我的奶酪

博弈的基本式（策略式）由参与者集合 N、策略空间 S 和收益函数 u 三个要素组成，即 G={N，S，u}。其中 N={1,2，……n}，S={S_1,S_2,…S_n}，u={u_1，u_2……u_n}。

我们通过一个案例来看：

某 F 大学哲学系突然遇到天上掉馅饼的事：一位马来西亚富商愿意捐资 1000 万美元建造哲学系大楼，以实现振兴哲学的梦想，哲学系的老师都沉浸在喜悦之中，做着建成“柏拉图学院”的梦想。但是，校方与捐助人商量之后，使其将这笔捐赠转给法学院建法学大楼。不久，对方准备追加投资到 2000 万美元，经过哲学系交涉，校方同意哲学系也有份，即哲学系、法学院共建一栋楼。然而到最后，这笔 F 大学建校以来得到的最大捐助与哲学系无关，大楼建成后归法学院使用，剩下的钱校方将统筹管理。哲学系面临的难题是，还愿不愿意忍辱负重，在残汤剩水中分一小杯羹，即接受校方提议，向学校申请一笔经费。在这个案例中，校方根据学校发展的整体考虑，将资金分配给了能产生较多效益的法学院，从校方来讲，是效率优先的选择，但是对哲学系自身的发展来说，却是致命的打击。

在这个博弈模型中，我们将学校一方视为行政力量的一极，而将哲学系一方视为学术力量的一极。二者各有两个策略选择，行政一方是 {效率，学术}，行政一方更倾向于效率，因而更倾向于“效率”的策略，学术一方的策略是 {学术，效率}，学术一方则更倾向于学术的发展，更倾向于采取“学术”的策略。

该博弈的基本式 G={S, u} 为，

（1）参与者集合：N={1，2}，1= 学术，2= 行政。

（2）策略空间：$S_1=S_2$={ 学术，效率 }。

（3）收益函数：

u_1（学术，学术）=a，u_1（效率，学术）=u_1（学术，效率）=0，u_1（效率，效率）=c。

u_2（学术，学术）=b，u_2（学术，效率）=u_2（效率，学术）=0，u_2（效率，效率）=d。

且：a>c>0，d>b>0

相应的矩阵博弈图如下：

表 5–1 行政权力与学术权力博弈矩阵图（1）

		行政	
		学术	效率
学术	学术	a，b	0，0
	效率	0，0	c，d

策略组合（效率，学术）不是纳什均衡，因为给定行政人员的策略为“效率”，那么学术人员的最优策略为“效率”，而不是学术，u_1（效率，效率）=c>0=u_1（学术，效率）。

策略组合（学术，效率）也不是纳什均衡，因为给定学术人员的策略为“学术”，那么行政人员的最优策略为“学术”，而不是效率，u_2（学术，学术）=b>0=u_2（效率，学术）。

上图中，策略组合（效率，效率）（学术，学术）为纳什均衡。

假设学术人员的策略组合为（r，1-r），行政人员的策略组合为（q，1-q）。这里的 r 和 q 分别表示学术人员和行政人员选择“学术”策略的概率。若行政人员以 q 的概率选择“学术”，以 1-q 的比例选择“效率”，则学术人员选择“学术”和“效率”的收益分别为：

$\pi_1=a\times q+0\times(1-q)=aq$

$\pi_2=0\times q+c\times(1-q)=c(1-q)$

比较 π_1 和 π_2，当 $q<\dfrac{c}{a+c}$ 时，学术人员选择“学术”的得益要小于“效率”的得益，所以，应该选择“效率”；当 $q=\dfrac{c}{a+c}$ 时，学术人员选择“效率”和选择“学术”的得益没有差别；当 $q>\dfrac{c}{a+c}$ 时，学术人员选择“学术”的得益大于“效率”的得益，所以，应该选择“学术”。

上述情况反映了学术人员针对行政人员的不同策略下的最佳反应，称为“学术人员的反应函数”。可用下图来表示：

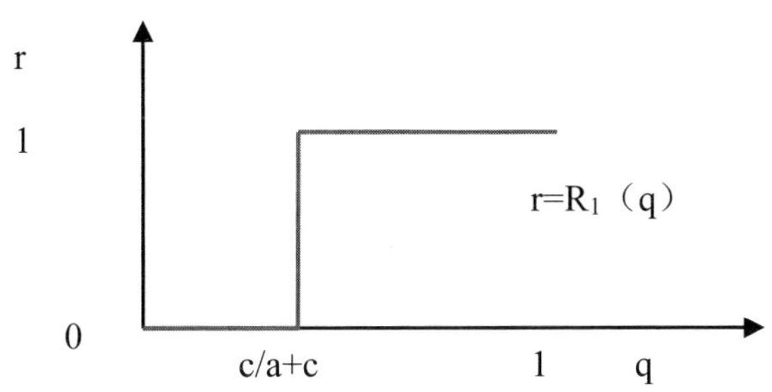

图 5-2 学术人员的反应函数

同理，可以画出行政人员针对学术人员的反应函数：

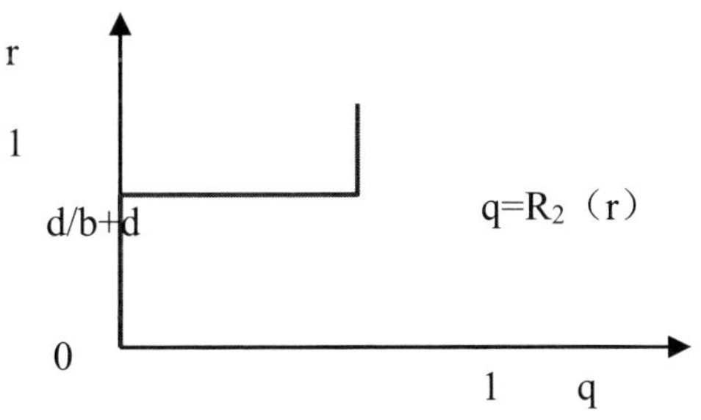

图 5-3 行政人员的反应函数

将两张图合并，得到如下的图：

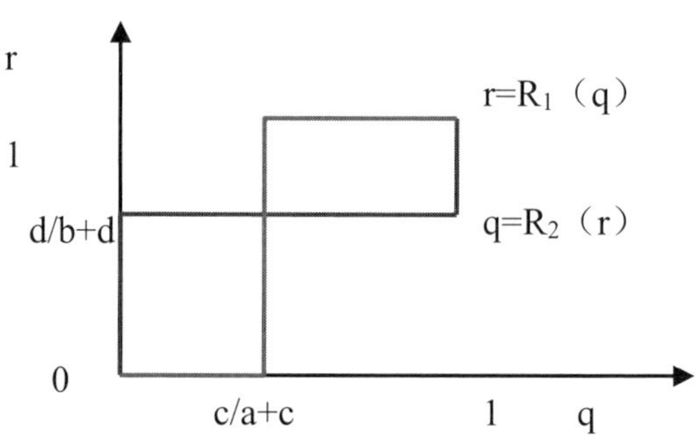

图 5-4 学术人员和行政人员反应函数合并图

按照纳什均衡的定义，图上的三个交点既是行政人员的最优反应函数上的点，也是学术人员的最优反应函数上的点。这三个点的坐标为（0，0)，($\frac{c}{a+c}$，$\frac{d}{b+d}$)（1，1）。对应的三个策略分别是（学术，学术）；学术人员和行政人员分别以 $\frac{c}{a+c}$ 和 $\frac{d}{b+d}$ 的概率选择“学术”；(效率，效率)。

学术人员的混合策略为：

r×b+（1-r）×0=r×0+（1-r）×d

行政人员的混合策略为：

q×a+（1-q）×0=q×0+（1-q）×c

解上述两个方程，得到：

学术人员的混合策略纳什均衡策略为：($\frac{d}{b+d}$，$\frac{b}{b+d}$，得益为：$\frac{bd}{b+d}$。

行政人员的混合策略纳什均衡策略为：($\frac{c}{a+c}$，$\frac{a}{a+c}$)，得益为：$\frac{ac}{a+c}$。

因为 $\frac{bd}{b+d}$ <b<d，并且 $\frac{ac}{a+c}$ <c<a，所以我们看到行政与学术人员二者的策略同步时，得益对双方都有利。每个参与人的策略的选择都取决于对方的策略，例如学术人员选择“学术”还是“效率”，取决于行政人员的策略。如果各方一意坚持自己的策略而忽视对方的策略，则只能得到 0 单位效用，造成两败俱伤的结果。在学术人员与行政人员的二维矩阵博弈中，存在两个均衡，博弈双方

各自会偏爱一个均衡，学术人员更偏爱（学术，学术）均衡，而行政人员更偏爱（效率，效率）均衡，不过共同的利益是，在任何一个均衡中，都能够得到比非均衡更多的盈利。在现实情况中，到底哪种均衡会出现，可能还取决于二者力量的对比。

再进一步分析，在案例当中我们可以看到，行政人员与学术人员的利益并不总是保持一致，有时候甚至会出现相互冲突的局面。在现有的资源分配体制下，行政部门充当着决策者和资源分配者的角色，作为理性人的行政部门追求的是自身经济利益的最大化，而且行政部门作为管理部门相对于院系来讲具有信息优势，而作为学术权力的一方——哲学系，却不能带来资源利用效率的最大化，这时学校与哲学系一方就产生了博弈关系，但由于行政部门在行政上的领导地位和资源分配上的主导地位，学校行政部门与院系之间的博弈显示出极强的主从性。在这种情况下，哲学系只能服从学校的总体安排。

我们通过将案例数字化的方式来分析行政权力与学术权力博弈的情况：

我们假设对于这 2000 万的资金目前有两个配置方案，一个方案是将经费给法学院（我们称为方案 A），另一个方案是将经费给哲学系（我们称为方案 B）。如果将经费给法学院，能够改善该校法学院的教学条件，引进优质的师资，吸引更多的学生报考该校，能够较好地提高该校的社会知名度，获得较高资源使用效率；如果将经费给哲学系，虽然也能促进该校哲学系的发展，但效益明显不如法学院；我们假设两个方案的使用年限都是 10 年。两个方案的年收益值以及资源利用率的概率见下表。

利用状态	概率		方案（单位：万元）	
	法学院	哲学系	分配给法学院（A）	分配给哲学系（B）
得到良好利用	0.8	0.6	100	70
未得到良好利用	0.2	0.4	30	10

行政部门在资源分配上的决策树如下图所示：

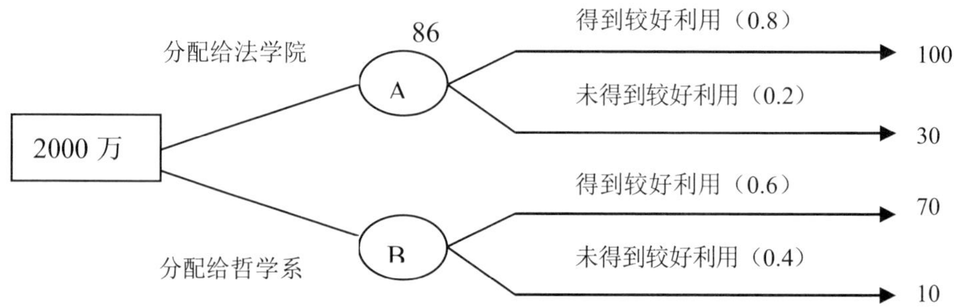

计算两种方案的期望收益值可得：

经费分配给法学院的所得 A=100 × 0.8+30 × 0.2=86（万元），分配给哲学系的所得 B=70 × 0.6+10 × 0.4=46（万元）。因此从计算我们可以看出，对于行政部门来讲，将经费分配给法学院的得益要大于将经费分配给哲学系的得益，因此，学校行政部门在面对有限的资源及绩效的考量时，往往会从单一的绩效角度出发，将经费分配给拥有较好的师资和资源利用率的学科，这就容易造成学科与学科间的发展的不均衡问题。

迈克尔·夏托克在《成功大学之道》一书中指出，成功的大学管理并不是上层向下层进行强制管理，而是控制中心与运行单位之间不断对话的结果。双方都应秉持能够共同达到双赢的目标，不会互相拆台，成为达到均衡的关键。而要达到双赢，其中一个重要的因素就是信息。聪明的管理者会将自己的策略选择信息及时散播出去，以便对方在不损害双方利益的基础上做出最明智的选择。博弈论的诞生说明了：在许多博弈论的实验中，一个极度自私的人在博弈中往往是输家。即便是强者，也需要与他人合作，弱者也不一定处于被动的地位，只能由强者压制，弱者也可以为自己争取主动权。正如以上博弈所体现的，虽然行政权力相对于学术权力来讲处于强势的地位，但仍需要学术权力的配合才能实现利益的优化；虽然学术权力处于弱势的地位，但可以通过宣布自己的策略选择，而迫使行政权力在互利的基础上做出有利于学术发展的决策。同时，作为在信息上占有优势的强势的行政权力来说，在资源配置上，不应从单纯绩效的角度出发，应从学科均衡发展的角度出发，避免行政决策的过度市场化，建立弱势学科发展的弱势补偿机制，避免因资源分配不均衡而带来的利益矛盾和发展鸿沟。

二、集权还是分权，努力还是偷懒

集权和分权是组织内部权力配置的不同方式，不同的权力配置方式对组织效率和组织内部员工的努力程度都有影响，组织内部绩效的提高和员工激励机制都必须通过优化内部权力结构配置的方法来达到。多位学者的研究表明，集权环境下虽然决策的执行很有效率，但是有限理性限制了决策的有效性，导致了企业低效。分权关系可以增加员工的参与度，提高员工的满意度，集权趋势的权力配置方式对企业绩效不利。[①] 有学者也通过研究得出，权力的配置方式与绩效是二次曲线的关系，权力过于集中或者过于分散都不利于绩效的提高，适当的集权下可以获得较高的绩效。组织的集权与分权都是相对的，绝对的集权或绝对的分权都是不可能的。

我国大学管理存在的问题是权力过于集中。在外部，政府教育行政部门通过行政指令的方式控制大学的发展，在内部，权力集中于校级行政部门，而院系缺乏自主权，只是被动地执行行政部门的决定。目前的权力配置机制严重束缚了院系和教师个人的活力、积极性和主动性。

我们同样也通过一个案例来分析：

小 A 在一所 985 大学从硕士一路念到博士，在男多女少的工科专业，作为一名女博士，小 A 的科研能力相当出色。但是，光鲜的博士帽并没有给她的求职增添多少砝码。她在应聘一所二本高校时，顺利通过了院方的笔试、面试，并得到院领导的口头承诺，但办理入职手续时，却在该高校人事处卡了壳。小 A 说：“就因为我本科念的是一所不太起眼的学校，不是 211 或 985 工程类的学校。我知道自己的过去不够辉煌，所以现在越来越努力。没想到影响未来的，恰恰是过去的历史。”虽然学院里的领导尽力去同学校方面协商，还是未能改变小 A 的命运。

从这个案例当中看出，在关于人才招聘的问题上，院系是没有自主的决策权的，需要上报学校的相关部门和领导，才能有最终结果。在学校和院系之间有着严格的权力等级，这就有可能造成院系想引进的人才无法引进，而学校同意引进的人才院系又不需要，造成人力资源的浪费。这种集权式的管理体制长

① Sydney Finkelstein, Jerayr Haleblian. Understanding Acquisition Performance: The Role of Transfer Effects. *Organization Science*, 1996,13（1）:36-47.

期以往会严重挫伤院系和教师的积极性和主动性，对学校的长远发展不利。

在这个模型中，我们同样也将学校视为行政的一方，而院系视为学术力量的一方。考察二者的博弈和策略选择。行政人员有两个策略选择（集权,分权），同样学术人员也有两个策略选择（努力，偷懒）。

该博弈的基本式 G={S, u} 为，

（1）参与者集合：N={1，2}，1= 学术，2= 行政。

（2）策略空间：S_1=（努力，偷懒），S_2=（集权，分权）。

（3）收益函数：

F_1 是学术人员在（努力，集权）策略下的得益，C_1 是行政人员在（集权，努力）策略下的得益，F_2 是学术人员在（努力，分权）策略下的得益，C_2 是行政人员在（分权，努力）策略下的得益，F_3 是学术人员在（偷懒，集权）策略下的得益，C_3 是行政人员在（集权，偷懒）策略下的得益。t 是学术人员在“努力”策略下所支付的成本，s 是行政人员在“集权”策略下所支付的成本。

u_1（努力，集权）=F_1-t, u_1（努力，分权）=F_2-t，u_1（偷懒，集权）=F_3，u_1（偷懒，分权）=0。

u_2（集权，努力）=C_1-s，u_2（集权，偷懒）= C_2-s，u_2（分权，努力）=C_2，u_2（分权，偷懒）=0。

且：$F_2>F_1>F_3>0$, $C_1>C_2>C_3>0$。

相应的矩阵博弈图如下：

表 5-2 行政权力与学术权力博弈矩阵（2）

			行政	
			q	1-q
			集权	分权
学术	p	努力	F_1-t, C_1-s	F_2-t, C_2
	1-p	偷懒	F_3，C_3-s	0，0

上图中的 p 表示学术人员以 p 的概率选择“努力”的策略，以 1-p 的概率选择“偷懒”的策略。同理，上图中的 q 表示行政人员以 q 的概率选择“集权”

的策略，以 1-q 的策略选择“分权”的策略。

我们可以用更清晰的树状图来表示二者的博弈情况：

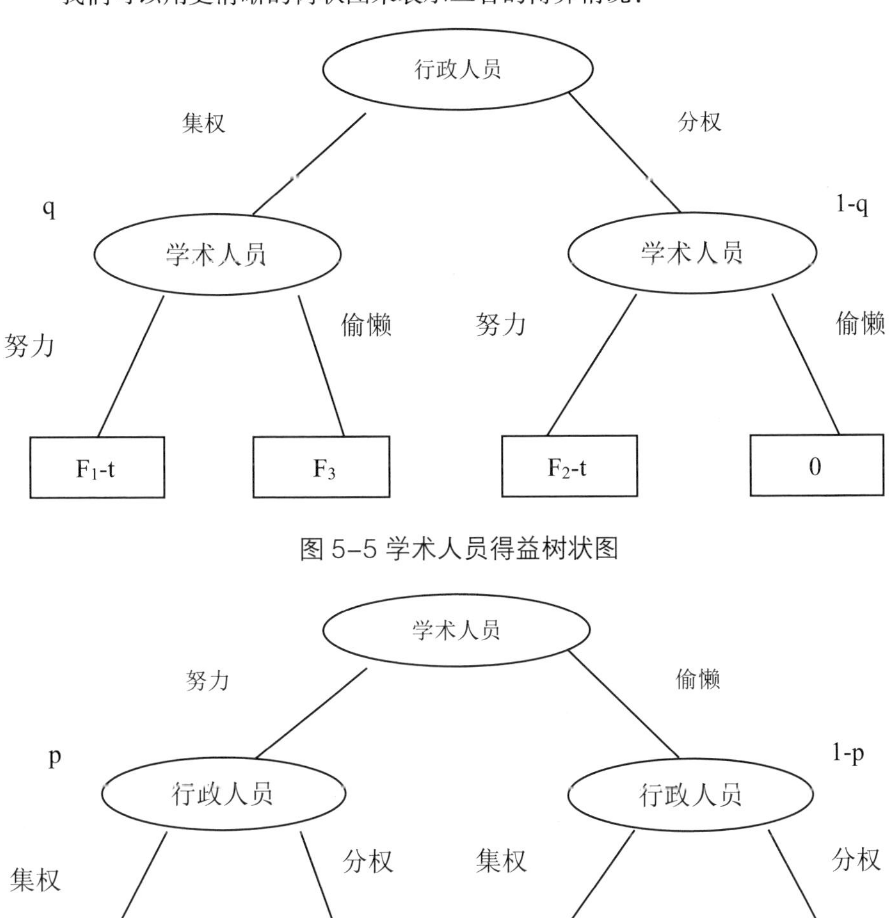

图 5-5 学术人员得益树状图

图 5-6 行政人员得益树状图

下面我们来求解该学术—行政人员博弈问题的混合战略纳什均衡。设学术人员的混合均衡战略为 $\sigma_1=(p，1-p)$（即学术人员以 p 的概率选择“努力”，以 1-p 的概率选择“偷懒”），行政人员的混合均衡战略为 $\sigma_2=(q，1-q)$（即行政人员以 q 的概率选择“集权”，以 1-p 的概率选择“分权”）。由于学术—行政人员博弈是两人两战略的博弈问题，因此可以采用“等值法”来求解混合战略纳什均衡。

给定行政人员的混合战略 $\sigma_2=(q, 1-q)$，学术人员选择"努力"（p=1）和"偷懒"（p=0）的期望收益相等，即 $u_1((1,0)(q, 1-q))=u_1((0,1)(q, 1-q))$，则：

$q\times(F_1-t)+(1-q)\times(F_2-t)=q\times F_3+(1-q)\times 0$

则：$q=\dfrac{F_2-t}{F_2+F_3-F_1}$

给定学术人员的混合战略 $\sigma_1=(p, 1-p)$，行政人员选择"集权"和"分权"的期望收益相等，即 $u_2((1,0)(p, 1-p))=u_2((0,1)(p, 1-p))$，则：

$p\times(C_1-s)+(1-p)(C_3-s)=p\times C_2+(1-p)\times 0$

则：$p=\dfrac{C_3-s}{C_2+C_3-C_1}$

因此，我们可以说学术人员以 $\dfrac{C_3-s}{C_2+C_3-C_1}$ 的概率选择努力，行政人员以 $\dfrac{F_2-t}{F_2+F_3-F_1}$ 的概率选择集权。我们结合二者的得益情况，对两者的概率选择进行分析。

因为在这个博弈中，$F_2>F_1>F_3>0$，所以学术人员相对于行政人员的"集权"或"分权"策略，"努力"相对于"偷懒"始终是占优策略，所以学术人员将选择"努力"策略。而对于行政人员来说，我们会发现一个有趣的现象，当我们增大学术人员在（集权，偷懒）策略下的得益 F_3 时，行政人员选择"集权"的概率 q 反而会变小，这是因为在"集权"的状态下，学术人员可能会采取"搭便车"的行为，即从行政人员的"努力"当中得益，此时，行政人员更愿意通过"分权"来减少自己的支付，提高自己的得益，确保学术人员会采取"努力"的策略。所以，也许（努力，分权）策略是二者的最优策略。

大学是培养教育人的地方，这项工作的完成需要通过教师来进行，教师是大学的第一资源，大学的人力资源管理关系到大学未来的发展。小 A 的经历反映了我国高校人力资源管理中存在的问题。多年来我国高校的人事管理一直未能走出计划经济下传统的事业单位管理模式。行政级别制度在内部人事管理中起着主导作用，专业技术职称、职务的评聘制度未能成为有效的职业发展通道，却成为了人际关系、资历、地位和薪酬对应的权衡机制，直接影响了高校管理中决策的正确性和管理效率。

三、重复博弈的声誉模型

前面我们讨论的是单次静态博弈的情况，而在现实中，博弈双方通常都是处在动态的重复博弈当中，即同样结构的博弈重复多次，其中的每次博弈称为“阶段博弈”。单次博弈容易导致不合作或背叛行为的发生，而重复（多次）博弈则相对容易产生合作。长期合作关系要比单次合作更容易维持，即使短期利益严重冲突的对立各方，也能够在重复博弈中获得和平合作的均衡结局。KMRW 声誉模型（Reputation Model）讨论的是不完全信息重复博弈中的合作行为。克雷普斯（Kreps）、米尔格罗姆（Milgrom）、罗伯茨（Roberts）和威尔逊（Wilson）四人建立的所谓 KMRW 声誉模型证明：参与人对其他参与人支付函数或战略空间的不完全信息对均衡结果有重要影响，合作行为在有限次重复博弈中会出现，只要博弈重复的次数足够长。特别地，“坏人”可能在相当长一段时期表现的像“好人”一样。当只进行一次性交易时，理性的参与者往往会采取“机会主义”行为，通过欺诈等“非名誉”手段来追求自身收益最大化，其结果只能是“非合作博弈均衡”。但当重复多次交易时，为了获取长期利益，参与者通常需要建立自己的“声誉”，一定时期内“合作博弈均衡”就能够实现。

我们用一个产品定价的例子来看动态重复博弈的情况：

A、B 两个参与人都有两种定价待选择：定高价或定低价。如果两个参与人都定低价，则每个参与人的收益均为 20 个单位；如果两人都定高价，则每人的收益均为 30 个单位；如果其中某一参与人定低价，而另一参与人定高价，则定低价的参与人占有更多的市场份额获得 40 个单位的收益，定高价的参与人由于失去一部分市场份额而只获得 10 个单位的收益。显然，在这个一次性完全信息静态博弈中，两个参与人均有占优策略，占优策略均衡为 A、B 双方都定高价。

表 5-3 两商家博弈矩阵

		B 低价	B 高价
A	低价	20,20	40,10
A	高价	10,40	30,30

如果 A、B 之间的定价博弈是多次进行的，那么，问题就不是如此简单了。

如果 A、B 双方都选择合作，都保持定高价，则双方在每个阶段的收益均为 30 个单位，记为（30，30，30，……）；如果 A、B 中有一方（如 A）采取投机行为，在实际定价中选择不与对方合作，在第一阶段就通过选择低价策略使得选择高价策略的对手 B 受损，则受损的一方 B 一定会在第二阶段及其以后的定价中也选择低价策略，加以报复，这样一来，首先选择不合作的一方 A 在个阶段的收益为（40，20，20，……），显然，其总收益远远小于合作、维持高价情况下的总收益。因为，首先选择不合作的一方 A，只是在第一阶段获得了"额外"收益，但在以后各阶段的收益将因为对手 B 的报复性选择而减少，并且，重复若干次后，首先选择不合作的一方 A 将得不偿失。

在这里，B 选择的策略称为"冷酷策略"（grim strategies）。冷酷策略是指重复博弈中的任何参与人的一次性不合作将引起其他参与人的永远不合作，从而导致所有参与人的收益减少。因此，所有参与人具有维持合作的积极性。

我们还是以前面的 F 大学为例，在现实大学中经常会出现资源分配的矛盾，高校的行政部门掌握了资源分配的主动权，因此，在资源分配上首先考虑的是如何使资源得到最大化的利用，能够带来较高的收益，这就导致了各院系之间的资源分配不均问题，也带来了各学科专业发展不均衡的问题。同时，行政部门与各院系的对抗也加大了行政部门的管理成本，造成了资源的浪费。行政部门与院系对资源的争夺与控制就类似于"囚徒困境"的重复博弈。艾克斯罗德在《合作的进化》一书中指出，在由理性的利己主义者所组成的世界中，只要人们重新相遇的机会足够大，在重复性的囚徒困境中，参与者会采取合作的策略来代替对抗策略。① 这个结论即使对于在缺少政府的群体中，也能起到建立

① ［美］罗伯特·艾克斯罗德著，周骏宇译：《合作的进化》，上海人民出版社，1996 年版，第 30 页。

合作秩序的作用。

下面我们来分析F大学的行政权力与学术权力重复博弈的情况，我们将双方的收益赋值化，这样看起来更为直观和简洁。我们假设行政部门与院系共同努力争取外部的捐款，如果二者共同努力各自可以获得（12，12）的收益，而如果只有一方努力，则努力方只可以获得1个收益，而不努力方则可以采取"搭便车"的效果，则可以获得5的收益，这样假设是因为努力方在这个过程中需要消耗一定的成本，因而就可能产生其收益小于不努力方的结果，因为不努力方在这个过程中并没有任何的损失，只会使其得益增加，如果双方都不努力，则双方只可以获得（3，3）。

那么二者的收益矩阵为：

表5–4 学术权力与行政权力博弈矩阵（3）

		行政	
		努力	不努力
学术	努力	12，12	1，5
	不努力	5，1	3，3

在重复N次的行政权力与学术权力的博弈当中，纳什均衡每次都是（3，3），"不努力，不努力"的策略，而（努力，努力）则是帕累托最优，可以使二者的得益都实现优化。根据逆向归纳法，这就告诉我们一个事实：你可以在最后的回合选择背叛——即选择不努力的策略，因为在最后的回合，你的对手将没有机会惩罚你；同样，你也可以在倒数的第二回合背叛，因为无论你的选择如何，你的对手都会在最后的回合背叛。

在信息不完全的情况下，我们假设行政有两种类型，非理性和理性的，概率分别为q和1-q，学术也有两种类型，非理性和理性的，概率分别为p和1-p。我们先来讨论两次重复博弈的情况。在t=1阶段，非理性一方会选择努力的策略，因为非理性一方会选择信任对方会和自己一起努力，所以会选择"努力"；在t=2阶段，理性一方会选择不努力的策略，因为根据我们之前的分析，从利己的策略出发，理性的一方会选择背叛，即不努力；非理性一方在t2阶段的选择，会和理性一方在t1阶段的选择相同，这是由于如果理性一方在t1阶段选择努力，那么非理性一方会选择继续合作，即努力，如果理性一方在 t1 阶段选择不努力，那么非理性一方在看到对方背叛之后，也会选择不努力，自然合作就会破裂。

双方在不同阶段的策略选择，如下表所示：

表 5–5 学术权力与行政权力策略选择

	概率	类型	t=1	t=2
学术	p	非理性	努力	y
	1-p	理性	x	不努力
行政	q	非理性	努力	x
	1-q	理性	y	不努力

如果 x= 不努力，y= 不努力，

理性学术人员的期望收益是：5*q+3*（1-q）+3=2 q+6

理性行政人员的期望收益是：5*p+3*（1-p）+3=2p+6

如果 x= 努力，y= 努力，

理性学术人员的期望收益是：12+5*q+（1-q）*3=2q+15

理性行政人员的期望收益是：12+5*p+3*（1-p）=2p+15

如果 x= 努力，y= 不努力，

理性学术人员的期望收益是：q*12+1*（1-q）+5*q+3*（1-q）=13q+4

理性行政人员的期望收益是：5+3=8

如果 x= 不努力，y= 努力，

理性学术人员的期望收益是：5+3=8

理性行政人员的期望收益是：12*p+1*（1-p）+5*p+3*（1-p）=13p+4

如下图所示：

表 5-5 学术权力和行政权力博弈矩阵（4）

		行政	
		努力	不努力
学术	努力	2q+15，2p+15	13q+4，8
	不努力	8，13p+4	2q+6，2p+6

所以学术人员和行政人员对应于 X、Y 的选择期望得益矩阵为：2p+15>8 且 13q+4>2q+6，这样可得当 q>2/11 时，X= 努力；2p+15>8 且 13p+4>2p+6，这样可得 p>2/11 时，Y= 努力。

这样的结果告诉我们理性的学术人员（行政人员）认为行政人员（学术人员）非理性的概率大于 2/11 时，他们将选择努力。否则，会这些理性的学术（行政）人员会选择不努力。

重复博弈是指基本博弈重复进行构成的博弈过程。这里并不是博弈的简单重复，博弈方在重复进行博弈的过程中，他们对利益的判断会发生变化。在现实中存在着长期反复的合作竞争关系，如某一市场的两个竞争对手，两个企业的长期合作协议的遵守，商业中的回头客等等。短期关系的博弈中因为缺乏默契与合作，或者报复与制裁方式，不能形成共同追求利益的机会。而长期关系则不同，下一阶段的关系会受到前一阶段的影响。由于博弈被重复地进行，因而每个参与者都有机会“惩罚”另一个参与者的不合作行为，欺骗或者不合作被可能受到的惩罚所威慑，从而导向双方一个较好的合作的结果。如果博弈的次数无限多，纳什均衡会趋向于帕累托最优。正如在学术人员与行政人员的博弈中，重复博弈会促使二者从最初的第四象限得益转向第二象限得益，实现二者的共赢。

在行政权力与学术权力的重复博弈中，双方的利益并不是完全对立的，而是由某种共同利益联结在一起的，形成了既有冲突又有合作的局面。在二者的一次性博弈中，无论对手的策略是什么，其最佳策略都是简单地不努力，但是在重复博弈的情境下，博弈被重复进行，参与者的最佳策略依赖于对方的策略，以及他们对努力和不努力策略的反应。因此，每个参与者都有机会惩罚对方前一阶段的不合作行为。不合作的行为受到惩罚的威慑，从而导向一个较好的、合作的结果，这时共同努力可能作为均衡出现。反复接近无限的博弈次数，使纳什均衡趋于帕累托最优。

四、你的权力有多大

在博弈论中，对权力大小的衡量是用权力指数（power index）来表示的。我们来看一个小幽默：有人问一个“妻管严”，“你家里的事情谁做主？”答：“一半一半。”“当意见一致时，听我的；意见不一致时，听老婆的。”在夫妻二人的权力博弈中，有两个联盟，在这两个联盟中，妻子都是“关键加入者”，妻子的权力指数为 2，而丈夫不是任何联盟的关键加入者，他的权力指数为 0，因而妻子是典型的“独裁者”。有研究表明，美国总统与参议院及众议院的权力指数之比为 2：5：5，而总统与一个参议员、一个众议员的权力比为 350：9：2。就是说，美国总统的权力几乎是一位参议员的权力指数的 40 倍，是众议员的 175 倍。

权力指数和票数并不是一回事，票数只是一个虚假的指标而已，在设计投票制度时，票数的分配要考虑权力指数，票数的安排要使得权力指数与人数成大致相同的比例，这样投票才具有民主性。

如果我们用百分比来分析投票过程中各投票者的权力所占的比例。对于 n 个人，每人的权力指数 C_1，C_2，C_3……Cn，则投票者 j 的权力指数比为：

$r_j=C_j/(C_1+C_2+C_3+\cdots Cn)$

我们也来看一个案例：

某学院在教职工代表大会上打算审议通过该校新的绩效考核实施方案（审议稿），该实施方案被指对一线教职工存有严重歧视而更倾向于行政人员，缺乏对一线教职工的应有尊重。按照该校的绩效实施方案，该校正处级别领导一年为 97300 元，副处为 81000 元，正科为 63000 元，而相对应的正教授为 4 级 64400 元，副教授为 5 级 51400 元，6 级为 46400 元，7 级为 41400 元……行政人员的工资和一线职工明显拉开了差距。教代会正式代表 51 人，其中校领导 9 人，职能部门中层干部 22 人，各院系领导 10 人，教师代表 10 人。根据该院的规定，如果一项议案拥有过半数以上的票数即获通过，也就是说，只要有 26 票或以上，该考核方案就会获得通过。

那么我们来计算一下各利益集团对决策影响的比重，即求四个合作博弈的夏普利值。

我们用 A 来代表校领导群体，B 来代表中层干部，C 来代表各院系领导，

D 来代表教师。

在该问题中，只有拥有 26 票以上的联盟群体才能获得胜利，能够实现此效用的联盟包括：

（A，B）（B，C）（B，D）（A，B，C）（A，B，D）

（A，C，D）（B，C，D）（A，B，C，D）

设特征函数

$$V(S)=\begin{cases}1, & S\text{ 为有效联盟}\\ 0, & S\text{ 为无效联盟}\end{cases}$$

则 V（A，B）=V（B，C）=V（B，D）=V（A，B，C）=V（A，B，D）=V（A，C，D）=V（B，C，D）=V（A，B，C，D）=1

利用夏普利值计算公式求 $\phi_i(V)$，i=A，B，C，D。有 A 参加的有效联盟有：

（A，B），（A，B，C）（A，B，D）（A，C，D）（A，B，C，D）

计算 A 的权力指数 $\phi_A(V)$ 的值见下表。

表 5-7 A 的权力指数 $\phi_A(V)$

S	AB	ABC	ABD	ACD	ABCD
V（S）	1	1	1	1	1
V（S\{A}）	0	1	1	0	1
V（S）-V（S\{A}）	1	0	0	1	0
|S|	2	3	3	3	4
（n-|S|）!（|S|-1）!	2	2	2	2	6
W（|S|）	1/12	1/12	1/12	1/12	1/4
$\phi_A(V)$	1/6				

备注：$W(|S|)=\dfrac{(n-|S|)!(|S|-1)!}{n!}$，$i\in S\subseteq I$

同理，我们来计算 B 的权力指数。有 B 参加的有效联盟有：

（A，B），（B，C）（B，D）（A，B，C）（A，B，D）

（B，C，D）（A，B，C，D）

计算 B 的权力指数 ϕ_B（V）的值见下表。

表 5–7 B 的权力指数 ϕ_B（V）

S	AB	BC	BD	ABC	ABD	BCD	ABCD
V（S）	1	1	1	1	1	1	1
V（S\{B}）	0	0	0	0	0	0	1
V（S）-V（S\{B}）	1	1	1	1	1	1	0
|S|	2	2	2	3	3	3	4
（n-|S|）!（|S|-1）!	2	2	2	2	2	2	6
W（|S|）	1/12	1/12	1/12	1/12	1/12	1/12	1/4
ϕ_B（V）	1/2						

我们再来计算 C 的权力指数。有 C 参加的有效联盟有：

（B，C），（A，B，C）（A，C，D）（B，C，D）（A，B，C，D）

计算 C 的权力指数 ϕ_C（V）的值见下表。

表 5–9 C 的权力指数 ϕ_C（V）

S	BC	ABC	ACD	BCD	ABCD
V（S）	1	1	1	1	1
V（S\{C}）	0	1	0	0	1
V（S）-V（S\{C}）	1	0	1	1	0
|S|	2	3	3	3	4
（n-|S|）!（|S|-1）!	2	2	2	2	6
W（|S|）	1/12	1/12	1/12	1/12	1/4
ϕ_C（V）	1/4				

根据夏普利值的完全分配原则，可求得：

$$\phi_D(V)=1-(\phi_A(V)+\phi_B(V)+\phi_C(V))=1-(\frac{1}{6}+\frac{1}{2}+\frac{1}{4})=\frac{1}{12}$$

因此 A、B、C、D 四个群体对学校决策影响的比重分别为（$\frac{1}{6}$，$\frac{1}{2}$，$\frac{1}{4}$，$\frac{1}{12}$）。也就是说，校领导群体的比重为$\frac{1}{6}$，中层干部代表的比重为$\frac{1}{2}$，院系领导的比重为$\frac{1}{4}$，而教师代表的比重为$\frac{1}{12}$。我们注意到：虽然中层干部代表的票数比例只占 22/51 ≈ 43%，但是他们对学校决策影响的比重却是 50%。这说明了什么？从理论上讲，只要一个利益群体在学校当中拥有 1/3 的投票权，而其他投票权又分散在其他利益群体手中的话，则拥有 1/3 投票权的利益群体就有可能获得学校决策的最终决定权。夏普利值的计算告诉我们，如果能将投票的权力均衡地分布在学校内部不同利益群体的手中，则他们控制决策的比重就会小于他们所拥有的投票权的比重。

行政权力与学术权力的博弈情况，充分证明了奥尔森的“集体行动的逻辑”理论，即个人的理性并不一定能够带来集体的理性，反而会造成集体资源的浪费。正如我们前面所提到的，行政权力和学术权力的“经济人”的特性，使得他们不可避免的追求自身利益的最大化，在追求利益优化的过程中也扩大了自己的权力范围，有可能导致“公地悲剧”的产生。而合理的权力结构是是现代大学制度的关键变量。①现有的大学制度可以看做是不同行动者之间的政治努力的结果。行动者的权力决定了制度的成功和制度所采取的的形式。虽然目前分权的呼声和趋势已经在大学内部出现，但是分权并不是最终的目标，只有分权，没有制衡，依然不是合理、稳定的权力结构。良好的权力结构应该是相互制衡的，大学内部的政治、行政、学术和民主权力有各自明确的范围和职责，有各自的边界，是相互平等合作的权力主体，只有这样才能有效避免权力的相互渗透和“权力寻租”，真正建立起现代大学制度。

① 涂端午：《我国高等教育管理体制变迁中的权力结构演化》，《现代大学教育》，2006 年第 1 期，第 60–65 页。

第二节 教师参与与大学治理效率

教师参与大学学术决策有助于大学决策效率的提高。因而越来越多的学者开始关注大学教师参与治理的问题。但是麦科米克和的迈纳斯的一项研究表明，随着教师对大学决策控制力的增强，反而大学的效率受到了影响。[①] 有学者将教师按照决策类型分为不同的小组发现，教师在特定的学术事务领域中的参与，会带来大学效率的提高，然而在组织管理领域的参与则呈现出了相反的结论。[②] 研究同时也表明，教师对不同领域的控制程度是不同的，从最高的对学生学业成绩的决定（96.58%）到最低的对大学长期预算规划的决定（7.02%），一般来说，大学教师在课程和学术事务方面的决策权要大于在组织管理方面的决策权。[③] 在现代大学治理中，教师参与大学治理的主动性和积极性都比较低，一方面是由于教师缺乏参与决策的角色意识和缺乏参与决策的能力和经验，另一方面也由于教师日常的教学和科研任务比较重，使得高校教师缺乏足够的时间和精力去参与大学事务决策。本节将从高校教师职业压力的来源入手，分析教师参与大学治理与大学教师学术产出之间的关系。

一、大学教师职业压力来源的调查研究

（一）大学教师职业压力的产生

在工业组织心理学领域，工作压力被认为是“职业应激”（occupational stress），由工作或与工作直接有关的因素所造成的应激。压力是个体对各种刺激做出生理、心理和行为反应的综合模式。自从 1999 年以来，中国高等教育的迅速发展对高校教师的身心产生了较大的影响。有数据显示，扩招之后的中国大学班级规模为 83 人。[④]

教学对教师而言不再单纯是一份只需要付出辛苦努力就可以轻松完成的工

① McCormick, R.E., Meiners, R. University governance: a property rights perspective[J]. *The Journal of Law and Economics*，1989（31）：423–442.

② William O. Brown Jr. Faculty participation in university governance and the effects on university performance[J]. *Journal of Economic Behavior and Organization*, 2001（44）:129-143.

③ AAUP. Report of Subcommittee T. AAUP Bulletin Spring, 1971.pp. 69–124.

④ 鲍威，王嘉颖：《象牙塔里的压力——中国高校教师职业压力与学术产出的实证研究》，《北京大学教育评论》，2012 年第 1 期，第 124–138 页。

作，它俨然已经成为一份具有高压性质的工作。[①]目前，高校的扩招造成学生人数增多的同时，也意味着大学教师需面临着来自不同学生的多样化需求和绩效要求的相关挑战，这往往会导致他们产生巨大的工作压力。古往今来，教师的天职就是教书育人，教师工作的性质决定了他们每天要跟不同的学生打交道，做到传道授业解惑。尤其是在新课程改革的背景下的今天，要求教师要改变传统课程中过于注重知识传授的倾向，强调学生形成积极主动的学习态度，引导学生从单纯注重知识转变为学会学习，学会合作，学会生存，学会做人，关注学生“全人”的发展。学生主体越多、需要越鲜明，表明教师需要面对的工作对象越多、工作量越大、产生的压力越大。至于绩效方面的要求，大学教师虽然不用面对如中小学一样的升学压力，但是作为一名“高知”教师，在家长们根深蒂固的思想里“高学历 = 高收入”，他们的孩子有了本科的学历就会有较好的发展前景，所以社会、学生、家长无形中就会对教师充满期待，尤其是在教育终身化、学到老，活到老的社会，教师必须不断充实自己的理念，随着社会进步更新自己的观念来满足学生的求知欲，学校的绩效要求，家长的期待，社会的期盼，这些都无疑加重了大学教师的职业压力。

正如约翰·多恩所说：“没有人是一座孤岛，可以自全。”大学教师也需承担许多职责。例如，进行科学研究、开展日常教学活动和参加各种类型的社会工作等，这些责任和职责无形之中加重了教师的负担。而众所周知，大学教师的职责不仅包括（如开展必要的教学活动、指导学生学习、为学生在不同时间、不同场合下进行答疑解惑，定期开设课堂讲座和研究会议、准备自己发表的论文、著书和报告等）必要的学术性职责，而且教师还必须履行各种非学术性的职责，如大学教师在家庭生活中大多扮演着父（母）、子（女）的角色，上要赡养父母，下要抚育子女，中间还要维系夫妻感情；在社交生活活动中充当着朋友、同事、上司或下属的角色，也需要花费一定的时间和精力来维护、处理好人际关系；而作为一名公民，在社区活动中又承担着部分社区义务。正是由于上述他们扮演的众多角色和承担的各种职责，以及夹杂着来自社会各界对他们的高要求和高期望，许多大学教师正面临着较高的压力。目前，社会对教师的角色期望过高，教师要充当知识的传授者、集体领导者、模范公民、纪律维护

① Wiggins K. *Teaching is among the “top three most stressed occupations”*. Available from: http://www.tes.com/news/school-news/breaking-news/teaching-among-top-three-most-stressed-occupations. Accessed June 25, 2018.

者、家长代理人等，这方方面面的角色期望直接冲击着教师自我价值观的实现，把教师职业过分的神化。而当教师自己的能力低于别人对自己的期望时就会产生压力，如果这些压力未得到很好的纾解和释放，这些压力就会以直接或间接地方式导致了他们有更高的离职意图、更低的工作绩效、更低的工作满意度、焦虑的增加以及患抑郁的概率的扩大。①

影响大学教师职业压力水平的因素很多。一般来说，当教师工作负荷过重的时候会导致其压力增加、感到身心疲惫。②一部分受访者则表示，学生人数增加是造成教师压力的一个原因，因为学生人数的增加意味着教师必须要满足不同学生产生的多样化需求。③此外，缺乏学校的支持，如研究资源、研究经费和学校官方的认可，也是大学教师职业压力的来源之一。④有研究表明，对工作满意度低的教师，遭受着更大的工作压力且更倾向于离开学校。⑤同时，太多的行政事务占据了教师太多的有效教学和科学研究时间也会使其倍感压力。⑥教师的职业压力与其是否能很好地处理工作—生活之间的平衡也存在着一定的关系。⑦一般来讲，教师若能处理好工作和生活之间的关系，会使得工作顺畅，生活愉快，其工作压力会减少，幸福感会上升；反之，如果处理不好工作—生活之间的关系会导致其生活和工作一团糟，处处受困，最后职业压力的增加，生活指数下降。此外，教师对压力的无效应对方式也会导致其职业压力的增加。⑧

---

① Reevy GM, Deason G. Predictors of depression, stress, and anxiety among non-tenure track faculty[J]. *Frontiers in Psychology*, 2014（5）:701

② Gupta V, Rao E, Mukherjee R. Occupational stress amongst faculty members: A review of literature[J]. *International Journal of Research and Development - A Management Review*. 2015;4（2）:18–27.

③ Mitra D, Ann M, Lisa R. A qualitative study of the UK academic role: positive features, negative aspects and associated stressors in a mainly teaching-focused university[J]. *Journal of Higher Education*. 2017;41（4）:566–580.

④ Jeryl ST. Factors affecting stress among faculty members of public universities in the Philippines: A multiple regression analysis[J]. *International Journal of Psychology Studies*. 2017;9（3）:64–78.

⑤ Brewer E, Mcmahan LJ. The relationship between job stress and job satisfaction among industrial and technical faculty educators[J]. *Journal of Career Technology Education*. 2013;20（1）:37–50.

⑥ Sharma E. Stressors: A Challenge for the Faculty Members of the Higher Educational Institutions[J]. *Case Studies of Business Management*. 2014;1（2）:22–33.

⑦ Rafeeq M, Harish P. Work life balance（WLB）is life-work balance（LWB）: An innovative approach on teaching faculties in private rural higher educational institutions.[J] *IOSR Journal of Business Management*. 2015;17（4）:22–30.

⑧ Mika K, Kazuhiro O, Masahito T, Tetsuya T, Beth K. Occupational Stress and Its Related Factors among University Teachers in Japan[J]. *Health*. 2014;6（5）:299–305.

至于其他人口统计因素，如教师性别、年龄也可以影响教师的压力水平。在性别方面，有研究结果表明，女性压力水平测试的得分明显高于男性，即女性压力较男性高。[①] 在年龄方面，已有研究表明，教师职业压力在不同年龄之间也存在着差异，即教师年龄对教师压力水平层次也存在影响。[②] 此外，一些研究揭示教师评职称或追求职业发展（寻求晋升）是造成教师职业压力的最大来源。[③] 此外，多年的教学经验也会造成大学教师的压力。[④]

关于大学教师超负荷的工作现象，有两种截然不同的观点。一种观点认为，大学教师高强度的工作负担是自我强加的、自愿的，是基于他们自身对工作的热爱和奉献。另一种观点则认为这种负担是不可避免的，是大学期望下的结构性限制使然。获得终身教职的高门槛、无止境的行政管理事务和会议、外部评估审查和大量的电子邮件处理等非学术性工作负荷的增加，都增加了自身的工作负担。[⑤]

新公共管理的概念改变了大学、政府和市场之间的关系。因此，大学的组织运作更加符合市场规律，越来越强调效率的重要性。所谓的“象牙塔”已经受到越来越多的外部社会的影响。此外，新的公共管理模式和量化评价方法的实施，增加了大学教师的工作负荷，从而一定程度上增加了高校教师的心理压力。由于这一研究问题的普遍性和重要性，因为大学教师的职业压力不仅关系到教师个体和群体的职业的成长问题，还关系到学生的受教育问题，所以高校教师所承受的心理压力就受到越来越多学者的关注。

随着教学成为一项高压的工作，教师成为一份高压的职业，大学教师职业压力越来越受到更多学者的关注。于是本节主要探讨大学教师职业压力水平、影响大学教师职业压力的主要因素，以及从中寻求对大学教师和管理者在面对

---

① Hart JL, Cress CM. *Are women faculty just “worrywarts?” Accounting for gender differences in self-reported stress*[A]. In David RB,Gale EM, editors. *Faculty Stress*[C]. New York, NY: Routledge; 2009:174–192.

② Merchant ZA, Shastri S. Exploring job satisfaction, stress, and coping: Strategies employed by engineering faculty[J]. *International Journal of Science Research*. 2013;2（10）:72–77.

③ Archibong IA, Bassey AO, Effom DO. Occupational Stress Sources among University Academic Staff[J]. *European Journal of Education Studies*. 2010;2（3）:217–225.

④ Mitra D, Ann M, Lisa R. A qualitative study of the UK academic role: positive features, negative aspects and associated stressors in a mainly teaching-focused university[J]. *Journal of Higher Education*. 2017;41（4）:566–580.

⑤ 鲍威，王嘉颖：《象牙塔里的压力——中国高校教师职业压力与学术产出的实证研究》，《北京大学教育评论》，2012 年第 1 期，第 124-138 页。

压力时的可行性建议。因此，本节的主要问题围绕以下三个问题展开：

Q1：大学教师的职业压力水平如何？

Q2：影响大学教师职业压力水平的因素有哪些？

Q3：大学教师职业压力应对的对策和建议

（二）研究被试与研究方法

1. 被试样本

本研究中的样本抽取自一所综合性 B 大学的 240 名教师，通过随机抽取样本的方法进行研究，保证了所有参与者是在完全自愿的前提下进行的。最后回收的有效问卷达 240 份（109 名男性和 131 名女性），占发放问卷总数的 96%。参与被试的教职工的年龄全部分布在 30~58 岁之间，教师的职称有讲师、副教授和教授，其中退休或兼职教师被排除在外，且涵盖了文科、理科和工科的教师。在填写问卷之前，要求参与者填写书面的知情同意书。以此确保被试是自愿参与，并对被试的个人信息予以保密。见下表 5-9。

表 5-10　样本统计学数据

	频数	百分比
性别		
男	109	45.4
女	131	54.6
年龄（岁）		
30-40	105	43.8
40-50	108	45.0
50+	27	11.3
学位		
博士	112	46.7
硕士	101	42.1
学士	27	11.3
专业		
文科	81	33.8
理科	99	41.3
工科	60	25.0

续表

	频数	百分比
职称		
教授	43	17.9
副教授	81	33.8
讲师	116	48.3
教学年限（年）		
0-3	39	16.3
3-9	92	38.3
9-15	59	24.6
15+	50	20.8
总计	240	100

2. 量表结构

在查阅有关文献资料以及和被试的一些教师进行访问和交谈的基础上，我们大致确定了造成大学教师职业压力的主要压力源有：教学、学术研究、行政事务、人际关系、专业发展（晋升）和健康问题。我们设计出了一份问卷，包括 24 个题目，答案按照李克特的 4 分制赋分：1 分 = 无压力，2 分 = 轻度压力，3 分 = 中度压力，4 分 = 重度压力，并采用 SPSS 统计软件对所有数据进行了统计分析。

根据 Kaiser-Meter-Olkin（KMO）指数和巴特利球形检验结果如（表 5–11）所示，我们可以得知，其 KMO（取样适当性）值为 0.916>0.70，是适合进行因子分析的。此外，巴特利球形检验的统计量结果 P<0.001，也表明了该数据是适合进行因子分析的（表 5–11）。（注：KMO 检验统计量是用于比较变量间简单相关系数和偏相关系数的指标，主要应用于多元统计的因子分析。KMO 的统计量取值范围在 0~1 之间。KMO 值越接近 1，意味着变量间的相关性越强，原有变量越适合作因子分析。）

表 5–11　KMO 和 Bartlett 检验

测量 / 测试	结果
KMO measure of sampling adequacy	0.916
Bartlett' s test of sphericity	
Approx.chi-square	2,286.875
df	276
sig.	0.000

备注：KMO>0.70 表明适合进行因子分析。KMO，Kaiser–Meyer–Olkin.

接下来，我们来分析量表的结构。子量表的确定是基于特征值 >1 的原则。我们从 24 个问题中提取的 5 个因素，解释了 61.3% 的总变量。因子分析结果如表 5–12 所示。（注：因子分析的目的之一，即要使因素结构的简单化，希望以最少的共同因素，能对总变异量作最大的解释，因而抽取的因素越少越好，但抽取因素的累积解释的总变异量越大越好。）

这五个因素如下：

因素 I：科学研究

因素 II：专业发展

因素 III：教学支持

因素 IV：行政事务

因素 V：健康问题

表 5–11　大学教师职业压力的探索性因素分析

主成分	因子分析				
	因素 I	因素 II	因素 III	因素 IV	因素 V
因素 I（35.41%, 特征值 =8.5）					
Q12	0.75				
Q14	0.67				
Q10	0.67				
Q11	0.66				
Q4	0.62				
Q16	0.61				
Q1	0.60				
Q13	0.58				
Q2	0.50				
因素 II（7.41%, 特征值 =1.78）					
Q22		0.66			
Q20		0.64			
Q21		0.63			
Q24		0.57			
Q18		0.57			
Q19		0.48			
因素 III（5.51%, 特征值 =1.32）					
Q7			0.73		
Q9			0.68		
Q17			0.55		
Q15			0.53		
因素 IV（4.76%, 特征值 =1.14）					
Q6				0.64	
Q3				0.64	
Q5				0.58	
因素 V（4.42%, 特征值 =1.06）					
Q8					0.57
Q23					0.63

备注：缩写 Q 代表问题。因素 I：学术研究，因素 II：专业发展，因素 III：教学支持，因素 IV：行政事务，因素 V：健康问题

大学教师职业压力问卷的分数范围为 24-96 分。其中学术研究子量表的分数范围为 9-36 分，专业发展子量表的得分范围为 6-24 分，教学支持子量表的得分

范围为 5-20 分，行政事务子量表的得分范围为 3-12 分，健康问题子量表的得分范围为 1-4 分。最后，被试样本的测验分数低于 24 分意味着没有压力，得分在 24 - 48 分意味着有轻度压力，得分在 48 - 72 分意味着有中度压力，得分高于 72 分意味着具有严重压力。其中被试样本的得分越高，表明其压力越大。

其次，通过结构分析，对主量表和子量表的内部一致性、可靠性进行了检验。检验结果表明，量表与子量表的内部一致性较好，其可靠性检验结果见表 5-12。其中主量表内部一致性系数，即克伦巴赫 α 系数为 0.92，剩余其他子量表内部一致性系数 α 在 0.52~0.88，由于各量表的内部一致性系数均在 0.50 以上，并且总量表的系数明显高于其他子量表，因此符合量表对信度的要求。这表明该量表是测量高校教师职业压力的有效、可靠的工具，可用于确定高校教师职业压力的来源。

表 5–12 大学教师职业压力量表的信度

量表	克伦巴赫（Cronbach'）s α 系数
大学教师压力量表	0.92
学术研究子量表	0.88
专业发展子量表	0.80
教学支持子量表	0.68
行政事务子量表	0.69
健康问题子量表	0.52

备注：α>0.50 表明量表有好的信度和效度。

所有统计数据均采用 SPSS 软件进行分析。首先，描述性统计显示了所有被调查者的统计特征。其次，由克伦巴赫 α 系数得出量表有良好的效度和信度，采用因子分析法构建量表，提取问卷的因素。最后，我们使用方差分析来检验参与者之间是否由于年龄、职称和教学时间而存在显著差异。为确定造成大学教师职业压力增加的重要因素，本问卷采取的主要统计方法是多因素线性回归方法。

（三）研究结果统计与分析

1. 高校教师职业压力水平

由表 5–14 可知，所有被试样本的平均得分为 58.58。讲师的平均分数为

61.42 分，明显高于副教授（58.94）和教授（50.21）的分数。所有被试样本的分数都在 48 ～ 72 之间，这表明大学教师的职业压力在各个职称阶层中都很普遍，而且大多数教师面临着中等程度的职业压力。

表 5–14　不同职称的大学教师职业压力的平均分数

职称	平均数	人数	标准差
教授	50.21	43	9.62
副教授	58.94	81	14.07
讲师	61.42	116	13.71
总计	58.58	240	13.77

2. 个体特征与压力之间的相关性

接下来，我们探讨了个体特征是否会对大学教师职业压力造成影响。结果分析发现在大学教师的性别（t=0.464, P=0.643>0.05）、学历（F=1.413, P=0.246>0.05）、专业（F=1.458，p=0.235>0.05）之间无显著相关。然而在年龄（F=3.790,P=0.024<0.05）、职称（F=11.35, P=0.000<0.01）、教学年限（F=3.53, P=0.016<0.05）方面存在显著性相关。

上述检验结果表明，教师年龄、教学年限、职称对教师职业压力存在着显著性影响。因为这三组数据的 p 值均 <0.05，所以可以拒绝原假设。因此，我们认为年龄、教学年限和职称对教师的职业压力有显著性影响。在年龄方面，随着教师年龄的增长，教师的职业压力逐渐降低。如实验结果表明：30 ～ 40 岁的教师职业压力平均值为 61.28 岁，而 40 ～ 50 岁和 50 岁以上教师压力的平均值分别为 57.59 和 56.19。在职称方面，不同职称的教师承受的压力也有所不同，教师职称越高，压力越小。如讲师的压力平均值（M=61.42）是明显高于副教授（M=58.94）和教授（M=50.21）。最后，在教龄上，数据分析结果表明，教学年限也是影响教师职业压力的重要因素。（见表 5-13）

表 5–15　大学教师职业压力的显著性检验

年龄（F=3.790,P=0.024<0.05）				
（I）年龄（年）	（J）年龄（年）	平均差（I–J）	显著性	平均数
30 ～ 40	40 ～ 50 50+	5.08* 3.68	0.007 0.211	61.28

续表

40 ～ 50	30 ～ 40 50+	–5.08* –1.40	0.007 0.634	57.59
50+	30 ～ 40 40–50	–3.68 1.40	0.211 0.634	56.19
职称（F=11.349,P=0.000<0.01）				
（I）职称	（J）职称	平均差 （I–J）	显著性	平均数
教授	讲师 副教授	–8.73* –11.21*	0.001 0.000	50.21
副教授	教授 讲师	8.73* –2.48	0.001 0.195	58.94
讲师	教授 副教授	11.21* 2.48	0.000 0.195	61.42
教学年限（F=3.526,P=0.016<0.05）				
（I）教学年限 （年）(I–J)	（J）教学年限 （年）	平均差	显著性	平均数
0 ～ 3	3 ～ 9 9 ～ 15 15+	0.32 –2.74 –7.01*	0.900 0.328 0.016	56.56
3 ～ 9	0 ～ 3 9 ～ 15 15+	–0.32 –3.07 –7.34*	0.900 0.176 0.002	56.23
9 ～ 15	0 ～ 3 3 ～ 9 15+	2.74 3.07 –4.27	0.328 0.176 0.102	59.31
15+	0 ～ 3 3 ～ 9 9 ～ 15	7.01* 7.34* 4.27	0.016 0.002 0.102	63.58

备注 :*P<0.05.

3. 大学教师职业压力的来源

关于大学教师职业压力的来源，本研究结果表明，副教授和讲师的主要压力来源是科研，其科研压力分别为 61.57% 和 67.52%。教授的主要压力源为科研和专业发展，其压力分别为 47.2% 和 21.15%（图 5-7）。

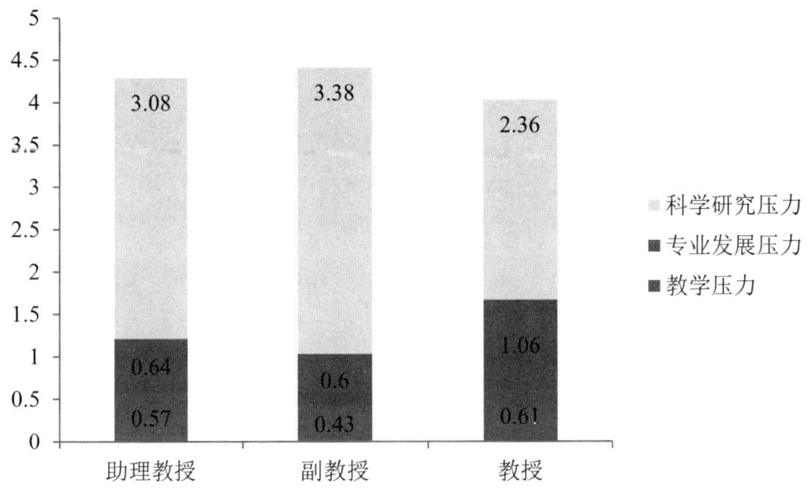

图 5–7 不同职称大学教师职业压力来源

表 5-14 中的线性回归总结了大学教师职业压力的主要影响因素。问题 1、问题 4、问题 6、问题 11、问题 19、问题 20 与大学教师的职业压力高度相关。结合表 5-11 的结果可以看出，问题 1 和问题 20 与科研相关，问题 4 和问题 11 与专业发展相关，问题 6 和问题 19 与行政事务相关。研究结果有助于我们明确科学研究、专业发展和行政事务是影响大学教师职业压力的重要因素，并可以帮助我们寻求减轻压力的方法。

表 5–14　大学教师职业压力的多因素线性回归

	非标准化系数		标准化系数	显著性检验值	显著性
	回归系数	标准误	回归系数		
（常数）	48.584	0.633		76.709	0.000
科研压力	3.346	1.495	0.111	2.238*	0.026
专业发展	2.998	1.269	0.107	2.362*	0.019
行政干预	3.683	1.540	0.106	2.392*	0.018
严格的绩效考核	4.406	1.599	0.135	2.755**	0.006
过多的非学术性事务	3.936	1.582	0.118	2.487*	0.014
科研团队的不良氛围	3.911	1.727	0.094	2.265*	0.025

备注 :*P<0.05,**P<0.01.

（四）研究结论的得出

本研究以大学教师职业压力量表为测量工具，从性别、学位、年龄、职称、专业、教学年限等维度出发对大学教师职业压力以及压力源的进行了分析。调查了大学教师面临着何种程度的职业压力？造成这种职业压力的根源是什么？大学教师应该如何应对这些压力？利用 240 名被试样本的问卷调查数据，对上述问题进行了实证研究。本实证研究的结论可以总结如下：

首先，随着大学扩招，社会科学技术的飞速发展，以及新公共管理理念的不断涌现，学生的多样化需求和学习成绩比以往任何时候都更影响着大学的管理机制。在此背景下，本研究数据的分析结果表明，大学教师有着较大的职业压力。所有参与调查的大学教师的压力平均值为 58.58，这就表明大学教师或多或少地处于不同程度的压力下，这证明了大学教师职业压力的存在，这恰好回答了本研究的第一个问题：大学教师的职业压力水平如何？（Q1）。与此同时，高校一直采用绩效评价机制来提高高校教师的产出，绩效评价机制一般是根据教师的教学质量、科研水平和社会服务来评价的。然而，这种评价机制只会导致教师压力的增加，而产生的这种压力并没有转化为促进教师学术产出增加的有效动力，反而适得其反。

这一结果可能有几种解释：其中一种解释为可能是角色超载，即教师充当了多重角色。例如，许多参与者报告说他们卷入了太多的非学术事务。这一发现与 Gupta① 等人的观点相契合，即繁重的工作量通常被认为是职业压力的主要来源。在现实生活中教师必须同时承担不同的角色和社会责任，但他们并没有得到应有的报酬或社会支持，由于付出和回报不成正比，就会对教师的工作造成困扰。此外，Khan et al、②Revy 和 Deason、③Veena et al④ 的研究结果也表明教师扮演多重角色会增加其职业压力。

① Gupta V, Rao E, Mukherjee R. Occupational stress amongst faculty members: A review of literature[J]. *International Journal of Research and Development - A Management Review.* 2015;4（2）:18–27.

② Khan EA, Aqeel M, Riaz MA. Impact of job stress on job attitudes and life satisfaction in college lecturers[J]. *International Journal of Information Education Technology*. 2014;4（3）:270–273.

③ Reevy GM, Deason G. Predictors of depression, stress, and anxiety among non-tenure track faculty[J]. *Frontiers in Psychology,* 2014;（5）:701

④ Veena G, Pushpalatha K, Mallaiah TY. Professional stress among faculty members of Mangalore University: A Study[J]. *International Journal of Science Research Management.* 2016;（4）:4279–4286.

其次，根据回归分析结果显示，在我们探讨的影响教师职业压力的科学研究、专业发展、教学支持、行政事务、健康问题 5 个因素中，科学研究、专业发展、行政事务对高校教师的职业压力有显著性影响，教学支持和健康问题影响不显著。除以上 5 个因素外，造成教师职业压力还有许多其他的压力源，如大学教师被要求进行高水准的教学、每年一定数量的科研产出和自身专业发展等要求，这就回答了我们研究的第二个问题：影响大学教师职业压力水平的因素有哪些？（Q2）。

高校管理与评价体系的变化也是造成高校教师职业压力增加的外部驱动力。如今高校对教师教学质量的要求和学术产出的量化评价机制极大地改变了大学教师所处的学术环境，也导致了大学教师职业压力的上升，没有一定数量的论文发表，就不能评职称，对教师的自我职业发展影响较大。在中国建设世界一流大学和一流学科的“双一流”背景下，高校教师被认为应当肩负起培养一流人才的历史使命，实现教书育人、科研强国的使命。梅贻琦先生曾说：“所谓大学者，非谓有大楼之谓也，有大师之谓也”，习近平总书记也在全国高校思想政治工作会议上号召，高校教师要力争成为“大先生”。所以各高校纷纷注重提高教师教学质量，要求其增加学术产出，这就不可避免地造成大学教师职业压力的增加。关于大学教师的管理和评价方式，我国虽然在教师聘用、管理、培训、激励方面显示出人文关怀的精神，但是仍有不少高校存在形式化管理漏洞，使得教师除了学术性和非学术性职责外还得应付额外的形式主义检查，使得教师身心疲惫的同时，又对学校管理抱怨连连。

第三，高校教师的个体特征是影响教师职业压力的重要因素。特别是 40 岁以下的教师正面临着巨大的压力，他们不仅承担着家庭的经济重担，而且在教学和科研方面也面临着挑战。此外，根据本研究结果显示，讲师比副教授和教授承受更大的职业压力。在大学里，职称决定了教师薪水、学术地位和研究资源。因此，谋求晋升也成为教师职业压力的来源之一。而由于年轻教师中讲师职称所占比例最大，这就间接解释了为什么 40 岁以下的教职工面临着最高的职业压力。

本研究关于年龄的结果正好验证了 Akbar et al① 和 Merchant et al② 的发现，即教师在进行学术工作的同时，对如何找到工作与家庭之间的平衡关系感到很大的压力，特别是当竞争或学术晋升非常激烈的时候。本研究研究结果与 Merchant et al 的研究结果相反，Merchantet al 的研究结果为，教师教学年限越长，职业压力越大，而我们得出的结果为：教师随着教学年限的增加，职业压力越小。一些有 15 年以上教学经验的教师表明，他们渴望加强信息技术的使用。在如今的科技时代，学生们更喜欢线上学习而不是传统的课堂教学。此外，与 Donovan③ 的研究结果不同的是，中国大学教师的职业压力没有明显的性别差异，这可能是因为无论是女性还是男性教师都必须符合同样的评价标准。

因此，大学教师的职业压力是大学结构性约束和个人特征共同作用的结果。研究结果表明，教师压力的调节不仅仅依赖于教师自身，还需要外界的支持，这就正好回答了我们的第三个问题（Q3）。一方面，教师职称、年龄和教龄对教师的职业压力水平有影响。正如 Hans Selye 所说，"没有压力就会死亡"。④在努力消除压力的同时，教师应该认识到职业压力带来的积极影响。另一方面，受新的管理趋势的影响，相当多的大学管理人员似乎有这样的一个误解，即更大的压力和更多的工作量可以提高教师的效率。结果本实证研究表明，基于定量绩效指标下的评价机制大大增加了高校教师的职业压力，这种压力非但不能增加教师的学术产出，而且还抑制了他们对学术研究和职业认同的热情。所以应当合理设置大学教师的量化评价指标，重视大学教师的职业压力，使压力减轻或控制在合理范围之内。

本研究旨在了解大学教师所面临的压力。由于这项研究还带有一定的局限性，其结果只能是建议性的，而不是决定性的。其局限性如下：首先，由于随机抽取的被试样本均来自同一所大学，因此很难对所有大学进行概括化、普及化。因此，在未来的研究中，我们将扩大样本的容量，采取的样本将来自各种

① Akbar A, Akhter W. Faculty stress at higher education: A study of the business schools of Pakistan[J]. *International Journal of Social, Behavioral, Educational, Economic, Business and Industrial Engineering*. 2011;5（1）:93–97.

② Merchant ZA, Shastri S. Exploring job satisfaction, stress, and coping: Strategies employed by engineering faculty[J]. *International Journal of Science & Research*. 2013;2（10）:72–77.

③ Donovan RA. *Perceptions of stress, workload, and job satisfaction among HSS faculty: Executivesummary.*Availablefrom:http://dean.hss.kennesaw.edu/docs/tea-terrace_donovan-06-12_exec-summary.pdf. Accessed September 15, 2018.

④ Selye H. *Stress without distress. 1st ed.* Philadelphia: Lippincott Williams & Wilkins; 1974.

不同类型的大学（如研究型大学、文科大学、技术学院等）。第二，本研究只采用了问卷法对大学教师的职业压力进行测量，如果问卷结合访谈的话，将有助于我们了解一些只通过问卷调查不出来的更深层次的信息。第三，我们只考虑了 5 个可能的因素作为影响大学教师压力的重要预测因素。还有其他因素也影响了教师的压力水平，如合同期限和工作时间等，但我们在此未做深入考虑。就大学教师的合同期限和工作时间而言，许多高校为了应对日益增长的经济压力和更高的绩效要求，招聘教师时采用的是合同制而不是终身聘用制。在不同的大学，合同期限通常从 3 年到 8 年不等。如果一名教师想要续约，他们就必须满足合同中规定的教学和科研要求，这势必会增加教师的压力。除此之外，超负荷的科研和教学工作也导致了高校教师较高的心理压力，使得他们的工作时间和个人时间没有明显的界限。大量的工作时间在造成教师的工作倦怠的同时，进而也影响其工作效率。因此，我们将在未来的研究中添加一些诸如此类的其他因素。

尽管存在一些局限性，但本研究在对大学教师日益增多的职业压力相关文献方面做出了理论和实践上的贡献。在理论方面，我们确定了影响大学教师职业压力的五个有趣的因素，并发现了以往研究中所忽略的大学评估体系，也是影响教师职业压力的一个重要因素，这是本研究的一个新的创新点。在实践方面，建议大学管理者应该从根源入手解决教师的压力，因为他们是最有能力减轻教师压力的人，例如，他们可以通过减少非学术的工作量或创造一个更愉快的工作环境来减轻教师职业压力以及为教师设置心理咨询室，关心教师心理健康。除此之外，大学管理者们还应该要意识到一个事实，那就是：教师压力越高，越会削弱其注意力、记忆力和判断力，最终会导致其学术效率低下。毕竟，一个快乐的老师才有可能成为一个好老师。

二、心理授权与大学教师工作绩效的关系

心理授权是一个起源于工业组织心理学的概念。授权被定义为个人在组织中自主选择、承担责任和参与决策的机会。[①] 心理授权指的是“内在的任务动

① Lightfoot SL. On goodness of schools: themes of empowerment[J]. *Peabody Journal of Education*. 1986;63（3）:9–28.

机，反映了与工作相关的自我控制意识和对工作角色的积极参与[①]”。许多关于企业组织的研究发现，心理授权能有效激发个人的工作积极性，促进工作绩效的提高。心理资本会影响工作满意度和组织承诺。[②]领导者在培养其员工的的忠诚度方面扮演着特殊角色。

自20世纪80年代以来，心理学和管理学的各个学科领域都对授权产生了越来越大的兴趣。心理授权将授权领导力与工作满意度、工作努力程度和创造力联系起来。[③]心理授权对员工的工作热情有着积极的影响，而工作热情对组织承诺有直接的负向影响。一项对258名受访者的调查显示，心理授权在积极的工作结果中起着重要的作用。[④]心理授权、工作不安全感和员工忠诚度之间的关系具有统计学意义。[⑤]员工心理资本越高，工作投入度越高，工作授权在一定程度上调节了心理资本与工作投入的关系。[⑥]研究表明，心理授权与员工的任务和创新绩效呈正相关。[⑦]员工对领导授权行为和心理授权的感知在一定程度上能够预测员工是否离开组织的意愿。[⑧]授权是预测积极的组织结果的关键变量。[⑨]目前，心理授权的概念及其结构已被大多数学者所认识。Thomas等人提出的心理

① Scott ES, Gang W, Stephen HC. Antecedents and consequences of psychological and team empowerment in organizations: a meta-analytic review[J]. *Journal of Applied Psychology*. 2011;96（5）:981–1003.

② Omar D, Moinuddin A, Al-Tobasi A, et al. The impact of the psychological capital on job performance: a case study on faculty members at Philadelphia University[J]. *International Review of Management*. 2016;6（2）:183–191.

③ Stein A, Øyvind LM. Linking empowering leadership to job satisfaction, work effort, and creativity: the role of self-leadership and psychological empowerment[J]. *Journal of Leadership & Organizational Studies*. 2015;22（3）:304– 323.

④ Irina M, Coralia S, Paul S. Engaged, committed and helpful employees: the role of psychological empowerment[J]. *The Journal of Psychology*. 2015;149（3）:1–14.

⑤ Marius WS, Sebastian R. Psychological Empowerment, job insecurity and employee engagement. SA Journal of Industrial Psychology. 2010;36（1）:1–8.

⑥ Joo BK, Lim DH, Kim S. Enhancing work engagement: the role of psychological capital, authentic leadership, and work engagement[J]. *Leadership &Organization Development*. 2016;37（8）:1117–1134.

⑦ Yi L, Feng W, Shenggang R, Yang D. Locus of control, psychological empowerment and intrinsic motivation relation to performance[J]. *Journal of Managerial Psychology*. 2015;30（4）:422–438.

⑧ Janie B, Marius WS. Leadership empowering behavior, psychological empowerment, organizational citizenship behaviors and turnover intention in a manufacturing division[J]. *SA Journal of Industrial Psychology*. 2015; 41（1）:1–14.

⑨ Seung HH, Gaeun S, Seung WY, Dong YY. Transformational leadership and knowledge sharing: mediating roles of employee' s empowerment, commitment, and citizenship behaviors[J]. *Journal of Workplace Learnikng*. 2016;28（3）:130–149.

授权概念结构被广泛接受。[①] 他们认为，心理授权是四个认知要素的组合：影响力（impact）、胜任力（competence）、意义（meaningfulness）和选择性（choice）。

在过去的几年里，高等教育在许多方面都在转型，这体现在学费水平、师资构成、支出分配、教学方法和技术等等。大学面临着许多挑战，包括规模化、国际化，日益强调学术工作的应用性和日益增强的管理影响力，这些都重塑了大学文化。随着政府对大学公共投入的经费削减以及政府和社会对大学教育质量要求的提高，这些都是造成大学教师职业压力的外部因素。教师作为高校的主体，是提高高校教学、科研和社会服务质量的决定性因素之一。教师的工作投入是绩效的预测指标。[②] 绩效管理为教师提供了外部的制度约束和激励。心理授权作为一种内部激励，有助于激发教师的工作热情，提高其工作投入水平。[③] 有研究表明，授权程度越高的教师工作绩效越高，在教学和研究中越有积极性，更有可能积极探索有效的教学方法，也就更愿意与领导讨论教学和研究中遇到的问题。[④] 由此可见，教师授权就是通过赋予教师权力的方式，以增强教师自我效能感和专业能力，最终达到提高学校效能的目标。

还有研究着重关注教师参与学校管理的程度，将其做为一项重要的教师授权的依据。研究认为，从教师授权的角度来看，教师参与学校管理更多的是一种权力（power），有了这种权力，教师能够通过决策来调动资源，达成一定的目标；从法律角度来看，教师参与学校管理更多的是一种权利（right），即教师作为学校的专业工作人员理应享有的一项职业权利。因此，教师参与学校管理并不单是教师的一种权力，它不仅涉及教师个体在政治层面上的影响力，而且代表了教师的权利，是对教师职业及个体权益的尊重和保障。[⑤] 另外还有学者对教师授权失范的原因进行深入的探讨，他们认为教师授权的失范具有二重性特征，从课程入手对教师授权的应然抉择与实然困境的冲突进行深入的探讨，另

① Thomas KW, Velthouse BA. Cognitive elements of empowerment: an "Interpretive" model of intrinsic task motivation[J]. *Academy of Management Review*. 1990;15（4）:666–681.

② Arnold BB, Matthijs PB. Weekly work engagement and performance: a study among starting teachers[J]. *Journal of Occupational & Organizational Psychology*. 2010;83:189– 206.

③ Sawasn H, Ibrahim B, Jonathan M. Transformational leadership and innovation: the mediating role of knowledge sharing amongst higher education faculty[J]. *International Journal of Leadership in Education*. 2019;1–24.

④ McBride M, Skau K. Trust, empowerment, and reflection: essentials of supervision[J]. *Journal of Curriculum & Supervision*. 1995;10（3）:262–277.

⑤ 张颖 . 教师授权背景下教师参与学校管理存在的问题及对策 [J]. 教育评论 .2016（4）:72-75.

外，也对实践中教师专业知识能力不足与科层管理的框束进行归因，并给予多方面的对策建议，力争突破教师授权失范的困境。①

本研究试图在前人研究的基础上，探讨大学教师的心理授权水平及其对工作投入的影响。作为一个不断变化的组织，高校往往面临着意想不到的风险。在这种需要员工持续奉献的变化环境中，心理授权和情感承诺被认为是不可或缺的部分。

（一）研究对象与研究过程

本研究是在一所中国公立大学中进行的，这所大学正在经历一系列的变革以及面临各方面的挑战，学校正致力于通过改革来提高学校的教学和科研的质量以及大学的排名。本研究的研究对象是随机选取的，且被调查者是完全自愿地参与研究。调查者事先填写了书面知情同意书，意味着他们已知晓问卷的内容，并同意参与本项研究。

本次调查，共发放问卷 180 份，有效问卷 162 份，有效回收率 90%。在 162 名有效回答的参与者中，具体包含了：a）62.96% 是女性；b）30 岁以下占 3.70%，30 ～ 50 岁占 74.08%，50 岁以上占 22.22%；c）教授占 19.75%，副教授占 44.44%，讲师占 35.80%；d）38.27% 拥有博士学位，56.79% 拥有硕士学位，4.94% 拥有学士学位。在以上的样本中不包括退休和兼职教师。样本的人口统计信息如表 5-15 所示：

表 5–17　教师样本分布情况

	频率	百分比（%）
性别		
男性	60	37.04
女性	120	62.96
年龄		
20 ～ 30	6	3.70
31 ～ 40	38	23.46
41 ～ 50	82	50.62
50+	36	22.22

① 苏强，吕帆，周健民．迷思与困惑：教师授权失范的二重性 [J]. 教育研究 .2014（11）:107-112.

续表

	频率	百分比（%）
学位		
博士	62	38.27
硕士	92	56.79
学士	8	4.94
职称等级		
教授	32	19.75
副教授	72	44.44
讲师	58	35.80
教龄		
0 ～ 3	4	2.47
3 ～ 9	24	14.81
9 ～ 15	38	23.46
15+	96	59.26
总计	162	100

所有参与者被要求完成两个具有良好信度和效度的自我报告量表：心理授权量表（PES）和 UWES 工作投入量表。心理授权量表（PES）是由 Spreitzer 开发的，[①] 李超平将其应用于中国情境中。[②] 量表共 12 个项目，分为四个维度：工作意义（Meaning）；自我效能（Self-efficacy or Competence）；自主性（Self -Determination）和工作影响（Impact），每个维度包含了三个问题。量表采用李克特五点量表进行计分，1= 非常不同意，2= 不同意，3= 不确定，4= 同意，5= 非常同意，得分越高表明心理授权水平越高。量表具有良好的信度和效度。意义、能力、自我决定和影响分量表的内部一致性系数分别为 0.68、0.53、0.42 和 0.78，整体量表的内部一致性系数为 0.87。

UWES 工作投入量表由 Schaufeli 和 Bakkerand 编制，[③] 并由张铁文，甘怡群

① Gretechen MS. Psychological empowerment in the workplace: dimensions, measurement, and validation[J]. *Academy of Management Journal.* 1995;38（5）:1442–1465.

② Chaoping L, Xiaoxuan L, Kan S, Xuefeng C. Psychological empowerment measurement and its effect on employee work attitude in China[J]. *Acta Psychological Sinica*. 2006;38（1）:99–106.

③ Wilmar S, Arnold B *Utrecht work engagement scale*. Available from: https://www.wilmar-schaufeli.nl/publications/Schaufeli/Test%20Manuals/ Test_manual_UWES_English.pdf. Accessed February 13, 2019.

修订。[①] 中国版本的大学有 15 个项目，分为三个维度：活力（vigor, 6 个项目）、奉献（dedication, 4 个项目）和专注（absorption, 5 个项目）。所有问题均采用李克特五点评分法，1= 完全不符合，2= 不符合，3= 不确定，4= 符合，5= 完全符合。分数越高，工作投入程度越高。活力、奉献、专注三个分量表的内部一致性系数分别为 0.84、0.78、0.86，内部一致性系数为 0.94，信度和效度良好。

所有调查所得的数据均采用 SPSS20.0 进行分析，描述性统计显示了参与者的统计特征，而独立样本 t 检验和单因素方差分析（ANOVA）显示了大学教师的群体差异，相关分析和多维回归分析显示了心理授权是如何影响工作投入的。

（二）研究结果

1. 大学教师心理授权总体水平

从表 5-16 可以看出，高校教师心理赋权总分为 3.7263，属于中等偏上水平。另外，四个维度的得分无显著性差异，在工作意义方面，平均分为 4.44，标准差为 0.55；在自主性方面，平均分为 3.92，标准差为 0.84；在自我效能方面平均分为 4.02，标准差为 0.51；在工作影响方面平均分为 2.53，标准差为 0.85。在这其中，得分最高的维度是工作意义，其次是自我效能和自主性，工作影响得分最低。

表 5–18 高校教师心理赋权四个维度得分情况

	工作意义	自主性	自我效能	工作影响	总分
M	4.4444	3.9177	4.0165	2.5267	3.7263
SD	0.55277	0.83920	0.51343	0.84961	0.57769

在 UWES 量表中也发现了类似的结果（表 5-17）。UWES 总分处于中上水平，三个维度之间差异不大。每个维度的得分都高于 3.5 分。专注度得分最高，其次是活力，然后是奉献。

表 5–19 高校教师工作投入三个维度得分情况

	活力	奉献	专注度	总计
M	3.6975	3.6944	4.0025	3.7984
SD	0.74913	0.71041	0.67933	0.68068

① 张轶文，甘怡群 . 中文版 Utrecht 工作投入量表（UWES）的信效度检验 [J]. 中国临床心理学杂志，2005（3）：268-271.

2. 大学教师心理授权的群体性差异

为了分析不同大学教师群体在心理赋权和工作投入方面的差异，我们使用性别、年龄、学位、职称等级和教龄作为分组变量，心理授权和工作投入分别是因变量。结果如表 5-18 所示。

表 5-20　高校教师心理赋权与工作投入的群体差异

	心理授权	工作投入
性别		
男（60）	4.00 ± 0.11	4.06 ± 0.14
女（102）	3.57 ± 0.07	3.64 ± 0.08
T	3.491**	2.812**
年龄		
20 ～ 30（6）	3.19 ± 0.10	3.13 ± 0.21
31 ～ 40（38）	3.65 ± 0.13	3.75 ± 0.18
41 ～ 50（82）	3.59 ± 0.08	3.74 ± 0.09
51+（36）	4.21 ± 0.14	4.10 ± 0.17
F	7.483**	2.436
学位		
学士（8）	3.35 ± 0.23	3.77 ± 0.43
硕士（92）	3.55 ± 0.07	3.62 ± 0.08
博士（62）	4.03 ± 0.11	3.80 ± 0.08
F	8.473**	5.190**
职称等级		
讲师（58）	3.39 ± 0.08	3.53 ± 0.13
副教授（72）	3.78 ± 0.51	3.87 ± 0.10
教授（32）	4.21 ± 0.14	4.12 ± 0.70
F	14.883**	3.484*
教龄		
0 ～ 3（4）	3.13 ± 0.13	3.10 ± 0.37
3 ～ 9（24）	3.53 ± 0.16	3.58 ± 0.21
9 ～ 15（38）	3.64 ± 0.13	3.90 ± 0.15
15+（96）	3.83 ± 0.08	3.84 ± 0.97
F	1.936	1.372

备注：*p<0.05，**p<0.01

从上表可以看出，在 PES 和 UWES 量表中的分数存在显著的性别差异，男性教员的分数明显高于女性教员。PES 得分存在显著年龄差异，UWES 得分无显著差异。后测结果显示，50 岁以上的教师心理授权水平高于 20 ～ 30 岁、

31 ～ 40 岁和 41 ～ 50 岁的教师（分别为 p=0.002、p=0.002，p=0.000）。所获得的学位变量在持有学士、硕士和博士学位的教师的 PES 和 UWES 分数上有显著差异。在后测结果中，拥有博士学位的教师的得分显著高于拥有硕士和学士学位的教师（p=0.000，p=0.019）。此外，职称等级也是一个重要的变量，教授在两个量表上的得分都高于副教授和讲师。

3. 大学教师心理授权与工作投入的相关性分析

为了进一步检验心理授权与工作投入之间的关系，我们进行了相关分析。如表 5-19 所示，心理授权与工作投入各维度均呈正相关。分析表明，心理授权水平与工作忠诚度密切相关。

表 5–21 心理赋权与工作投入的关系

	工作意义	自主性	自我效能	工作影响	总分 1	活力	奉献	专注	总分 2
工作意义	1								
自主性	0.646**	1							
自我效能	0.571**	0.642**	1						
工作影响	0.468**	0.593**	0.668**	1					
总分 1	0.773**	0.878**	0.847**	0.844**	1				
活力	0.647**	0.630**	0.679**	0.513**	0.723**	1			
奉献	0.716**	0.518**	0.614**	0.487**	0.675**	0.877**	1		
专注	0.638**	0.515**	0.614**	0.493**	0.657**	0.810**	0.884	1	
总分 2	0.697**	0.593**	0.674**	0.526**	0.725**	0.956**	0.963**	0.935**	1

备注：**P<0.01，总计 1 为心理授权量表得分，总计 2 为工作投入量表得分。

然后，我们进行了分层回归，分别考察了心理授权的四个维度对工作投入的影响。第一步是探讨人口统计变量的影响。第二步是测试心理授权的四个方面。如表 5-20 所示，在控制人口统计变量后，四个变量（工作意义、自主性、自我效能和工作影响）预测了 57.7% 的工作投入方差，而工作意义和自我效能的贡献达到显著水平。工作意义和自我效能对工作投入的总分和三个维度均有显著的正向影响。自主性和工作影响对总分和任何维度没有显著影响。

表 5-22 高校教师心理赋权对工作投入的多元回归分析

	变量活力（β）		变量活力（β）		专注（β）		总计（β）	
	步骤 1	步骤 2	步骤 1	步骤 2	步骤 1	步骤 2	步骤 1	步骤 2
性别	-0.175	0.131	-0.210	-0.050	-0.210	-0.055	-0.205	-0.040
年龄	0.120	0.133	0.091	0.022	0.127	0.018	0.121	-0.003
学位	0.163	0.123	0.090	0.055	0.152	0.107	0.147	0.074
职称	0.120	0.100	0.142	-0.152	0.100	-0.163	0.126	- 0.149
教龄	-0.001	0.118	-0.007	-0.035	-0.061	-0.063	-0.023	-0.028
工作意义		0.147**		0.611**		0.481**		0.479**
自主性		0.110		-0.109		-0.078		0.012
自我效能		0.180**		0.303**		0.356**		0.383**
工作影响		0.101		0.097		0.099		0.073
F	2.732	18.952**	2.341	20.659**	2.581*	15.095**	2.840*	21.981**
R^2	0.154	0.437	0.077	0.550	0.087	0.479	0.103	0.577

备注：*p<0.05，**p<0.01

从调查结果的显示中我们可以得知，虽然大学教师的心理授权水平在中等偏上，但四个维度的得分是不均衡的，在这其中，工作意义得分最高（M=4.44），工作影响得分最低（M=2.52）。工作意义的高分表明，大学教师对教育目的和教育的价值以及意义的理解是清楚的。自主性和工作能力的得分表明，大学教师愿意独立认真地工作，并对自己执行教学和研究任务的能力有信心。然而，工作影响的得分最低，意味着大学教师认为自己对大学管理的影响力很小，因而，也就很少参与大学的决策过程，老师们没有认识到自己的观点在大学发展中是具有非常重要的影响力的。此外，UWES 量表的得分在 3.5~4.0 之间，这也表明：大学教师具有较高的职业认同感，热爱自己的工作。

另外，结果还显示了不同性别在 PES 和 UWES 量表中的得分差异显著。从中表明，男教职工的得分明显高于女教职工，这与相关研究结果存在冲突。[①]在这其中，我们应将研究与实际相结合，对结果进行相关合理的分析，将研究的视角基于中国的文化以及其特点之中，我们将会理解为何相似的研究会得出截然不同的结论。在中国传统文化中，男主外女主内的观念深入人心，至今都悄然无声的影响着人们，这也就使得社会对男性成就的期望高于女性，从而导致了在 PES 和 UWES 量表中男教职工的得分明显高于女教职工。从这里我们看到的不仅是性别不同的人群在此研究中的得分差异，在此也反映了一个常见的心理学现象，皮格马利翁效应，也叫罗森塔尔效应，指“人们基于对某种情境的知觉而形成的期望或预言，会使该情境产生适应这一期望或预言的效应”。大学管理者如果受传统文化影响不自知地对男性教师形成一定的期望，就会使男性教师的工作行为表现发生符合这一期望的变化，而女性教师也会受此影响不自觉地“降低”自己的能力表现。对于大学的管理者来说，该效应如果运用合理，会收到意想不到的效果，当其意识到性别期望差异所带来的影响时，应一视同仁，并在此基础上给予女性教师更多的期望，才能使大学教师这个群体在工作中达到一个一致较好的水平。

研究还发现，年龄也是影响教师信念的一个关键变量。[②]年长的教职工的 PES 分数更高，因为他们在大学工作的时间比年轻的教职工长，也就是教龄相对较长。在其执教期间，他们见证了大学的发展，并且在这其中奉献了自己的一份力量，对大学有了更深的感情，有了更强烈的认同感和归属感。身为教师群体中的一份子，他们在大学中发展了自身的事业，大学成就了他们，他们也成就了大学，彼此之间相依相成。

分析还发现，不同学位的教师在两种量表的得分也存在显著差异。学位越高的教师在 PES 和 UWES 的得分越高，这与之前的研究结论一致。[③]这种差异产生的原因是，拥有博士学位的教师比拥有硕士和学士学位的教师对工作有更高的期望、价值和目标，因此，他们对工作的参与度更高。此外，学校视拥有

---

① Jean-Sébastien B, Patrick G, Heather SL. Testing the structure of psychological empowerment: does gender make a difference?[J] *Educational Psychological Measurement.* 2004;64（5）:861–877.

② Rebecca JC, Jennifer DS, Nancy EP. Teachers’ psychological functioning in the workplace: exploring the roles of contextual beliefs, need satisfaction, and personal characteristics[J]. *Journal of Education Psychology*. 2016;108（6）:788–799.

③ Yi L, Feng W, Shenggang R, Yang D. Locus of control, psychological empowerment and intrinsic motivation relation to performance[J]. *Journal of Managerial Psychology*. 2015;30（4）:422–438.

博士学位的教师为未来生产力增长的宝贵资源，给予他们更多的自主权和工作灵活性。

PES 和 UWES 总分在职称等级上存在显著性差异，这与前人的研究发现结果一致。[①] 在各个职称等级之中，教授的得分明显高于副教授和讲师。这是由于教授的教学经验较长，知识的广度和深度较广，专业技能较高，从而对工作更有信心，在工作中也就具有更高的控制感。

心理授权是工作投入的预测因子。[②] 而心理授权之所以受到重视，主要原因之一是它可以提高工作投入度，本研究的相关分析和回归分析支持了这一观点。在相关分析中表明，心理授权与工作投入度密切相关，而在回归分析我们也发现，心理授权对工作投入度的正向作用主要通过工作意义和自我效能两个维度实现。当大学教师意识到自己的工作对于促进学生成长和学校发展具有重要的价值和意义，并且自己有能力完成任务，他们将会更多地参与到工作中来，也就是工作投入度高的表现。当然，这种“使命感”也是大学教师一种自我实现的途径，可以增加其职业幸福感。

但是，自主性和工作影响在提高工作投入水平方面没有显示出良好的积极作用。这些结果可能是由于教师和管理者之间距离正在变得越来越疏离。[③] 世界各国的治理模式因文化、历史、政治结构和制度传统而体现出各自的独特特征。20 世纪 40 年代，美国大学教授协会（American Association of University Professors）发布了《关于学术自由和教授终身制原则的联合声明》，并得到了高等教育界的普遍认可。与那时一样，如今的教师仍然把学术自由、共同治理和工作保障视为学术职业的重要组成部分。[④] 然而，共同治理是一个神话。[⑤] 尽管共同治理模式在学术界有着悠久的传统，但它始终存在问题，尤其是如果共

---

① Orit AU, Rinat AE. Teacher perceptions of empowerment and promotion during reforms[J] *International Journal of Education Management*. 2018;32（1）:155–170.

② Bhatnagar J. Management of innovation: role of psychological empowerment, work engagement and turnover intention in the Indian context[J]. *International Journal of Human Resource Management*. 2012;23:928–951.

③ Altbach PG. Harsh realities: the professoriate in the twenty-fifirst century[A]. In: Altbach PG, Patricia JG, Robert OB, editors. *American Higher Education in the Twenty-First Century: Social, Political, and Economic Challenges*. Baltimore: JHU Press; 2011:227–253.

④ Judith MG, Ann EA. Rethinking academic traditions for twenty-first century faculty[J]. *AAUP Journal of Academy Freedom*. 2010;1:1–20.

⑤ Bruce WS. The myth of shared governance in higher education[J]. *International Journal of Organization Theory& Behavior*. 2011;14（2）:200–235.

同治理模式想要达到成功，教师就必须与管理者合作的本质。[①] 共同治理是大学可持续发展的重要组成部分。在当今社会，对问责制的强调使效率成为大学决策的主导价值，但是大学教师这个群体却很少参与其中。大学教职工认为他们必须遵守行政人员制定的规章制度，因此他们感到自主性和工作影响力较弱，这种情况也就可以解释为什么在量表中自主性和工作影响两个维度对工作投入没有产生积极影响。

近些年来，由于政府对大学的投资增长缓慢以及对大学绩效的重视，工作投入引起了研究者和实践者的兴趣。当然，更重要的是大学需要更多工作投入度高的教师。在过去的研究中，已经确立了心理授权在培养创新行为中的重要性。[②] 很多研究表明，心理授权程度越高的员工，其工作积极性越高，工作绩效也就相应越高。[③]

研究结果显示，在大学教师中，PES 和 UWES 分数存在显著的组间差异。这也就说明，管理者需要在大学中创造一个能培养有意义工作经验的工作环境，这不仅能激励员工的进取心、自主性和对工作的影响力，反过来还可以促进组织效率的提升，也包括了晋升机会和对教师科学研究的支持，以及行政人员对教师的态度，这些都有助于提升教师的工作投入度。因此，大学应该创造一个支持性的环境来促进年轻和初级教师的专业发展，对年轻的教师进行完善的职业引导，并且对初级教师给予及时合理的资源供给，这将促使教师群体更高水平的心理授权和工作投入，从而提高工作效率，增加大学的生产力。除此之外，创造支持性和授权性的工作环境不仅对教师的健康和幸福很重要，而且对留住表现最好的教师也具有重要意义。

心理授权与工作投入密切相关，这与之前的研究一致。[④] 权力不仅授予权力，也授予能力。高校教师是知识型工作者的典型代表，他们高度重视自身价值的实现，高度重视企业能否提供知识成长的机会。因此对教师进行心理授权

---

① Mary MB. Making share governance work: strategies and challenges[J]. *Pedagogy*. 2011;11（3）:562–569.

② Manjari S, Anita S. The relationship between psychological empowerment and innovative behavior[J]. *International Journal of Personnel Psychology*. 2012;11:127–137.

③ Xiujun S. Psychological empowerment on job performance – mediating effect of job satisfaction[J]. *Psychology*. 2016;7:584–590.

④ Stein A, Øyvind LM. Linking empowering leadership to job satisfaction, work effort, and creativity: the role of self-leadership and psychological empowerment[J]. *Journal of Leadership & Organization Studies*. 2015;22（3）:304– 323.

这不仅是对教师权利的呼唤，亦是提高教育质量的需要。当系主任和管理者在评价大学教师的绩效时，管理者应该认识到心理变量的重要性。对于教师而言，他们感受到的机构和单位对他们的支持越多，他们的满意度就越高，他们离开学校的可能性就越小。也就是说，大学不仅应该健全教师参与学校决策的管理制度，在学校营造民主的文化氛围，而且还应为教师的专业和学术发展提供机会。另外，当大学教师意识到大学对他们的重视和信任时，他们的工作就会更加积极，从而提高了工作效率。

由于此项研究存在一定的局限性，这些结果只是建议性的，而不是普遍性的。首先，参与者只来自于一所大学，这降低了结果的推广度。在未来的研究中，我们将增加样本量来验证结论的可靠性。第二，本研究仅使用了两个量表来衡量心理授权和工作投入；对选定的参与者进行深入的访谈有助于更深入地了解所涉及的问题。第三，与参与者相关的某些变量（如他们的经济、社会和心理背景）无法控制，因此可能会影响他们的反应。第四，数据是由被试自我报告的，所以结果可能并不真实反映心理授权和工作投入之间的相关性。

尽管存在这些局限性，但本研究对日益增多的高校教师工作绩效文献做出了理论和实践贡献。这项研究可以为大学管理者和决策者提供有价值的建议。换句话说，这一结论可以帮助大学保持高水平的心理授权和教师对大学的组织承诺，进而提高大学自身的绩效和效率。

第三节 大学治理结构的文本分析

早在 20 世纪 70 年代，西方就已经有学者对大学内部权力结构在大学预算决策方面的影响进行了研究。Pfeffer 和 Salancik 以大学预算决策为背景，讨论了集权和分权模式的预算决策效率，得出集权的预算相对于绩效中心管理（RCM）更有效率，并建立了权力和资源特征间的相关模型，在资源稀缺的时候，集权管理更有效。[①]Payne 和 Roberts 在调研了美国全国的 83 所采取集权方式和 97 所采取分权方式管理的学校，根据他们从 1983 年到 1997 年所获得的科研经费数额、发表文章的数量、文章引用情况等指标，得出在信息不对称

① John Douglas Wilson. *Models of Centralized and Decentralized Budgeting within Universities*[EB/OL]. https://www.ilr.cornell.edu/cheri/conferences/upload/2002/chericonf2002_05.pdf.2014-03-22.

（informational asymmetries）以及不完全契约（incomplete contrating）的情况下，分权治理结构比集权治理结构能获得更多的效益。虽然集权的高校论文数量较多，但是文章转引率较低。[①]Chaffee 以斯坦福大学的个案来验证大学预算决策是符合有限理性的基本假设的，Hill 和 Mahoney 用明尼苏达大学的案例试图解释预算会随资源的稀缺程度而变化，而不是根据资源类型来变化的。[②]Lowry 调查了美国 428 所大学的资金来源，分析了影响大学获得政府资助的因素。[③] 以上学者的研究还主要集中在权力对大学预算决策方面的影响，并没有扩展到其他领域。这也与权力本身的难以精确测量有关系。

前面我们通过案例的方式对行政权力与学术权力博弈的情况进行了分析，但是在这些分析中都需要一定的假设条件，可能会出现命题与实际情况不完全符合的情况，由于权力本身就是一个无形的变量，在实际中是不存在一个精确的值来衡量的。非营利组织的评价比营利组织的评价更加困难。因而在研究工具和研究方法的选取上，也许文本分析是一个好的突破口。在本节中将尝试从权力的文本分析的角度，借助对不同大学的规章制度的文本分析，希望能够看到制度背后的权力关系。政策文本既是一种文本，也是一种论述，政策文本是社会特定背景下的产物，政策文本镶嵌了社会特定背景下的价值与冲突，政策文本也成为政策研究中广泛使用的一个方法。

本书选取 30 所大学的《党委常委会议事规则》《校长办公会议事规则》《学术委员会章程》和《教职工代表大会实施办法》，对这些文件进行文本分析。样本数据包括 10 所“985”工程大学，10 所“211”工程大学和 10 所普通大学，数据来源主要是各大学网站公布的《规则》和《章程》。在样本的选取中，考虑到了地域、学校所属类别，包括综合性、理工类和文科类等，以及学校的办学历史等因素。

---

① A. Abigail Payne and Joanne Roberts.*Government Oversight of Organizations Engaged in Multiple Activities: Does Centralized Governance Encourage Quantity or Quality?*[EB/OL] file:///C:/Users/Administrator/Downloads/education%20.pdf.2014-03-22.

② Chaffee, Ellen E. The Role of Rationality in University Budgeting[J]. *Research in Higher Education*, 1983, 19（4）:387-406; Hills, Frederick S. and Thomas A Mahoney. University Budgets and Organizational Decision Making[J].*Administrative Science Quarterly*, 1978（23）:454-465.

③ Lowry, Robert C.The Effects of State Political Interests and Campus Outputs on Public University Revenues[J]. *Economics of Education Review*,2001, 20（2）:105-119.

一、党委会的职责和议事范围

伯顿·克拉克曾说过："在所有的社会科学门类中，政治学最少介入对教学组织的研究。在所有的国家，对高等教育管理中的政治权力的作用都缺乏仔细的研究。这已经形成了一个真空……只有在权力分析中，考虑了州和国家体制最上层的复杂的政治关系网和各层次权力分配问题，这种陈旧僵化的学术权力结构才会被纠正。"①大学的发展历史表明，国家的政治力量是影响大学发展的重要因素，虽然各个国家对大学的掌控力量不同，但政治权力都以某种形式存在着。就具体的组织形式而言，各国政府对高校施加政治权力的方式，从直接到间接，大体有党委会、学监、董事会及调查委员会等几种。②

在外部，党的教育方针和政策在高校具有执行力，在内部，我国高校都建有基层党组织，执政党通过对基层党组织发布指令，布置工作的方式影响大学决策。与西方国家不存在系统化的政治权力不同，我国大学内部的政治权力就是基层党组织所具有的权力。因此，研究大学政治权力就必须研究大学基层党组织——即党委所拥有的权力。

从权力来源上看，高校内部党的领导权力来源于中国共产党的执政地位，运作原则是民主集中制；从机构设置上来看，有党委职能部门，也有党委，党总支，党支部等机构，并配有专职人员，包括党委书记、党委副书记、党委委员、部长、副部长、科长及基层党总支、党支部的人员等。从其职责或内容上，政治权力的作用是确保党和国家的教育方针在高校的贯彻执行，在人才培养和科学研究中坚持办学的社会主义方向，因此，党委领导主要体现在把握学校发展方向的领导权，对"三重一大"（重大事项决策、重要干部任免、重要项目安排和大额度资金的使用）问题的决策权和对重大决议执行情况的监督权，支持校长独立负责地行使职权。党委的运作方式主要是依靠强有力的思想政治工作和德育工作以及宣传、舆论、号召等方式，通过制定发展规划和管理制度、机构设置、人事任免、纪律检查等方式确保学校的社会主义办学方向和党的教育方针的贯彻落实。

从以上对大学党委的议事规则范围的分析，我们可以看到，大学党委在高

---

① ［美］伯顿·克拉克著，王承绪译：《研究生教育的科学研究基础》，浙江教育出版社，2001年版，第196–197页。

② 毕宪顺：《决策·执行·监督——高等学校内部权力制约与协调机制研究》，教育科学出版社，2013年版，第9页。

校决策系统中处于核心地位和主导作用，大学党委的议事范围包括了大学的发展方向、机构设置、干部任免以及经费预算等几乎所有的重大事项，党委是大学的最高决策机构。这是因为，中国是由执政党委员会担任大学最高决策机构的国家，高等教育管理者和研究者一般都认为《高等教育法》规定了党委领导下的校长负责制是大学治理的基本制度，党委领导的实现形式自然是将党委会作为最高决策机构。

二、校长办公会的职责和议事范围

行政权力是大学权力结构体系中的基本权力之一。大学行政权力结构采取的是直线－职能制组织结构。这种行政组织结构的特点是：从校长到教学系按照科层制的等级关系实行层级领导，形成不同层次的纵向权力关系。为了适应分门别类处理行政事务的需要，按业务性质分工设置平行的不同的行政职能部门，如教务处、人事处、财务处、学生处等，这些部门与教学系处于同一等级，是教学系的业务指导机构，只对教学系的工作有建议权，没有决策权和命令指挥权，它们与教学系之间的关系是横向权力关系，但这些行政权力部门直接对校长或者分管的副校长负责，与校长和副校长之间形成纵向权力关系。

从权力主体上来看，学校的行政主体包括校长、职能处室负责人、院系主任等；从权力作用对象上来看，行政事务大体包括两类：一类是为学术活动提供直接或间接服务的事务性工作，如维持教学秩序、考试日程安排、教学设施管理等，一类是比较纯粹的行政事务，如学生日常管理、高校内部的人事管理、财务管理和后勤管理等；从权力组织结构上来看，高校内部行政权力具有层级性，一般分为校、院、系三个层次结构，三者之间构成自上而下的权力关系，维持着高校的日常运作。

与前面的党委会议事规则相比，我们可以看到校长办公会的职责范围更加具体，更加倾向于具体的行政事务。党委主要负责决策，主要讨论思想、人事、组织、预算、学校发展规划等重大问题，校长为首的行政系统根据党委的决议落实和执行有关教学、科研方面的措施。但是我们也可以看到，二者在某些项目上也存在一定的重叠现象。人事权和财权是高校自主权的两大基本权力，比如在某些高校当中，党委办公会和校长办公会都有进行机构设置和干部任免、以及大项目管理的权力，而这两项权力可以说是大学内部的两项关键权力，我们在一定程度上可以说人事和财务是影响大学发展的关键因素，通过对两者的控制，就可以掌控大学未来的发展。正是因为政党权力和行政权力的议事范围的重叠，导致在目前的党委领导下的校长负责制的领导体制中，容易出现领导体制上的二元结构，职责不明、班子重叠、管理效率低、以党代政、人际关系紧张、领导不负责、负责不领导等问题，党政一把手的个人因素有时会超越制度，变成两个个人之间关系的好坏、价值观念和目标的取向直接决定了党委领导下的校长负责制能否运行顺畅的关键。①

三、学术委员会的职责和议事范围

学术权力是大学为代表的学术性组织所特有的权力，是维护大学学术性的重要保障。学术权力要发挥影响力，就必须要有行使学术权力的制度和相应的机构。在西方被称为学术评议会，在这个机构中，教授占据了绝对的支配地位，教授拥有绝对的学术事务决策权力。而在我国则是学术委员会。学术委员会作为学者行使学术权力的平台和机构，在保障教师学术自由，完善学术管理体制、制度和规范，保证教师和科研人员在教学、学术研究和学校管理中充分发挥作用，协调学术与行政关系，有着重要的作用。

在我国现代大学发展史上，民国时期的大学受西方大学的影响，大学教师群体的学术权力在大学学术管理中发挥着重要作用。但是自上世纪 50 年代开始，随着大学的国有化和政治化，我国大学的办学自主权逐渐缩小，学术权力被政党权力、行政权力压制，到了“文革”时期，许多学者甚至成了“专政”的对象，学术权力消失殆尽。从 20 世纪 80 年代开始，一些大学逐渐设置了学术委员会、学位委员会、教师职称评审委员会、教学督导委员会等学术性机构，从形式上开始构建学术权力的运行机制，时至今日，学术权力的有效发挥还需努力。

从学术权力的权力来源看，学术权力源自对于学术自由的保障，正如布鲁贝克认为，学术权力的合理性与合法性是以学术自由为标准的。②学术的发展不能简单地通过下级服从上级，少数服从多数的方式来推动，而应当进行充分的平等研究协商，广泛吸收学者的意见；从权力的客体和内容上看，学术事务

① 郭平:《现代大学制度建设中高校内部领导体制研究》,《教师教育学报》, 2014 年第 1 期，第 83–89 页。

② [美] 约翰 ·S· 布鲁贝克著，王承绪译:《高等教育哲学》，浙江教育出版社，2002 年版，第 48 页。

包括课程设置、教学计划、招生政策、学位标准、学术人员的聘任与晋级等的学术评价以及事关学术发展的激励政策；从权力机构上看，学术组织是以学术为核心的，上下级组织间不存在领导与被领导的机构，而且，学术组织多为非常设机构，[①] 主要机构为学术委员会、学位委员会、教师职称评审委员会、教学督导委员会等，其中以学术委员会为主，这在我国的《高等教育法》中已明确规定。鉴于我国以学术委员会作为学术权力的表达机构，所以本书通过对学术委员会的职责范围的研究来查看当前学术权力的现状。

学术权力的范围主要局限于直接与学术问题相关的事项上，比如学科规划、科研规划、成果评价等，也就是我们通常所理解的狭义的学术权力。从表面来看，学术权力在学术事务方面拥有决策权，其实不然，要看到的是，我国的学术资源来源单一，主要是以政府拨款为主，民间资本很少，学术资源作为大学资源的一部分，它的分配权力并不是掌握在学术权力手中的，而是在政党权力和行政权力的手中，集中在学校的职能部门手中，这是其一。其二，即便是学术委员会就某一事项作出了决策，真正进行推动和执行工作的还是行政职能部门，导致学术权力还是受限于行政权力。这带来的结果就是行政权力与学术权力的边界不清，行政权力经常干预学术权力，学术委员会的作用得不到真正的发挥。以硕士学位的颁发为例，首先由学位论文答辩委员会负责审查硕士学位论文、组织答辩，以及是否授予硕士学位做出决议，然后由学位评定委员会负责对学位论文答辩委员会报请授予硕士学位的决议，做出是否批准的决定，最后再由学位授予单位在学位评定委员会做出授予学位的决议后，发给硕士学位证书。在硕士学位授予的过程中，学位论文答辩委员会行使的是学术权力，由组成论文答辩委员会的学者做出判断，而学位评定委员会和学位授予单位行使的是行政权力。[②]

大学行政权力与学术权力的区别本身就具有模糊性，很难做出明确的区分。比如，我们很难说教学和科研经费的分配、教师的聘用与管理等等究竟是学术事务还是行政事务，纯粹的学术事务或纯粹的行政事务在大学管理的实际过程中是很难区分的，它们本身就交融在一起。因此，学术权力的对象既包括以学

① 毕宪顺:《决策·执行·监督——高等学校内部权力制约与协调机制研究》，教育科学出版社，2013 年版，第 14 页。

② 毕宪顺:《决策·执行·监督——高等学校内部权力制约与协调机制研究》，教育科学出版社，2013 年版，第 18 页。

术性为主的事务，又涉及以行政性为主的事务，比如专业设置与招生计划的协调，教学科研规划属于年度工作计划的一个重要组成部分，成果的立项与评审属于经费审批与使用的范畴，教师的聘用与晋升属于学校人事工作的范围，这些事务的完成都需要学术权力与行政权力的相互合作。一方面，学术权力的良好运作必须依赖于行政权力从外部获取发展的资源与信息，另一方面，行政权力必须以推动教学和科研的发展为目标，否则就会失去存在的根基。这里需要明确的是，在学校中，校长、处长等可能都是由教授或其他学术人员担任，但校长、处长都是行政系统正式的权力职位，虽然这些职位由教授等学术人员担任，但是当其在行政职位上行使权力时，应视为行政权力。从学术委员会的组成人员来看，虽然大多数人都是以教授的身份来参加，但同时他们也是某部门的处长、某院系的院长或系主任，无任何行政职务的教授所占的比例非常小。[①]这种学术委员会中行政人员与学术人员比例不协调导致大学的学术决策还是主要由行政方面做出，最终决策依然是党委和行政决策。

四、教职工代表大会的职责和议事范围

教职工代表大会是学校实行民主管理的基本形式和基本制度，是教职工参与学校民主管理、进行民主监督的基本组织形式。教职工代表大会是大学民主监督权力实现的基本途径。自上世纪 80 年代教职工代表大会推行以来，已普及到大部分学校，在调动教职工参与学校管理的积极性，维护教职工合法权益方面发挥了重要的作用。失去监督的权力会走向腐败，民主监督体制是高等教育权力系统中不可或缺的重要组成部分，没有健全的高等学校内部监督体制确保内部权力的合法运行，就难以真正建立起现代大学制度。特别是大学办学自主权力日益增大，高校在招生录取、经费使用、学科发展、机构设置、大项目审计、设备物资采购、干部聘任和收入分配方面所拥有的自主权越来越大，从而极有可能成为各种利益群体寻租的工具，以教职工代表大会为代表的民主监督权力显得越来越重要。民主监督体制既有利于大学决策的科学性和民主性，也有利于将决策转化为内部各成员的意愿和自觉行动，促进大学内部决策的顺利执行。经过多年的实践，我国的教职工代表大会制度作为高校内部民主监督的形式已经深入人心，教职工代表大会每三年或五年为一届，由学校工会组织，

① 张德祥:《高等学校的学术权力与行政权力》，南京师范大学出版，2002 年版，第 149 页。

通过民主选举教职工代表，教职工代表向广大教职工征集各种提案，讨论通过有关规章制度，讨论决定有关教职工的集体福利事项，民主评议领导干部，监督有关职能部门落实执行教代会决议的情况等。特别是在学校人事管理体制改革中，对于学校提出的与教职工利益直接相关的福利、校内分配实施方案以及相应的教职工聘任、考核、奖惩办法，要提交教职工代表大会讨论通过。教育部 2011 年底印发、2012 年 1 月 1 日施行的《学校教职工代表大会规定》更加明确规定了“学校教职工代表大会是教职工依法参与学校民主管理和监督的基本形式”。

但是我们也应看到在目前教代会运行中存在的问题，集中地表现为行政化、形式化和简单化。在“党委领导，校长负责，教授治学，民主管理”的结构中，教代会作为民主管理的机构，在与其他三种力量的对比中，处于弱势，甚至是可有可无的境地。教代会在不同学校的运作方式各有不同，其所发挥的作用各异，往往取决于学校领导、甚至是某个主要领导对教代会工作重要性的认识程度。常常听说，某个学校的书记或校长领导重视教代会，教代会的工作就比较好开展，在学校各项事务中发挥的作用就大一些，参与学校民主管理的程度就深一些；否则，教代会就会流于形式，其职权不能正常行使，学校重大决策不经过教代会讨论，甚至于十年都没有召开一次教代会大会。① 其次，从教代会代表的组成来说，也存在着问题。教代会的主体应该是普通教职工，而在大会主席团中普通教职员工所占的比例却很低，大会主席团实际上成为了校长办公扩大会议或者行政会议。这样就出现了某大学教师集会唱歌反对考核新方案的事件，一方面是学校行政的强制通过，另一方面是，教职工代表大会的组成比例严重失调。所谓的教职工代表，70% 是处长或副处长，25% 是正教授，5% 是其他代表，一位参会代表透露，他所在的代表团接近 40 人，其中只有 4 名一线教师代表，这就造成了方案所代表的并不是普通教师的利益。

在某大学的 BBS 论坛上，有这样一则帖子：

“我校多少年来的教代会，满堂坐着的大多是 40 ~ 60 岁的同志们，但是应该明白 25 ~ 35 岁的年轻人已经在学校教学 / 科研 / 管理等工作中挑起大梁。青年职工的利益并没有得到保障和体现，尤其是单身教职工和刚工作结婚不久的

① 齐湘泉，郭大成:《关于高校教代会法律地位的反思》，中国高校工会宣传思想工作第十三次研讨会论文集，2012 年。

青年职工，这才引发了BBS上的抱怨和牢骚，信访办才会经常接待一个又一个青年教师的倾诉，比如住房分配制度改革。大家在将一生中最美好的年华奉献给学校，在学校民主的舞台上，他们渴望有发言的地方，如果他们的合理权益得不到保障，他们会心寒，他们会离开学校，人才也会断层，学校的可持续发展也会成为一句空话。所以恳请工会、教代会多考虑青年教职工的利益。”

通过上述对大学党委会、校长办公会、学术委员会及教职工代表大会的议事范围的梳理，四者的议事范围存在一定的交叉与重叠。比如党委会与校长办公会在学校发展规划的制定、校内机构的设置、行政规章制度的制定、干部任免及大项目审计等几个事务上存在共同决策的现象。由于党委会与校长办公会的组成人员不是完全相同的（虽然说有的高校出现党委常委中只有党委书记一人不在校长办公会的组成人员的情况），这也造成了每个人站在不同的角度看同一问题，可能会出现同一问题不同决策的出现，特别是当书记和校长对问题理解的不同往往会造成不同的决策结果，带来“领导的不负责，负责的不领导；管人的不管事，管事的不管人”的局面。这就存在谁决策，谁落实的问题。比如，在《教育部关于推进直属高校贯彻落实“三重一大”决策制度的意见》中规定，“三重一大”事项必须由领导班子集体做出决定。但是，由于各高校办学情况的不一致，对“三重一大”事项的规定并不一致。规定当中对此类事项的模糊界定，是导致实践中常常出现矛盾的原因。例如，学校的发展规划、人事安排、年度财务预算、学科建设的规划、基本建设方案的确定等，都属于“重大事项”，学校的基本建设项目在多大款项上需要提交党委会讨论，每个学校的规定是不同的，比如有的学校规定50万元以上的才属于大额度资金，而有的学校规定5万元以上的就属于大额度资金。《高等教育法》和《中国共产党普通高等学校基层组织工作条例》所规定的“党委领导”职责比较原则，校长行使职权的方式缺乏严格、具体的程序规定，因而容易架空“校长负责”。在实践操作过程中，由于党委办公会和校长办公会对同一事项都具有决策权，党委会和校长办公会常常联合议事，重叠议事，看似非常好地实现了民主决策、民主管理的原则，实际上违背了决策和执行相互分离的科学管理原则。特别在决策和执行权上存在一定的交叉，这是导致我国大学内部治理体制存在问题的根本原因。加之，“大学正、副校长和一些行政人员往往也是党委委员，校长往往兼任党委副书记。这样，以校长为首的行政管理系统往往与以党委为代表的政治领导系统一起决定、包揽了学校一切事务，决策权和执行权的一体化往往使大学民主监督机制难以健康开展”[①]。

其次，校长办公会与学术委员会在教学科研发展规划的制定、学科建设、专业设置、教师的聘任及职称晋升等事项上存在交叉。学术委员会作为学术事务的最高决策机关，是独立于党政领导结构的，这才是最符合大学作为学术组织的特性。从表面上看，大学的学术委员会拥有诸多权力，也具有一定的决策权，实则不然。《高等教育法》和《中国共产党普通高等学校基层组织工作条例》将学术委员会的职责定位于“审议”学科、专业设置和教学科研计划方案，“评定”教学科研成果，因此，在目前我国以行政系统为主分配资源的情况下，学术委员会的地位难以得到切实保障，这也就使学术委员会的权力成了“无米之炊”，学术委员会并没有最终的决定权，而是掌握在校长办公会的手中。其次，在学术委员会人员的组成上，虽然绝大多数委员成员都具有教授头衔，但是在这头衔之下的是一些“双肩挑”的行政人员，包括校领导、院系领导、行政职能处室的处长，无行政职务的教授不多。因此这就造成了学术委员会成员基本都是由各院系或各部门的中层领导干部所组成。正如我们前面所举的例子，在某大学的学术委员会中，兼具行政职务的人员占据了一半以上，很多大学学术委员会的成员一般包括：校长、党委书记、相关副校长、各院系院长（系主任）以及个别知名度较高的教授。实际上，学术委员会已经变成了党委和校长办公会的执行委员会，政党权力和行政权力还是凌驾于学术权力之上，试问学术委员会还能否真正起到它应有的作用?

而作为民主权力代表的教职工代表大会，其职能主要是“讨论”和“听取”，提出意见和建议，履行的是民主监督职责，并不具有决策权，只是参政议政权。相对于前面三种权力，普通教师代表组成的教职工代表大会更能体现一线普通教师的心声，涉及到学校未来发展、办学方向和教职工切身利益的政策或方案都应通过教职工代表大会来表决，但是在实践中，很多关系到大学整体发展和教职工切身利益的政策往往是通过党委会或校长办公会少数领导的讨论之后便拍板了，甚至往往只是通过党委会或校长办公会的下属职能部门的提案后就形成政策或制度，进而以“红头文件”的形式出台。加之，由于教师的聘任与职称晋升的最终审批权是由校长办公会做出的，这种上下级的层级关系，也使得

① 陈恕平:《论高校校务委员会与学术委员会的功能定位》,《高校教育管理》，2009年第2期，第34–36页。

教师迫于利益而选择“服从”而不是“抗争”。正如前文所举例子，某大学绩效考核方案的通过，受到广大教职工的质疑，就是因为该项政策并没有征求大多数普通一线教职工的意见而由学校领导层强行通过，教师对学校的发展失去了向心力，教职工代表大会成为了“摆设”，其作用荡然无存。

大学党委会、校长办公会、学术委员会和教职工代表大会，这些会议中有些是决策性的会议，有些是贯彻执行决策的会议，有些是建言献策和监督职责的会议，也许明确各个会议的议事范围和权限可以有效地解决此类问题。

第六章　走出困境：中国高校内部治理的制度设计

我国的大学治理结构经历了一个较长时期的移植和内生的过程。在治理结构方面，我国先后学习和移植了日本、德国、美国大学的治理模式。1902 年的“壬寅学制”和《钦定高等学堂章程》，1904 年的“癸卯学制”和《奏定学堂章程》是学习日本的结果；之后蔡元培以德国大学为模版对北京大学进行改革，而郭秉文在东南大学的改革则以美国大学为模版。新中国成立后，我国大学的决策体制先后经历了“校长负责制”“党委领导下的校务委员会负责制”“党委领导下的以校长为首的校务委员会负责制”“党委领导下的校长分工负责制”“校长负责制”等几个阶段。1989 年我国大学开始试行“中国共产党高等学校基层委员会领导下的校长负责制（简称“党委领导下的校长负责制”）”，并在 1999 年通过《中华人民共和国高等教育法》予以法律确认。所以，在建国之前，我国大学在模仿欧美国家大学的结构，而在建国之后，我国一直在尝试建立中国特色的大学领导决策体制。经过 60 多年的实践探索，从 2010 年的《中国共产党普通高等学校基层组织工作条例》到 2011 年的《高等学校章程制定暂行办法》，从 2012 年的《学校教职工代表大会规定》和《全面推进依法治校实施纲要》到 2013 年的《中华人民共和国高等教育法（修改建议稿）》和 2014 年的《高等学校学术委员会规程》，我国大学治理结构模型“党委领导下的校长负责制”逐步定型，并走向模式化。

大学治理结构是大学各权力主体的权力配置结构和制度安排，其核心就是“权力”的合理配置与运行。由于大学身份的复杂性决定了其权力主体的多元化，[①] 因而其权力配置和制度安排必须体现各方权力的分权和制衡。教育体制与

① 方芳：《大学治理结构变迁中的权力配置、运行与监督》，《高校教育管理》，2011 年第 6 期，第 16–20 页。

国家体制是相对应的，有什么样的国家体制就有什么样的教育体制。中国公立大学都是由政府举办的，具体由教育部或各地的教育部门管理。中国的大学治理权力结构不能离开中国特定的政治背景和社会环境，中国特定的社会环境决定了中国大学治理中权力存在及其结构状态。我国实行的是党委领导下的校长负责制的决策领导体制，因而完善我国大学内部治理结构的关键就是要处理好四种关系，即党委领导形成的政治权力、校长负责形成的行政权力、教授治学形成的学术权力和师生参与形成的民主权力。

共同治理（share governance）作为西方大学治理的基本理念，在欧美大学中得到了很好的实践和贯彻。欧美大学或设置大学评议会（university senate），使校内教师有参与学校治理的平台；或设置议会，提供校内各方利益相关者参与大学治理的平台；或设置由校外人士参与的董事会或理事会，使校外利益相关者可以通过董事会或理事会参与大学的治理。这些机构都是作为大学的实权机构存在的，都能充分代表某一利益群体的利益。虽然在我国有的大学中也设有理事会或董事会，而且《高等教育法》和《高等学校章程制定暂行办法》中也提出了要在大学设立理事会或董事会、学术委员会、教职工代表大会、学生代表大会等机构，但是这些机构还是在党委或校长的领导和管理之下，并没有完全独立的决策权，只能起到参政议政的作用，还不是真正意义上的“共同治理”。共同治理在我国大学现阶段还只是一个美好的理想。

西南联大在独立办学不到 9 年的时间里，创造了世界大学史上的奇迹：培养了 8000 多名学生，涌现出一批大师级人物。23 位“两弹一星功勋奖章”获得者，6 位是联大校友；2000 年以来国家最高科技奖的获得者，3 位是联大毕业生；解放后的两院院士中，联大学生 90 人；联大学生杨振宁、李政道是本土培养的两位诺贝尔奖获得者。美国学者易社强以“中帮三十载、西土一千年”盛赞西南联合人学取得的成就。西南联大成就的取得得益于它有一个好校长：梅贻琦。梅贻琦在西南联大的治理便是以分权和制衡为基础的。第一，实行“教授治校”。在西南联大的大学治理结构层面，主要有两个机构，一个是由全体教授、副教授组成的“教授会”，教授会是一个咨询机构。二是由三常委、教务长、总务长、训导长、各院院长及教授代表组成校务会议，是决策机构。这种制度极易造成教授会成为虚设，带来“常委会”的集权，也就是校长梅贻琦的集权。但是梅贻琦认为校长就是给教授搬凳子的人，大学必须由教师来治理。因而校长、教务长、总务长、各院院长以及各系主任均由教授兼任，学校很多专门性的和重大的决策都交由教授会讨论通过，教授的作用得到充分体现。梅贻琦曾在日记中表达了自己的中间立场："余对政治无深研究，于共产主义亦无大认识，但颇怀疑；对于校局，则以为应追随蔡孑民先生兼容并包之态度，以恪尽学术自由之使命。昔日之所谓新旧，今之所谓左右，其在学校应均予以自由探讨之机会，情况正同。"[①] 第二，协调各方利益关系。当时，在西南联大内部既有学术之争，也有人事之争。在人事方面，三位校长总能"礼让"，宁可自己学校吃亏，也要保持三校的联合。不仅体现了他们的人格品质和素养，也体现了他们的领导水平。三校合并后，没有一位系主任、院长去"跑官"，也没有哪一位主任、院长因"落选"而"使绊子"。相反，大家都能做到敬贤让能，尽力推荐德高望重者来担任这些职务。倒是有些教授在担任一段行政职务后，因害怕学术落伍而辞职，例如总务长沈履教授和校务会议代表朱自清教授都曾上书常委会要求辞去所担任职务。[②] 不得不说的是，西南联大的成功还在于当时国民政府的自顾不暇给西南联大的发展提供了良好的外部环境。在抗战初期，国民党是积极推行"党化"教育的，用行政手段强制要求各大学在校训、课程设置、教科书、教学内容、教授资格审查、教师聘任和待遇、考试内容和方法等方面按照教育部的规定去做，要求西南联大成立"训导处"，成立"国民党直属联大支部""三青团直属分团部"，规定"院长以上行政负责人必须加入国民党"，并且在联大推行"党义"（即宣传"一个政党、一个领袖"）课程。[③] 但是这些规定都遭到了西南联大全体教授的反对，正是因为西南联大的"尊崇学术""教授治校"的治校理念，才使西南联大能够成为我国教育史上的一个里程碑。

要想改善目前我国大学治理权力的过于集中与失衡的局面，必须对大学治理权力进行分权与制衡。中国大学实现共同治理的关键就是权力的分权与制衡。鉴于当前我国大学治理存在权力边界模糊、权力交叉、政府化及行政化的倾向，以及各利益相关者主体较少参与大学治理的现象，我国大学对内部治理结构的变革进行了积极的探索，包括制定大学章程，推进依法治校；加强学术组织建设，协调行政权力与学术权力的关系；完善民主管理的权力机制，促进大学治理结构的成熟和完善。我国现阶段的现代大学制度建设正面临从单一的强制性

---

① 杨立德：《西南联大的斯芬克司之谜》，云南人民出版社，2005年版，第102页。

② 本段内容参考刘广明：《西南联合大学成功的三大核心要素》[EB/OL]. http://blog.sciencenet.cn/blog-359436-389513.html.2014-05-30.

③ 杨立德：《西南联大的斯芬克司之谜》，云南人民出版社，2005年版，第83页。

的政党和行政体制转向多元主体参与、民主监督的治理结构体制。在未来，规范内部权力的职责范围和运行方式，实现不同权力之间的平衡与制约，建构和完善大学治理结构，是我国高等教育改革的方向。

第一节　共享与共治：多元治理的模式

在办学规模日益扩大、学科结构和管理层次日益复杂的时候，显然集权式的锥形管理模式并不能很好地适应这种局面。传统的领导管理理论认为，领导力的执行者是个人，集权式的领导意味着处于金字塔顶端的个人占据组织职位的最高点，享有最高的决策权力。这种以权威和控制为基础的个人集权领导，在知识型、专业型的组织中作用十分有限，因为知识型组织内的成员不仅具有较强的专业学术特长，也有较强的自我管理意愿。从权力行使的角度来说，决策重心的下移，意味着决策者需要让渡权力，权力下移的实现不仅需要决策者个人的道德和智慧，也需要制度的支撑和推动。[①]

正如前文我们计算夏普利值所得出的结论，如果权力集中于政党或行政权力手中，如果领导的权力指数是普通教师的十几倍甚至几十倍，有可能会产生以牺牲大多数教师利益而满足少数领导利益的决策，是以牺牲学校的整体利益满足少数领导的利益的决策。相对于（集权，偷懒）而言，（分权，努力）反而是最优的策略选择。正如前文所指出的在集权状态下，学术人员采取“努力”策略的话，反而要付出更多的支付，收益不一定会变好。如果采取“偷懒”的策略，则学术人员便能够“搭便车”从中获利。正如“智猪博弈”（Poxed Pig Game）中的大猪和小猪，对小猪而言，无论大猪是否踩动踏板，不去踩踏板总比踩踏板好。反观大猪，明知小猪不会去踩踏板，但是去踩踏板总比不踩强，所以只好亲力亲为了。（分权，努力）是博弈各方的“帕累托最优”，大学分权也是西方世界一流大学取得成功的管理经验。

中国大学的集权分为两个方面，一个是权力重心过高，一个是权力内容过于集中在某些人或集团手中。权力重心过高是指权力大多集中于学校层面，而院系层面的权力较少；权力内容过于集中是指权力大多集中在党委和行政手中，而教师的权力较小。因而，中国大学的分权也包括两个方面：一是纵向上的权

① 郭为禄，林炊利：《大学运行模式再造——大学内部决策系统改革的路径选择》，上海教育出版社，2012 年版，第 265 页。

力下移，指的是权力在校级与院系之间权力的分配，二是横向上的权力分散，指的是权力在党委、行政、学术之间的分配。此外，笔者认为大学要实现分权，首先必须厘清政府与大学的关系，这是大学内部分权的前提条件。这是因为根据布劳（Blau）和布尔迪厄（Bourdieu）的理论，如果 B 组织能够给 A 组织提供其无法获得的资源，而 A 又无法提供等值的回报，只能服从或迁就 B，组织 B 就取得了对组织 A 的控制权。资本也是权力的一种形式，一个人拥有资本的数量和类型决定了他在社会空间的位置，也就决定了他的权力。[①] 正是因为不同的国家，政府对大学提供的资本的多少的不同，大学对政府的依赖程度也会不同，因而形成了不同类型的大学治理结构。政府必须转变对我国大学“包揽一切”的管理理念，赋予大学真正意义上的独立的法人地位，“管办评”相分离，变管理者为服务者，政府的主要职责为通过制定政策引导各类大学有序竞争，让大学真正成为自主发展，自主负责的实体，形成各类大学错位竞争的格局，为大学内部治理结构的改革提供良好的外部环境。

从大学内部来讲，一方面在学校层面，明确党委权力、行政权力、学术权力和民主权力的职权，并通过岗位职责描述进行规范，创设分权而治的运行规则，改变权力越位、错位、缺失的现象，最大限度减少权力在运行中的随意性。比如美国大学教授协会（AAUP）于 1966 年发表的《关于学院和大学治理的声明》中指出：“董事会作为校内最高权力机构，负责校内资源及资金的分配和使用、与外界的联络以及办学资金的争取；以校长为首的行政机构则负责执行董事会的决议，行政机构必须首先取得教师的授权与信任，对非学术事务进行管理；教师委员会则对学术事务，如课程、教学、学生、教师晋升等事务具有主导权，董事会及行政机构无权干涉。”通过这个声明对董事会、校长、行政机构及教师委员会的职权进行了明确划分。而在我国则需要通过一定的制度或规章对大学内部的四类权力进行明确划分。同时，要建立信息公开制度，让大学治理真正在阳光下运作，在制度约束下运行。

另一方面，从纵向方面，深化校院两级管理改革是高等教育改革的必然和建设高水平大学的必然要求。西方大学的管理重心在院系，校级层面主要是对关系大学发展的方向性、全局性和战略性的问题作出决策，学院则是教学、科研和社会服务的实体，学院从学校整体目标中分解自己的任务与职责，具有一

① 刘向东，陈英霞：《大学治理结构剖析》，中国软科学，2007 年第 7 期，第 97–104 页。

定独立的财务权、人事权和学院内部事务的自主决策权。有学者通过对国外30所世界著名大学的统计分析得出，世界一流大学的学院数量设置较少，有6所大学的学院设置数在5个以下（含5个），有9所大学的学院数在6～10之间。30所大学的平均学院设置数为9.7个。学院以学科门类为基础进行设置，包容量大，一个学院可以涵盖同一学科门类下的十几甚至二十几个学科。学院是独立的办学实体，大学治理呈现上部轻、底部重的特点，比如美国伊利诺伊大学有15个学院，下属80多个系，丹麦哥本哈根大学只有5个院，但是下属有130个系和研究所。相比而言，我国七所名牌大学的学院设置数为16，以一级学科为基础设置，学科包容量小。[①]

复旦大学校长杨玉良认为，“校院两级管理体制”实施的成功与否，将决定复旦是否能在未来一定时间内“走向世界一流大学”。杨玉良公开表示，将通过《章程》限制校长和其他行政管理者的权力。要求学校领导和部处负责人退出学校学术委员会和教学指导委员会，并设计了专门的会议制度和“召见－问责”制度，即校学术委员会和教学指导委员会可以就他们认为重要的问题召见校领导，进行问询，甚至问责。《复旦大学章程》由序言、总则、学校主体、权力结构、组织形态、学校资产、外部关系、学校标识和附则9个部分构成。此前已向教育部递交章程并获核准的6所学校《章程》中均未出现“权力结构”这一项。

共享与共治一直是西方大学所遵循的传统。我国大学实行协同共赢治理不仅是国内外大学治理大势所趋，也有其独特优势。协同共赢的大学治理可以通过协调政府大学关系、顶层设计大学内部治理结构、社会力量多元参与等路径得以实现。[②] 从西方大学的决策结构来看，大致上包含了三类组织：董事会（governing bodies）、评议会（senates）或学术委员会（academic boards），以及校长为首的行政部门（administration sections）。董事会通常是为了反映社会各方利益群体而设，通常由大学外部的社会人员担任，有时也有教师或学生的参与，但人数较少，董事会的功能在于确保大学的发展战略方向，监督大学的核心运作，以及财务和人事的最高决策，但基本上不会干预学术方面的事务，学

① 刘少雪：《创新学科布局，规范院系设置》，清华大学教育研究，2003年第5期，第68–71页。

② 潘春胜：《协同共赢：现代大学治理的新趋势》，教育发展研究，2014年第21期，第44–49页。

者或教授组成的评议会才是管理大学教学与学术事务的核心组织。而校长为首的行政团队则负责大学日常的事务性的管理，确保大学组织目标的实现。三种组织的合理分工形成了良好的共享治理状态。

我们强调决策权的下移，并不代表我们应该去除科层制的大学结构。相反的，我们需要科层制的结构来维护组织的有效运转。韦伯在论述科层制的优点时曾说："经验表明：单纯的官僚组织类型的管理组织是已知的对人类实行强制性控制的最合理的手段。……在管理领域，只能要么选择官僚组织，要么选择混乱不堪。"① 中国大学在 1999 年扩招之后，现在许多综合性大学都具有了巨型大学的特征，往往拥有上千亩的土地，几千名教职工和几万学生以及几十亿的资产，从大学内部机构的设置上来说，有的大学拥有几十个学院和上百个系科，几十个党政服务机构，要使如此庞大的大学得以运转，科层制是最优的选择。对于"底部厚重"的大学来说，分权更有利于调动基层学术组织的活力和生命力，正如加州大学伯克利分校前校长田长霖所说："加州大学获得成功的原因之一就是教授会力量的强大。哪个大学教授会力量强大，哪个大学就会成为知名大学。"②

第二节　制衡与协调：专业分工的配置

另一方面，与过于集中的权力现状相比，监督机制显得单薄乏力，权力没有被关进制度的笼子里。孟德斯鸠在《论法的精神》中写道："一切行使权力的人都会滥用权力，……要防止权力滥用，就要用权力制约权力。"缺乏监督的公共权力必然导致权力的私有化，绝对权力会导致绝对腐败。博弈论的研究里，有一条重要结论：在人类的博弈中，以恶制恶（tit for tat）是防止人们采取机会主义行为的最有效博弈策略。这是因为，它提高了人们之间承诺的可置信程度，促进了人们对契约的履行。这是因为：如果博弈的一方在采取机会主义行为后，不能得到有效的惩罚，他所做的事前承诺就不是可置信的，此时契约是不可能得到自我实施的（self-enforcement）。而如果博弈的一方在采取机会主义行为后会得到严厉的惩罚，他就会信守其承诺、履行事前契约。这个结论所暗含的假

① Weber M. *The Essential of Bureaucratic Organization: An Ideal-Type Construction*. New York: Free Press,1952:24.

② 宣勇:《中国大学组织结构研究》，高等教育出版社，2005 年版，第 3 页。

设是：博弈各方的权力是对等的，各方都有足够的能力对另一方的机会主义行为作出有效的、及时的、有力的惩罚。可是在现实中，权力的配置常常是失衡的，有些人会拥有比其他人大得多的权力，此时，权力强势者所做的承诺往往是不可置信的，因为，即便他不信守承诺，弱势者也无力对其实施有效的惩罚。在这种情况下，要想保证权力不会越界和滥用，最好的办法就是建立权力制衡机制，通过权力来制衡权力，通过制度来约束权力。正如清华大学法学院教授高鸿钧所说："现代民主法治，公行以权制权，以法限权，以民驭权。以权制权者，分权制衡，遏止独断；以法限权者，权限法定，防止擅断；以民驭权者，主权在民，制止专断。"

《红楼梦》里面形容四大家族的时候，用过一个评语，叫做"一荣俱荣，一损皆损"，就是因为这四个家族你中有我，我中有你，相互之间有利益的合作，也有亲缘关系，相互之间都知道彼此的策略，并且自己会选择和他们合作的策略，所以结成一个牢固的联盟。正如我们前面通过博弈矩阵所得到的结论：合作是有利的"利己策略"，但前提是人所不欲，勿施于我。正如囚徒困境中，如果双方都只考虑自己的利益，而不在乎对方的利益，就会陷入"囚徒困境"的尴尬境地，如果双方都秉持互利的立场，反而能得到最优的得益。正如前文所指出的，行政权力与学术权力的博弈并不是一次性的过程，而是反复的博弈过程，在这个过程中，博弈双方都会根据以前的博弈情况对对方的策略进行预设，长此以往，就会形成一种策略的制衡，进而达到双方的互赢。

美国大学具有较好的权力制衡机制，正如美国政体中的"三权分立"，美国大学的董事会、校长和教授委员会可以相互制衡，教授委员会是制约董事会和校长权力的权力组织，"不信任投票"是教师弹劾董事会和校长的最重要的工具。它的合法性来自于西方民主议会制中的票决制。从 1989 年到 2008 年的十几年间，有超过 70 所大学（包括社区学院和研究型大学）的教师或教师评议会对其校长投出了"不信任票"，直接或间接导致校长下台。[①] 除此之外，教师委员会在内部协商无法达成一致的时候，还可以利用外部的司法系统维护自己的权力。比如 1992 年印第安纳州立大学的 78 名教师将校董会告上了法庭，因为他们在校长的遴选和任命中违反了教师手册中的规定：在校长遴选委员会中应有教师委员。教师不仅要求法院审查校长遴选中的程序细节，还要求法院审核

① 刘爱生：《解读美国大学的不信任投票——以哈佛大学前校长拉里·萨默斯的不信任案为例》，《比较教育研究》，2012 年第 11 期，第 59–63 页。

教师手册的法律地位，经过与董事会的协商，教师委员会最终撤销了对董事会的控告，这为教师实质参与大学治理提供了先例。[①] 美国大学教师评议会是教师民主治理大学的重要机构。

现有的研究证明：过度权力化的社会是社会交易成本极高的时候，是无法达到善治的目标的。特别在高校获得越来越大的自主权的时候，谁来对高校领导人的权力进行制约和监督，如果一所大学既有党委书记，又有校长，那么两个“一把手”相互之间还能起到相互制衡的作用。根据权力制衡的理论，高校内部权力制衡可以通过两种方式来实现：一是权力制约权力，也就是让权力在不同的利益相关者之间合理分配，使各种权力相对独立而又相互制衡，确保任何权力都是有限的权力，都有范围和边界，防止集权和专制，这是权力的内部制约；二是以权利制约权力，也即是权力授予者对权力行使者的制约与监督，公民权利是国家权力的来源和基础，这种权力的监督与制约则必须通过民主的扩大来实现。民主监督是约束权力的有效途径。党的十八大也提出：“健全权力运行制约和监督体系”，“加强党内监督、民主监督、法律监督、舆论监督，让人民监督权力，让权力在阳光下运行”。民主监督是一种权利而不是权力，是一种自下而上的非权力性监督。2013 年的浙大校长任命风波，也许是大学各方利益相关者关注和积极参与大学治理的预兆。

在权力得到合理分权与有效制衡的前提下，每种权力都得到合理的完善的发展，权力之间是相互制衡的，每种权力都有自己的权力范围和权力边界，没有任何一种权力会压制或挤压其他权力，这也符合西方国家大学治理权力配置的经验。

第三节　走出囚徒困境：互利共赢的路径

新制度经济学家诺斯把制度定义为“是一系列被制定出来的规则、守法程序和行为的道德伦理规范，它旨在约束追求主体福利或效用最大化利益的个人行为。”[②] 从博弈论的角度来说，制度是人们长期合作博弈的均衡解，是人们在无数次博弈中得到的经验教训，人们无限次重复博弈的结果使得合作成为最佳的

① 李奇：《美国大学治理的边界》，《高等教育研究》，2011 年第 7 期，第 96–101 页。

② ［美］道格拉斯·C·诺斯著，陈郁等译：《经济史中的结构与变迁》，上海三联书店，上海人民出版社，1994 年版，第 225–226 页。

选择。在囚徒困境中，个人追求自身利益最大化的行为却导致得益的减少，要实现双方利益的最大化，实现个人理性与集体理性的相统一，就要求博弈双方放弃背叛的战略，选择合作的策略，走出囚徒困境，实现互利共赢。

制度也许是走出困境的出路。“坏的制度可以使好人作恶，好的制度能够使坏人从良。”500 年前政治学家马基雅维利（Machiavell）就曾经说过：“没有什么比引入新秩序更困难，更难于实现，更难以预测其成功与否的了……，因为所有旧秩序的受益者都将与你为敌……”。有学者指出，我国处在由关系为本（relation-based）的治理方式向制度为本（rule-based）治理的转型时期。制度可以视为一种公共产品，它是由个人或组织生产出来的，这就是制度的供给，当制度的供给和需求基本均衡时，制度是稳定的，当现存制度不能满足人们的需求时，就会发生制度的变迁。制度均衡状态的形成很大程度上表现为一种自然演进的渐进过程，而不是所谓国家的强制性推进过程。在制度均衡中，国家更多的是一种执行或监督的角色。制度均衡是利益集团博弈的结果。

制度是保证大学治理权力正常有序运行的规范。现代大学制度的建立最终要落实到大学内部组织权力结构的调整上。党的十七大提出要建立健全决策权、执行权、监督权既相互制约又相互协调的权力结构和运行机制，在大学内部就是要明确党委的决策权、校长的执行权、教授的学术事务权和师生的民主监督权。而要达到这一目标，一方面要优化高校内部现存的权力结构，建立科学合理的权力结构，二是健全完善高等学校内部权力的运行机制。

一、政治权力的权力范围和运行机制

（一）政治权力的权力范围

政治权力主要通过以党委会为主的决策机构来体现，因而我们分析政治权力的权力范围和运行机制，我们就是去分析党委会的权力范围和运行机制。

根据前文对大学事务的归属权力的分析，我们看到，党委会的权力主要集中在“三重一大”事项上，因为党委会在不同事项上所具有的权力不同，我们使用“决定”“审定”和“推荐”三个词语来界定党委会在不同事项上的权力大小，属于大学党委会权力范围内的事务可以分为以下三类：

可以决定的事项：决定学校党的建设、党风廉政建设和意识形态方面的重要问题；决定思想政治工作、德育工作、统战工作、离退休工作、安全稳定工作、保密工作等重要事项；决定事关学校发展和全局的重要事项，包括学校章程、学校发展战略规划、年度工作计划、学校基本管理制度和重要规章制度、涉及学校教学、科研、管理方面的重大方案；决定学校内部组织机构的设置；决定中层干部的任免；决定涉及学校安全稳定和重大突发事件的处理。

可以审定的事项：审定重要奖惩事项；审定事关广大师生员工切身利益的重要事项；审定国家重点建设项目、学校基本建设重大项目；审定学校年度财务预算；审定重要办学资源配置和重大资产处置事项。

可以推荐的事项：推荐校级干部和后备干部人选。

（二）规范大学党委会的工作机制

完善合理的党委会工作机制是党委会科学决策的保证。关于党委的工作机制，关键在委员会制，而不能采用书记个人拍板。在党委会中，书记与各委员之间的地位是平等的，而不是领导与被领导的关系。在议事规则上遵循集体议事的原则，保证每个委员都能充分表达自己的意见。例如，可以规定，在集体议事时，主要领导应末位发言，以免对其他成员的意见形成一定的导向性。如果集体讨论未能达成一致意见，在重大问题上应实行票决制，由全体党委成员每人一票的方式来决策大学发展的重大问题，且每个成员的票值相等。

关于党委会议题的提出上，会前应充分调研和论证，如果议题涉及到学术问题，一定要经过学术委员会的讨论，如不通过则终止程序，党委会不能越过学术委员会擅自将议题纳入党委会议程。在相关学术事务上，学术委员会具有终审权，党委会应充分尊重学术委员会的决定。

（三）尝试建立体现多方利益的大学理事会制度

党委领导下的校长负责制是我国《高等教育法》确认的高等教育的基本制度，其合法性是不容质疑的。建立中国特色的现代大学制度，党委领导是核心。党委领导主要体现在保证党的理论、路线、方针、政策在大学得到贯彻落实，保证办学的社会主义方向。但是大学作为多元利益主体，决策应由利益主体共同作出，以保证决策能够体现各方的诉求。而在欧美大学中，最重要的决策机构就是大学评议会（university senate），有关学校发展或教师切身利益的重大问题都要提交评议会讨论，包括预算、人事、战略规划、设备添置、校园社区关系以及涉及到教职员工和学生的事务。大学评议会的组成人员非常多样化，以美国马里兰大学为例，大学评议会由 190 名成员组成，包括 100 名教师，22 名行政人员，23 名本科生，10 名研究生，15 名院系主任、副校长和校长组成。评议会组成人员的多样化充分代表了各利益主体的权利，增加了各主体间的沟通和协商。在决策过程中，遵循的是罗伯特议事规则（Robert’s Rules of Order），各主体之间是平等的“伙伴（partner）”关系。各主体可以充分表达自己的观点，即使无法达成共识，也可以透过理性思辨的过程，促进相互之间的理解和包容。由于决策的做出是由相关利益主体共同协商决定的，要求相关主体共同为这一决定负责，从而也加强了政策的有效性和执行力。

因此，我们可以仿照美国的经验，建立体现各方利益的大学理事会，这样既改善了以往决策主体单一、决策过程封闭的局面，为权力的分享与制衡创造了条件，同时也使公立高校的决策具有更广泛的民主性和科学性。在 2011 年颁布的《高等学校章程制定暂行办法》中也提出，要积极探索高校理事会和董事会制度，加强学校与社会的互动，建立全社会监督与支持学校发展的机制。大学理事会作为党委会决策的辅助机构，对大学发展过程中的重大战略问题进行审议，审议结果提交党委会形成最终的决议，最后再交由校长领导下的学校行政组织实施，并接受教职工代表大会对决议执行工作的质询，以此形成党委领导、社会参与和校长负责有机结合的治理结构。在理事会的人员组成上，要保证师生代表的充分参与。同时，为了密切大学与外部社会的联系，可以邀请企业界人士或者校友参与到大学理事会中来，他们的参与可以为大学决策的出台提供有针对性的建议。

党委领导下的大学理事会决策体制为多元利益主体博弈提供了良好的平台，党委会领导下的大学理事会决策体制已经不是单纯的党委决策，而是以党委为主导的、多元利益主体共同参与的领导决策体制。[①] 大学领导决策体制的多元性不仅使多元利益主体的权力得到明显增强，而且也打破了原有决策体制下党委集决策权、执行权和监督权于一体的封闭状况，改变大学“内部人治理”的局面，使大学更能适应社会的发展需要。其次，党委领导下的大学理事会决策体制完善和加强了党对高校的领导，同时可以较好地解决党政职责不清的问题。大学运行机制中的党委和校长工作重心和定位重复交叉的问题，在现实的高校管理实践中往往造成矛盾，影响了高校管理的运行效率。党委领导下的大学理事会决策体制将高校的党委权力集中于决策层面，把校长定位在执行层面，可以使党委从具体的事务中摆脱出来，集中精力负责高校的重大事项。重大事项必须通过法律的形式予以清晰地界定，党委的领导权和决策权应该放在保证学

① 于文明：《中国公立高校多元利益主体的生成与协调研究——构建现代大学制度的新视角》，高等教育出版社，2008 年版，第 219–220 页。

校的办学方向、审批年度预算、制定发展战略规划、会同校长共同决定内部组织机构的主要负责人选等重大战略问题上。要区分校内不同的事务范围，采用不同的决策机制，可以有效避免权力间摩擦，同时也进一步加强和完善了党的领导，增强了党委的领导权和决策权。

二、行政权力的权力范围和运行机制

（一）行政权力的权力范围

行政权力主要通过以校长办公会为主的决策机构来体现，因而如果我们要分析行政权力的权力范围和运行机制，我们可以转而去分析校长办公会的权力范围和运行机制。

从我们前文对行政权力范围的分析，我们可以看到，校长办公会的权力主要集中于执行党委决议，保证学校日常运行，同样，由于行政权力在大学不同事务上的权力的不同，我们使用“落实”“决定”“审定”和“审议”四个词语来界定行政权力在不同事项上的权力大小，属于行政权力范围内的事务可以分为以下四类：

需要落实的：落实党委会关于学校办学方针、指导思想、学校发展、校园建设、学科与人才队伍建设规划、年度工作计划、重大改革的决议。

可以决定的：决定学校重要行政规章制度；决定学校办学规模和年度招生计划。

可以审定的：审定学校内设机构的编制；审定关系学生切身利益的事；审定学校基本建设项目方案和工程预算；审定大额度资金使用事项（关于大额度的标准可以根据各个学校的不同情况进行规定）。

可以审议的：审议有关教职工收入、福利及奖励的重要事项。

（二）完善以校长为中心的行政执行体制

我国《高等教育法》规定:“校长是学校的法人代表，全面负责学校的教学、科研和其他行政事务。”校长是学校行政系统的最高领导，学校党委形成的决议最终要通过以校长为首的行政团队贯彻落实。大学作为一种特殊的社会组织，具有学术性与科层性双重属性。这两种属性构成了大学的两个基本价值取向，以党委会为主的大学委员会决策体制是解决“做什么”的问题，而以校长为首的执行系统则是解决“怎样做”和“谁来做”的问题。

从横向层面来说，以校长为中心的专业委员会决策体制可以促进决策的专业化和民主化。各种专业委员会的作用相当于校长的“智囊团”，校级管理职能部门在制定政策时，必须通过各种专业委员会等正式及非正式的渠道进行咨询，广纳意见。在具体操作上，可以根据工作性质，由分管副校长牵头，组成不同的专业委员会，下设各种专门机构，处理日常行政事务。比如，设立学位委员会负责学位授予工作、人事工作委员会负责师资队伍建设工作、学生工作委员会负责学生工作、财务工作委员会负责财务工作、后勤工作委员会负责学校的生活服务工作等。政策的执行则由教务处、财务处、学生处、招生处等职能机构的行政人员负责。这些专业委员会的建立一方面为决策的科学性和合理性提供了智力支持，另一方面，也为多元利益主体的利益表达提供了制度保障，以“委员会”的形式来推动大学治理过程的协商与合作，改变过分依靠行政权力进行决策管理的现象。①

从纵向层面来说，要落实校院系“三级建制、两级管理、以院为主”的内部管理模式。学校由原来的决策与管理并重变为决策中心，以宏观决策为主，而学院则伴随管理重心的下移成为管理中心，学院承担学校职能部门剥离的大量日常教学、科研和社会服务的管理职能，以及学校下放的涉及学院自身事务的决策职能，包括管理、监督、协调下属各个系（所）的教学科研活动，独立制定学院的教学、科研和社会服务计划。校院两级管理体制要求学校将主要精力放在关系到学校改革与发展的全局性、方向性和战略性的重大事项上，同时赋予学院充分的办学自主权以完成从学校办学目标和发展战略分解出的目标和责任。学校则采取目标管理的方式对学院进行评估与监督。

根据博弈理论的基本原理，影响大学决策成本的因素主要包括两个方面：一个是目标的一致性，一个是信息的完全性。因而：

大学决策成本 = 因目标不一致引起的成本 + 因信息不完全引起的成本 ②

由这一公式我们可以推出：（1）大学的决策成本是由两个因素来决定的：组织的信息和组织的目标，信息的沟通程度与组织目标的一致程度都与组织的权力状况相关；（2）权力过于集中会造成信息无法有效传达，而引起决策成本的增加，当权力过于分散时，会造成各成员目标的不一致，也会引起决策成本

① 高树仁：《平衡视域下的现代大学制度诠释与构建》，《高校教育管理》，2013 年第 1 期，第 1–5 页。

② 参考龚怡祖：《大学管理重心定位的理论分析》，《北京大学教育评论》，2009 年第 4 期，第 137 页。

的增加（如图 6–1 所示）。

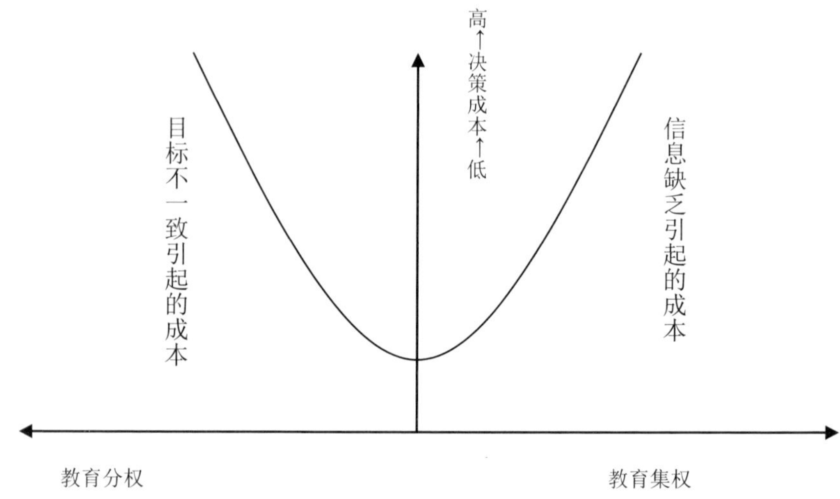

图 6—1　大学决策成本影响因素示意图

权力的过于集中或过于分散都会造成大学决策成本的增加。西方大学内部治理体制一般奉行的是教育分权，但 20 世纪 80 年代之后，外部市场以及效率的压力使得管理者和董事会不愿意教师介入到复杂的决策议题中，行政力量有加强的趋势；而中国大学在内部治理上奉行的是集权体制，随着现代大学制度建设的推进，中国大学正在积极思考从教育集权向教育分权的转变。实行校院两级管理之后，学院成为集教学、科研、人事、财务于一体的实体性机构。在权力下移后，有可能出现“基层各自为政，资源重复配置，利用率低的现象”。[①] 因此应合理划分学校与学院的权责关系，既要增强学院的活力，又要淡化学院的“独立”意识。具体到每所高校，关于校、院、系三级应各有哪些权力，要根据各个学校的办学特点、规模大小和历史传统等实际情况确定，不能一概而论。

三、学术权力的权力范围和运行机制

（一）学术权力的权力范围

学术权力主要通过以学术委员会为主的决策机构来体现，如果我们想要分

① 谢安邦，阎光才:《高校的权力结构及权力结构的调整——对我国高校管理体制改革方向的探索》,《高等教育研究》, 1998 年第 2 期，第 23–27 页。

析学术权力的权力范围和运行机制，我们就需要对学术委员会的权力范围和运行机制进行分析。

从我们前文对学术权力范围的分析，我们可以看到，学术委员会的权力主要集中于教师队伍建设规划，自主设置或申请设置学科专业，人才培养质量的评价标准及考核办法，教学计划方案，招生的标准与办法，教师聘任的标准与办法，学术评价、争议处理规则和学术道德规范等。同样，由于学术权力在大学不同事务上的权力的不同，我们使用"终审""审定"和"审议""咨询"四个词语来描述学术权力在不同事项上的权力大小，属于学术权力范围内的事务可以分为以下几类：

可以终审的：教师职称评审，教师聘任的标准与考核，教学科研成果、人才培养质量的评价标准及考核办法。

可以审定的：对学术不端行为的调查，学校教学科研成果奖励，高层次人才引进及对外推优，学校各类基金科研项目。

可以审议的：学术发展规划，学科、专业设置、教师队伍建设规划及教学科研的重大议题，学术机构、院（系）设置与调整方案，学位授予标准。

可以咨询的：向学校相关职能部门提供有关学术方面的咨询，学校预算中的教学科研经费安排和使用，中外合作办学项目。

（二）建立以学术委员会为主的学术决策体制

"学术本位"是大学治理的基本原则。学术权力的有效发挥是大学制度建设的基础。正如潘懋元先生所言："'去行政化'不是不要行政管理，而是不要将行政权力凌驾于学术权力之上，或以行政权力代替学术权力，以行政命令干预学术自由。"高校决策要注意区分重大和一般事务决策、行政和学术事务决策。党委会是学校的最高决策机构，对学校的重大事项进行决策，而学术委员会，在学术事务中要拥有完全充分的发言权和学术事务的决策权，同时保留对行政事务及行政决策的参与权与监督权。[①] 学术委员会是落实《纲要》精神，探索教授治学，充分发挥教授在教学、学术研究和学校管理中的作用的有效途径。教授治学，在实践中表现为以教授为主体的教授委员会、学术委员会等拥有在大学学术领域的管理和决策的权力。

具体来说，可以通过在学校层面设立校学术委员会，在院系层面设立院学

① 何晓芳，周秀华：《现代大学制度框架下高等学校民主管理的理念与机制研究》，《黑龙江高教研究》，2010 年第 9 期，第 15–17 页。

术委员会，并规定校院两级党政一把手不能担任两级学术组织的主任委员的形式保障学术权力的真正落实。在学校层面，需要整合学术权力由学术委员会统一负责，将相关学术机构如学位委员会、职称评定委员会、师资聘任委员会职能统筹于学术委员会之下，以减少职能部门对它们的分别控制；在院系层面，以院长等为首的行政体系，负责院系的正常运转，执行学校党政的指示和院学术委员会的决策。院学术委员会委员由院系全体教师大会推选，主任委员和副主任委员由全体委员民主推选产生。院学术委员会不仅有权审议院系的学科和专业设置、科研计划、发展规划，为院系发展提供咨询意见，而且有权评定院系教学、科研成果，在学院引进人才、职称评定等问题上拥有初审权。

在 2014 年出台的《高校学术委员会规程》中，确立了三条基本原则：(1)以学术委员会作为校内最高学术机构，统筹行使学术事务的决策、评审等职权；(2)界定了学术委员会中学校领导和部门负责人比例，向教师和基层学术组织倾斜；(3)对学术不端行为，学术委员会可以依职权直接进行处理或者建议相关部门处理。这是新中国成立以来首部高等学校学术委员会国家规范，首次明确了学术委员会在学校学术组织体系中的最高学术机构定位，促进了学术权力与行政权力的相对分离与融合。

为保证学术委员会能真正成为学者的组织，《规程》在学术委员会的人员组成和人员产生规则上规定，学术委员会应由学校不同学科、专业的教授及具有正高级以上专业技术职务的人员组成，并应当有一定比例的青年教师，人数为不低于 15 人的单数。其中，担任学校及职能部门党政领导职务的委员不超过总人数的 1/4，不担任党政领导职务及院系主要负责人的专任教授不少于总人数的 1/2，界定了学校领导和部门负责人的比例，强调向教师和基层学术组织倾斜。在实际操作中，在人员组成及产生方面，校学术委员会主任和副主任经校长推荐，由校学术委员会选举产生，由知名教授担任。校学术委员会组成以在职教授为主，根据学科、专业结构，按照老、中、青相结合的原则，合理分配人员比例。除教务处、研究生院、科技处、人事处、国际合作处等五个与学术事务密切相关的行政部门主要负责人外，其他校、院（处）行政领导均退出校学术委员会，保证学术权力与行政权力分离。院学术委员会在校学术委员会指导下开展工作，拥有学院学术决策和学术咨询最高权力。其成员由各学科教师推荐产生，并经院党政联席会议审议批准；学院党政领导全部退出院学术委员会，保证教授在学术事务上的独立决策权。

四、民主权力的权力范围和运行机制

（一）民主权力的权力范围

民主权力主要通过以教职工代表大会为主的民主监督机构来体现，如果我们想要分析民主权力的权力范围和运行机制，我们就需要对教职工代表大会的权力范围和运行机制进行分析。

从我们前文对民主权力范围的分析，我们可以看到，教职工代表大会的权力主要集中于民主参与大学决策、民主参与大学管理、民主评议和监督领导干部等方面。同样，由于民主权力在大学不同事务上的权力的不同，我们使用“听取”“讨论”“决定”和“评议”四个词语来描述民主权力在不同事项上的权力大小，属于民主权力范围内的事务可以分为以下几类：

可以听取和讨论的：听取校长工作报告，听取学校年度工作报告，听取财务工作、工会工作等其他专项工作报告，听取学校发展规划、教师队伍建设、教学科研重大改革和重大问题解决方案的报告。

可以讨论和决定的：讨论通过学校提出的与教职工利益直接相关的福利、校内分配实施方案以及相应的教职工聘任、考核、奖惩办法。

可以评议和监督的：民主评议和监督学校各级领导干部。

（二）形成多元化的民主监督体制

随着高校与政府间的关系的改变以及高校与外部社会的关系的密切，政府、高校和社会相结合的、多元参与的、内外相结合的民主监督体制不仅有利于完善高校的内部治理结构，而且有助于改变政府干预大学的局面，平衡多元利益主体的诉求。

从内部来说，高校内部的监督是以权利制约权力。高校教职工通过《教育法》和《高等教育法》所赋予的民主监督权利，对其他权力进行制约。形成以教代会为主的民主监督体制，提高高校决策的民主性和透明性，也是保障教职工利益的有效途径。在具体实践中，应促进教代会的日常化和机构化。由教职工全体大会选举产生教职工代表构成教代会（工会），教代会进而选举产生教代会常委会，教代会常委会选举产生教代会主席（工会主席）和副主席（工会副主席）。在教代会主席的主持下，教代会常委会每周召开一次工作例会，汇总情况并向党委会和校长办公会报告，一些关键环节必须通过制度作出规定：比如要明确教职工代表大会中一线教职工的比例。教代会及其常委会应成为学校的日常监督机构。随着校院两级管理体制的推进，建立二级教职工代表大会是教师参与本院事务，推进院系科学管理，民主决策的有效保障。

从外部来说，要完善校务公开及对外披露制度，接受政府与社会的监督。同时高等教育作为一种公共产品，也需要接受政府和社会的监督。《国家中长期教育改革和发展规划纲要》中也提出要健全校务公开，构建新型的政府、学校和社会关系。政府主要对学校的办学方向、办学经费的使用及效益、学校管理者的绩效进行评估。同时，高校要主动公开相关信息，以积极开放的态度接受来自社会公众特别是相关利益群体、中介组织及新闻媒体等社会各界的监督和制约。大学利益结构的多元化发展，各利益主体对权力规制的要求越来越强烈，政府、高校和社会相结合的监督体制可以较好地规制权力的边界。

五、通过章程来规范大学权力结构

无论哪一种治理结构，都需要法律或法规等制度加以保障。作为大学“宪法”的章程在规范权力的作用上非常重要。大学章程之于大学，如同宪法之于国家。章程作为学校的“根本大法”，一方面明确了学校与政府和社会的关系，另一方面确定了学校内部的治理结构，对外是政府宏观管理、社会参与办学的依据，对内是大学自主管理和制定其他规章制度的基础。制定大学章程是促进高校完善治理结构、建设现代大学制度的关键环节。

《国家中长期教育改革和发展规划纲要（2010—2020年）》中明确提出：“各类高校应依法制定章程，依照章程规定管理学校。”2011年11月教育部发布《高等学校章程制定暂行办法》，各高校章程制定进入实质性操作阶段。截止到2013年底，在26所试点高校中只有6所高校向教育部提交了章程草案。多数高校称，制定章程难在“内部权力界定”，章程修订之后，原有的内部权力结构面临重新洗牌和再分配，这是阻碍章程修订的重要原因之一。

（一）章程应明确大学与政府、社会的关系定位

《办法》明确规定“举办者、教育行政部门应按照政校分开、管办分离的原则……保障学校办学自主权”。这就意味着政府作为大学的举办者不能再直接插手学校的事务，政府的职责在于监督和保障学校的办学情况和办学条件。西方国家大学对政府职责的界定往往是保障经费投入和质量评估等，政府对大学事务直接干涉的情况很少。通过章程为政府权力划定边界，这就意味着必须给予大学章程一定的法律地位，这样章程才能真正对外对内起到规范作用。因而许多专家学者都呼吁，可在《高等教育法》中明确章程的法律地位，同时明确违

反章程时应承担的法律责任，学校按照章程的规定实施内部管理，而政府按照章程的规定对大学进行监督和管理，这样大学章程才会走出“形式主义”的困境。

同时，章程也必须对大学外部利益相关者参与大学治理的方式作出规定。利益相关者参与大学治理是西方国家大学的普遍做法，例如美国外部利益相关者不仅体现在学校的董事会决策层级中，也体现在校、院、系的执行机构中，比如教授会、学生会、课程委员会、评估委员会以及晋升委员会等影响决策的制定和执行。我国高等教育管理体制的特殊性，可通过引入前文所述的大学党委领导下的大学理事会的决策体制，在大学理事会中给予社会知名人士、校友代表一定的名额的方式，来体现外部利益相关者的诉求。这种治理模式可以避免党委领导下的校长负责制的封闭性，并与世界一流大学的治理结构要求相一致。

（二）章程应明确各权力主体的职责范围

对内部来说，大学章程规定的是大学的权力结构，调整的是大学内部权力主体的权利义务关系。通过对各机构和各类人员的责、权、利的明确划分以及议事规则的详细规定，规范大学内部各种权力的运作，保证大学的各种权力可以公开、公正、有边界地行使，确保大学形成共享、分权、制衡的治理模式，权利得以保障，义务得以履行。

大学包括以党委会为代表的政党权力，以校长为代表的行政权力，以教授为代表的学术权力和以教职工代表大会为代表的民主监督权力，最关键的就是界定这四种权力的边界，有学者认为能否处理好大学中的核心权力关系影响着大学章程实施的成败。[①] 一是要区分内部事务性质，由不同机构决策。党委的职权范围是办学方向、发展规划、重大战略问题和干部任免等重大问题决策；校长为首的行政系统是党委会和学术委员会的执行机构，在决策方式上集中的色彩更浓厚，为了保证和提升教学、科研和社会服务的效益和质量，校长在校务委员会和校长办公会充分讨论的基础上，拥有较大的决定权；学术委员会的决策范围是学术事务；教职工代表大会更多的是一种监督机构。二是要明确学术委员会对学术事务的决策权、评价权和资源分配权，明确学术委员会不再只是一个评议机构，更是一个学术事务的决策机构。三是切实发挥教职工代表大会

① 方芳:《解读大学章程中的核心权力关系》,《中国教育报》, 2013 年 6 月 14 日第 6 版。

的监督作用，校长需向教职工代表大会报告工作，并接受评议，重要事项均需经过教职工代表大会的评议，教职工代表大会应独立运行，并有常设机关处理日常事务。四是学校应向学院合理让渡权力，学校主要负责对院系的监督和考核，学院拥有对人、财、物的配置和管理权力，大学各职能部门应成为学院的支撑和服务机构。

“党委领导，校长负责，教授治学，民主管理”是中国特色的现代大学制度的基本特征。这一治理模式体现了政治、行政、学术、民主四种权力的配置模式，体现了党委、行政、学术和群众四个权力主体的科学分工，体现了高校内部权力既相互制约又相互协调的权力结构和体制框架。党委领导下的大学理事会决策体制，既可以保证党委的领导核心作用，又可以充分兼顾其他各方利益群体的意见；以校长为中心的行政执行体制，全面负责教学、科研、学科建设和行政管理的工作，保证学校各项任务目标的完成；以学术委员会为主的学术决策体制，是教授治学的本质要求，是学术力量发挥作用的组织体系和制度平台；以教代会为主的多元化的民主监督体制，体现多方利益主体共同参与大学治理，是规范和制衡大学权力的重要机制。需要指出的是，必须通过大学章程的形式对四种权力进行明确界定，这是高校管理科学化、规范化、法制化的必然。

六、建立“互联网 +”时代的教育治理模式

随着当代科技的迅猛发展，5G、物联网、云计算、大数据、人工智能正在颠覆着传统产业，教育信息化也在快速发展，“教育业务数字化，数字教育业务化”即将到来，届时教育的边界将被真正打破，与一切社会资源的融合即将到来，“凡是有利于育人的都将成为教育方式”，高等教育的自我颠覆很可能是未来的主旋律。[①] 正如马云曾经说过：当我们还没搞清 PC 时代的时候，移动互联网来了；还没搞清移动互联网的时候，大数据时代已经来了。信息技术的发展给我们社会生活的方方面面都产生了巨大的不可忽略的影响，当然也包括我们的教育在内。“教育身处一个焦虑的时代”。[②] 党的十九大报告明确提出加快教

① 张辉．如何设计大学治理结构——大学治理之浅见 [EB/OL]. http://library.ttcdw.com/liba《ry/jygl/gaodengjiaoyu/hongguanguanli/2019-07-10/158655.html

② 张治，李永智，游明:《“互联网 +”时代的教育治理》，华东师范大学出版社，2018 年版，第 3 页。

育现代化，开启了建设教育强国的新征程，首次提出了要重视“网络教育”。教育部前副部长杜占元提出要把教育信息化作为推进教育现代化的强大动力和教育制度变革的内生元素，推动实施教育信息化 2.0 行动计划，探索信息时代教育治理的新模式。

2015 年 8 月底出台的《国务院关于印发促进大数据发展行动纲要的通知》（国发〔2015〕50 号）中明确提出“全面推进我国大数据发展和应用，加快建设数据强国”“打造精准治理、多方协作的社会治理新模式”“将大数据作为提升政府治理能力的重要手段……有效调动社会力量参与社会治理的积极性”等目标和要求，便为高等教育的治理模式创新提出了新的切入点。[①]

高等教育的发展与技术的进步是密不可分的，每一次技术的革新都会给高等教育带来创新性的发展，比如 MOOCS 课程的发展改变了我们传统的教学和学习方式；但是，最能对高等教育的发展产生革命性影响的数据（data）却常常在每一次变革中遭到忽视。大数据的发展能够最大限度地帮助大学发掘未被发掘和使用的数据（Underutilized Dark Data）。[②] 正如其他社会组织一样，高等教育机构每天也在产生着大量的信息，数据治理同样可以在大学中有所作为，高等教育的大数据时代已经来临。

1. 数据治理是提高大学教育质量的需要

我国的高等教育已经从精英教育走向了大众教育，已经从以数量为主的规模化发展转为了以提高质量为主的内涵式发展；比如学校的课程质量、教师质量、研究设备、大学的排名等，都是政府和社会广为关注的，高等教育的问责使得大学十分注重自己的绩效。同时，激烈的国际高等教育市场竞争和中国建设世界一流大学的目标也促使我们把质量摆在首位。比如，美国高校已经应用大数据的“学习分析技术”（learning analytics），通过对与学生相关的海量数据进行分析，教师能够辨别每个学生的学习行为和学习模式，可以实时监控学生的学习情况，发现学生的问题所在；也可以获得学生对学习材料的掌握情况，从而针对学生的个人情况制定个性化的学习方案，减小辍学率，提高毕业率。

里奥萨拉多学院（Rido Salado College）有 41000 名学生注册了网上课程，

① 南旭光：《大数据时代高等教育“循数治理”解析及实现路径》，《中国电化教育》，2016 年第 8 期，第 20–25 页。

② Gartner Report. Douglas Laney. Big Data Strategy Components: Business Essential. October, 2012.

建立了发展和课程参与系统（Progress and Course Engagement System），自动追踪学生的学习情况。该系统包含学生登录课程的次数、查看教学材料的情况、课程得分情况三个方面的数据。其旨在通过个性化的指导及关注学生的个性化需要来实现教育目标。利用该系统得到的报告分为绿色、黄色、红色三个预警等级，预测准确率在 70% 左右。另外，北亚利桑那大学的分数评估系统（Grade Performance System）、普渡大学的课程信号系统（Course Signals Systme）、鲍尔州立大学（Ball State University）的可视化合作知识群（Visualizing Collaborative Knowledge Work）都是类似的系统。

2. 数据治理是提高大学决策科学性的需要

有学者认为，如果大学想要在高等教育市场中取胜，那就必须将技术作为战略工具来进行规划发展。[①] 数据治理作为一种有力的新兴战略工具，能够使大学清楚地看到自己的优势和劣势，有利于提高大学决策的合理性，进而为教师和学生提供更加优质的服务，更加切合社会经济的发展需要。另外，信息交流技术（Information Communication Technology, ICT）在改善组织决策方面有着显著的作用。而数据治理，就是通过应用信息交流技术来实现信息交流和共享的，其可以被理解为运用科技手段将信息有效、快速、透明地传递给公众的过程，或者是组织内部不同部门之间相互沟通的过程。这种信息交流和共享可以为底层和弱势群体提供参与决策的机会，信息的质量和通畅性决定了广大利益主体能否最大限度地参与决策，这对于“底部厚重”的大学决策来说，有利于保证利益主体的知情权和决策权。数据治理符合大学治理的去中心化和协商民主的特点，为改善大学治理的透明度提供了机会和途径。这就大大地提高了大学决策的科学性。

比如，田纳西大学信息系统是应用大数据方面的先锋。这个平台提供了公正地评价田纳西大学的资料，提供了十项关键评价指标，比如学生毕业率，机械、法律、护理、药学等专业的证书通过率，SAT、ACT、GRE、GMAT 等入学考试的分数，与其他同行相比的学费及其承受率、师生比率、完成学位所需时间等。这些数据使得学生、家长以及其他利益主体都能够自主地评价田纳西大学。此系统对所有的公众开放，而不用通过田纳西大学的系统登录。这就大大增加了大学的透明度，提高了大学决策的透明性、合理性与科学性，也为其

---

① Heather Fry, Steve Ketteridge, Stephaine Marshall. *A Handbook for Teaching and Learning in Higher Education*[M]. Routledge. 2001.

他高校提供了宝贵的借鉴模型。现在，该校领导正在考虑建立各级学院的信息系统，并且这些学院数据也完全对公众开放。①

3. 数据治理是提高大学管理效率的需要

大数据注重顾客的体验和需求，是分析和改善组织管理效率的有力工具。在高等教育领域，数据技术带来的不仅是教学和学习手段的更新，还有管理方式的改变。大学管理者应该考虑新技术的发展及日益增加的学习者的需求。大学领导者必须明白，数据治理不能仅仅局限于大学管理的高层，而是应该包含学校的各个层级。华中科技大学利用数字迎新系统的信息，在开学前就知道了新生自助办理手续的情况，包括自选宿舍信息、财务缴费信息、生活用品选购信息等数据，有助于精准安排接待新生现场报到的人员和资源；同时，利用数字迎新系统的信息还使我们掌握了各个时间节点新生到达的人数，有助于精准安排车辆和学生志愿者，这些都大大提高了管理效率。数据治理的发展改善了管理层与其他利益相关者的关系，使得各利益相关者共同关注学校整体的发展目标，通过更广泛的参与、在线群体讨论以及学习、生活方式的改革等方式，使大学各个层级都能够致力于大学整体目标的实现。数据治理与传统治理的不同之处在于，它关注每个主体的需求，尽可能地降低人为的干预，建立公平、反应迅速的系统，提高大学管理效率，进而带来更大的收益。

有学者预言，大数据将带来高等教育的革命性变革。② 数据治理以其高效、负责和透明的特征成为高等教育治理的又一研究课题。它符合善治的透明性（Transparency）、责任性（Responsibility）、回应（Responsiveness）和有效（Effectiveness）的特点。数据治理的有效应用可以使大学变得更加智慧（Intelligent）和敏捷（Smart）。大数据能够为管理者和决策者提供建议及指导依据，为高等教育治理带来前所未有的宝贵机遇，数据治理理应且必将成为高等教育治理的一个重要组成部分。

---

① 许晓东等:《高等教育的数据治理研究》,《高等工程教育研究》，2015 年第 5 期，第 25–30 页。

② Manyika J, Chui M, Brown B, et al. *Big data: The next frontier for innovation, competition, and productivity*. http://www.mckinsey.com/ Insights/MGI/Research/Technology and Innovation/Big_data_The_next_ frontier_ for_innovation.

图 6-2 中国大学治理权力结构图

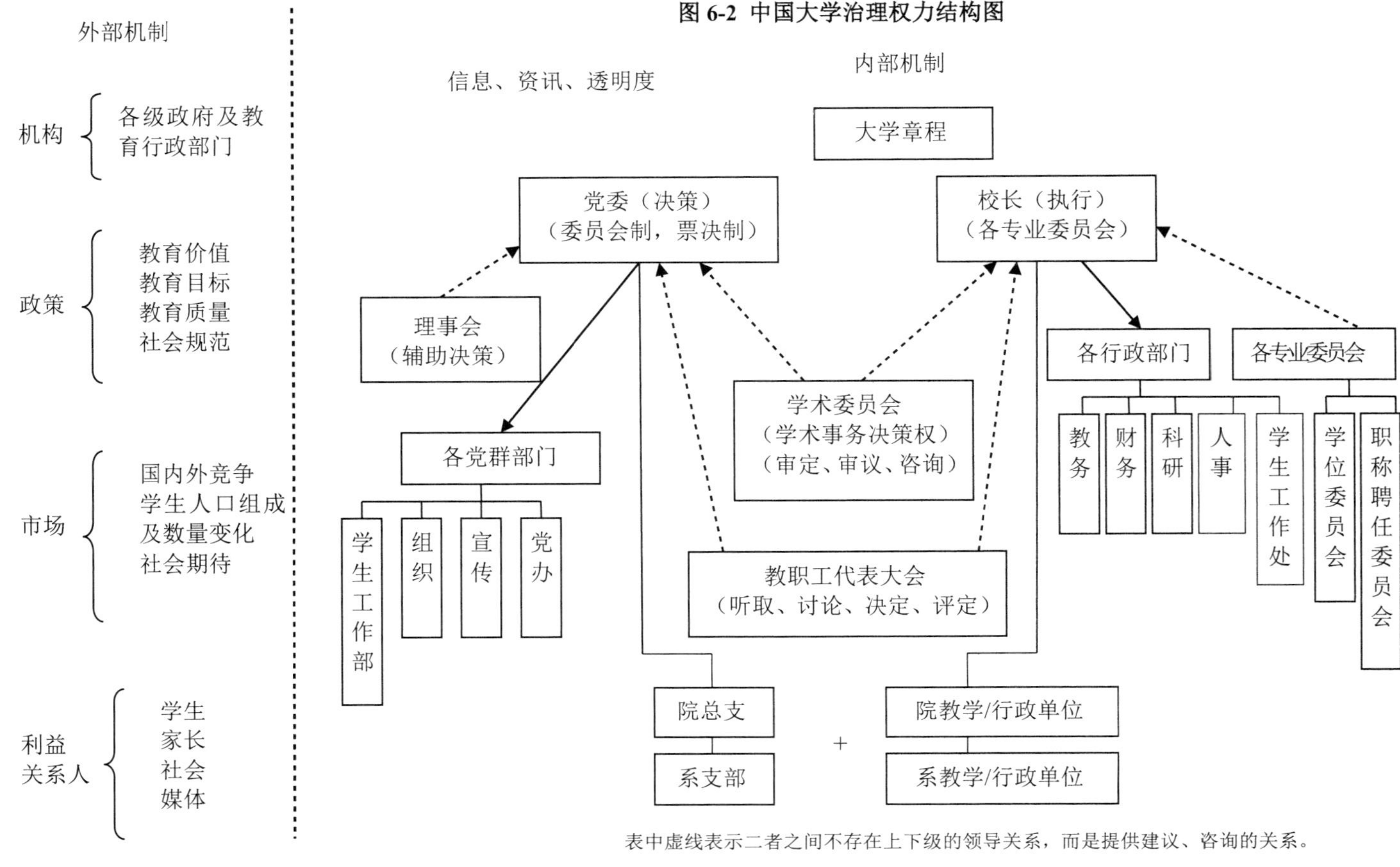

表中虚线表示二者之间不存在上下级的领导关系，而是提供建议、咨询的关系。

第七章 结语

在市场经济的话语条件下，大学多元利益主体共同治理的局面已经形成，不受制约的权力必然会损害其他权力和利益，这就必然要求我国现代大学制度要建立分权与制衡并重的机制来规范多元利益主体的权力，制度的真空容易使权力主体利用机会主义的行为谋求自身利益的最大化。新制度的建立必然会带来资源和权力的重新分配，因而在新制度建立的过程中，权力的博弈不可避免。博弈论是分析权力的良好视角，能使我们清楚分析博弈背后的利益关系，并告诉我们应该采取何种策略才会避免陷入“囚徒困境”的尴尬境地。

通过前文对大学权力博弈的分析，我们可以得出合作而不是冲突是大学内部权力博弈的均衡解。而要得出这一博弈均衡解，必须从两个方面努力，一是分权，二是制衡。也正如伯恩鲍姆在《共同治理的终结：前瞻或回顾》[①]中所指出的，大学最本质的特征是：共同治理与分权制衡。科学界定各类权力的边界，实现分权与制衡才是达到帕累托最优的有效途径。大学应回归教师本位、学术本位，学术权力应成为大学决策的制定者之一，成为大学权力博弈的主要参与者，政党和行政权力应合理让渡权力给学术和民主权力。分权是制衡的基础，要实现真正意义上的分权，必须使各权力主体拥有独立自主的权力，如此权力之间才能制衡。在权力集权或者失衡的状态下，是无法实现“帕累托”最优的。大学治理结构应为各权力主体提供充分表达意志的空间和平台，最终才能真正形成“党委领导，校长治校，教授治学，民主监督”的中国特色的现代大学制度。

在本书中的写作中，我也认识到了诸多的不足。首先，大学内部权力博弈

① Robert Birnbaum. *The End of Shared Governance:Looking Ahead or Looking Back*[EB/OL]. July, 2003.

http://www.usc.edu/dept/chepa/gov/roundtable2003/birnbaum.pdf.

涉及到太多的利益相关者，也有太多的不确定因素影响博弈的结果，很多时候我的研究并没有能够将他们全部考虑进来并一一详细呈现，而是将众多博弈主体的博弈情景进行简化处理，选取了两种比较有代表性的权力：行政权力和学术权力，来呈现他们之间的冲突和博弈情况。其次，本书的研究中只涉及到了四种权力，这是根据《高等教育法》对我国大学治理结构的规定而得出的，在实践中还存在第五种重要的权力——学生权力。大学因为有了学生才成为大学，学生数量占了大学总人数的绝大部分。学生是一个具有双重身份的主体，既是在学校中受教育的主体，也是宪法规定的公民。根据大学成本分担理论，学生作为大学教育产品的消费者，有权对大学的发展决策提出建议，而作为具有公民权利的公民，学生有权利监督学校的发展，正如西奥多·罗斯福（Theodore Roosevelt）所说，人民应成为他们宪法的最终制定者（The people themselves must be the ultimate makers of their own Constitution）。因而学生有权利发出自己的声音，学生也应成为大学权力博弈的重要主体。

中国特色现代大学治理结构的特质是党的领导。习近平总书记指出，“办好中国的世界一流大学，必须有中国特色”。这就是说要办人民满意的世界一流大学，必须扎根中国大地、体现中国国情、传承中国文化、回应人民需求、彰显中国智慧，既追求世界一流又坚持中国特色。党的十九大报告明确指出要加快一流大学和一流学科建设，实现高等教育内涵式发展，这是中国特色社会主义新时代赋予中国大学的使命和担当。世界一流大学的重要特征是具有一流的大学治理模式。中国特色现代大学治理结构的重要特点就是党的领导。纵观世界大学发展历程，不同的历史文化、政治制度塑造了不同的大学理念与教育实践，使得各国一流大学的发展道路存在多样化的特点。中国特色世界一流大学建设必须扎根中国大地，符合中国社会现实需要，构建中国话语体系，如此才能办成具有中国特色的世界一流大学。

参与大学内部治理权力博弈的各主体必须以促进大学整体发展为前提条件，必须以各方利益主体的诉求为策略考量，必须以促进大学学术自由和学术发展为最终目标。我想借用美国哥伦比亚大学校长 L·C· 柏林格（Lee Carrol Bollinger）教授在第二届“中外大学校长论坛”上的讲话作为本书的结束语，“1520 年以来，全世界只有 85 个机构存活至今，其中 70 家是大学。大学依靠梦想、依靠希望生存下去——这就是大学的历史。”

参考文献

[1] 克拉克・克尔著．大学的功用 [M]. 陈学飞译．南昌：江西教育出版社，1993.

[2] 伯顿・克拉克著，王承绪等译．高等教育系统——学术组织的跨国研究 [M]. 杭州：杭州大学出版社，1994.

[3] 伯顿・克拉克著，王承绪译．高等教育新论——多学科的研究 [M]. 杭州：浙江教育出版社，2001.

[4] 伯顿・克拉克著，王承绪译．探究的场所——近代大学的科研和研究生教育 [M]. 杭州：浙江教育出版社，2001.

[5] 伯顿・克拉克著，王承绪译．研究生教育的科学研究基础 [M]. 杭州：浙江教育出版社，2001.

[6] 道格拉斯 ·C· 诺斯著，陈郁等译．经济史中的结构与变迁 [M]. 上海：上海三联书店，上海人民出版社，1994.

[7] 帕森斯著，梁向阳译．现代社会结构与过程 [M]. 北京：光明日报出版社，1988.

[8] 罗纳德 ·G. 埃伦伯格主编，沈文钦等译．美国的大学治理 [M]. 北京：北京大学出版社，2010.

[9] 约翰 ·S· 布鲁贝克著，王承绪译．高等教育哲学 [M]. 杭州：浙江教育出版社，2001.

[10] 科恩著，聂崇信译．论民主 [M]. 北京：商务印书馆，1988.

[11] 詹姆斯・杜德达斯著，刘彤等译 .21 世纪的大学 [M]. 北京：北京大学出版社，2005.

[12] 曼瑟尔・奥尔森著，陈郁译．集体行动的逻辑 [M]. 上海：上海三联书店，上海人民出版社，1995.

[13] 罗伯特・伯恩鲍姆著，别敦荣等译．大学运行模式——大学组织与领导

的控制系统 [M]. 青岛：中国海洋大学出版社，2003.

[14] 唐纳德·肯尼迪著，阎凤桥译 . 学术责任 [M]. 北京：新华出版社，2002.

[15] 约翰·丘伯著，蒋衡译 . 政治、市场和学校 [M]. 北京：教育科学出版社，2003.

[16] E.S. 萨瓦斯著，周志忍译 . 民营化与公私部门的伙伴关系 [M]. 北京：中国人民大学出版社，2002.

[17] 米尔顿·弗里德曼 . 资本主义与自由 [M]. 北京：商务印书馆，2004.

[18] 菲利特 ·G· 阿特巴赫著，人民教育出版社教育室译 . 比较高等教育：知识、大学与发展 [M]. 人民教育出版社，2001.129.

[19] 华勒斯坦著，刘健芝译 . 学科·知识·权力 [M]. 北京：生活·读书·新知三联出版社，1999.

[20] 罗伯特·艾克斯罗德著，周骏宇译 . 合作的进化 [M]. 北京：上海人民出版社，2007.

[21] D· 弗登伯格，[法] 梯若尔著，黄涛等译 . 博弈论 [M]. 北京：中国人民大学出版社，2015.

[22] 埃莉诺·奥斯特罗姆著，余逊达，陈旭东译 . 公共事物的治理之道 : 集体行动制度的演进 [M]. 上海 : 上海译文出版社，2000.

[23] 丹尼斯·朗著，陆震纶译 . 权力论 [M]. 北京：中国社会科学出版社，2001.

[24] 德里克·博克著，徐小洲等译 . 走出象牙塔——现代大学的社会责任 [M]. 杭州 : 浙江教育出版社，2001.

[25] 杰弗里·普费弗著，隋丽君译. 用权之道——机构中的权力斗争与影响 [M]. 北京：新华出版社，1999.

[26] 托尼·布什著，强海燕译 . 当代西方教育管理模式 [M]. 南京：南京师范大学出版社 .1998.

[27] 阿什比著，滕大春译 . 科技发达时代的大学教育 [M]. 北京：人民教育出版社，1983.

[28] 玛丽·亨克尔著 . 国家、高等教育与市场 [M]. 北京：教育科学出版社，2005.

[29] 迈克尔·夏托克著，王义端译 . 高等教育的结构和管理 [M]. 上海：华

东师范大学出版社，1987.

[30] 约翰·密尔著，程崇华译 . 论自由 [M]. 北京：商务印书馆 .2005.

[31] 戴维·赫尔德，安东尼·麦克格鲁著，曹荣湘等译 . 治理全球化：权力、权威与全球治理 [M]. 北京：社会科学文献出版社，2004.

[32] 约翰·梅纳德·史密斯著，潘春阳译 . 演化与博弈论 [M]. 上海：复旦大学出版社，2008.

[33] 约翰·范德格拉夫著，王承绪等译 . 学术权力——七国高等教育管理体制比较 [M]. 杭州：浙江教育出版社，2001.

[34] 奥尔特加·加塞特著，徐小洲、陈军译 . 大学的使命 [M]. 杭州：浙江教育出版社，2001.

[35] 毕宪顺 . 决策·执行·监督——高等学校内部权力制约与协调机制研究 [M]. 北京：教育科学出版社，2013.

[36] 毕宪顺 . 权力整合与体制创新 [M]. 北京 : 教育科学出版社，2006.

[37] 黄俊杰主编 . 二十世纪大学教育的新挑战 [C]. 台北：台湾大学，2005.

[38] 郭道晖 . 法理学精义 [M]. 长沙：湖南人民出版社，2005.

[39] 郭为禄，林炊利 . 大学运行模式再造——大学内部决策系统改革的路径选择 [M]. 上海：上海教育出版社，2011.

[40] 洪源渤 . 共同治理——论大学法人治理结构 [M]. 北京：科学出版社，2010.

[41] 季诚钧 . 大学属性与结构的组织学分析 [M]. 北京：人民教育出版社，2006.

[42] 金耀基 . 大学之理念 [M]. 北京：三联书店，2001.

[43] 李建良 . 从德国经验谈公立大学法人化及其组织 [C]. 台湾法学会、大学教育改革促进会、台大法学基金会、台大法律系：“21 世纪大学法”研讨会 . 台北 .1998.

[44] 李硕豪 . 权力博弈——一所大学内部权力运行的故事 [M]. 北京：中国科学出版社，2011.

[45] 欧阳光华 . 董事、校长与教授：美国大学治理结构研究 [M]. 北京：高等教育出版社，2011.

[46] 齐湘泉，郭大成 . 关于高校教代会法律地位的反思 [C]. 中国高校工会宣传思想工作第十三次研讨会论文集，2009.

[47] 钱理群，高远东 . 中国大学的问题与改革 [M]. 天津：天津人民出版社，2003.

[48] 全球治理委员会 . 我们的全球伙伴关系 [M]. 英国：牛津大学出版社，1995.

[49] 王英杰，刘宝存 . 西方大学的共同治理 [M]. 北京：北京师范大学出版社，2012.

[50] 王英杰，刘宝存 . 中国教育改革三十年・高等教育卷 [M]. 北京：北京师范大学出版社，2009.

[51] 宣勇 . 中国大学组织结构研究 [M]. 北京：高等教育出版社，2005.

[52] 杨东平 . 大学精神 [M]. 沈阳：辽海出版社，2000.

[53] 杨东平 . 大学之道 [M]. 北京：文汇出版社，2003.

[54] 杨立德 . 西南联大的斯芬克司之谜 [M]. 昆明：云南人民出版社，2005.

[55] 于文明 . 中国公立高校多元利益主体的生成与协调研究——构建现代大学制度的新视角 [M]. 北京：高等教育出版社，2008.

[56] 俞可平 . 治理与善治 [M]. 北京：社会科学文献出版社，2000.

[57] 张德祥 . 高等学校的学术权力与行政权力 [M]. 南京：南京师范大学出版，2002.

[58] 张维迎 . 大学的逻辑 [M]. 北京：北京大学出版社，2004.

[59] 赵俊芳 . 论大学学术权力 [M]. 北京：中国社会科学出版社，2012.

[60] 霍华德・戴维斯 . 制定 21 世纪大学的发展战略 [A]. 教育部中外大学校长论坛领导小组编 . 中外大学校长论坛文集 [C]. 北京 : 中国人民大学出版社，2004.

[61] 关于教育工作的指示 [A]. 瞿葆奎 . 教育学文集・中国教育改革 [C], 北京：人民教育出版社，1991.

[62] 阎光才 . 大学组织文化 [A]. 褚宏启主编 . 中国教育管理评论（第 1 卷）[C]. 北京：科学社会出版社，2003.

[63] 贝磊，蒋凯，李娅玲译 . 教育控制：集权与分权问题及其张力 [J]. 教育研究，2006（6）：21—28.

[64] 毕宪顺，杨海山，王艳明 . 高校学术人员参与管理和决策的调查与研究 [J]. 高等教育研究，2005（4）：49—51.

[65] 别敦荣 . 中美大学学术管理基本特征的比较研究 [J]. 高等教育研究，

1998（1）：95—97.

[66] 陈健 . 为什么宏观调控有时会成为“空”调——整体博弈视角下的中央与地方关系 [J]. 河北经贸大学学报，2012（3）：39—44.

[67] 陈恕平. 论高校校务委员会与学术委员会的功能定位 [J]. 高校教育管理，2009（2）：34-36.

[68] 方芳 . 大学治理结构变迁中的权力配置、运行与监督 [J]. 高校教育管理，2011（6）：16—20.

[69] 高树仁 . 平衡视域下的现代大学制度诠释与构建 [J]. 高校教育管理，2013（1）：1—5.

[70] 龚怡祖 . 大学管理重心定位的理论分析 [J]. 北京大学教育评论，2009（4）：137.

[71] 龚怡祖 . 大学治理结构：现代大学制度的基石 [J]. 教育研究，2009（6）：22—26.

[72] 郭平 . 现代大学制度建设中高校内部领导体制研究 [J]. 教师教育学报，2014（1）：83—89.

[73] 何晓芳，周秀华 . 现代大学制度框架下高等学校民主管理的理念与机制研究 [J]. 黑龙江高教研究，2010（9）：15—17.

[74] 胡成功 . 高等学校基层学术组织现状与问题 [J]. 高等教育研究，2003（6）：38—46.

[75] 黄照耘，江相玲 . 法国高等教育治理模式之演进与现状分析 [J]. 教育资料集刊，2008（39）：1—36.

[76] 季诚钧 . 高校学生权力初探 [J]. 高等工程教育研究，2003（4）：50—52.

[77] 李奇 . 美国大学治理的边界 [J]. 高等教育研究，2011（7）：96—101.

[78] 梁福镇 . 德国高等教育的演变与发展 [J]. 通讯在线，2010（31）：39.

[79] 刘爱生 . 解读美国大学的不信任投票——以哈佛大学前校长拉里·萨默斯的不信任案为例 [J]. 比较教育研究，2012（11）：59—63.

[80] 刘岚 . 试论大学内部权力结构的平衡 [J]. 黑龙江高教研究，2002（6）：126—127；

[81] 袁利，刘牧 . 我国高校学术权力与行政权力的矛盾 [J]. 交通高教研究，2003（3）：30—33.

[82] 刘少雪 . 创新学科布局，规范院系设置 [J]. 清华大学教育研究，2003（5）：68—71.

[83] 刘向东，陈英霞 . 大学治理结构剖析 [J]. 中国软科学，2007（7）：97—104.

[84] 庞明川 . 中央与地方政府间博弈的形成机理及其演进 [J]. 财经问题研究，2004（12）：55—61；

[85] 孙天华 . 大学治理结构中的委托—代理问题——当前中国公立大学委托代理关系若干特点分析 [J]. 北京大学教育评论，2004（4）：29—33.

[86] 涂端午 . 我国高等教育管理体制变迁中的权力结构演化 [J]. 现代大学教育，2006（1）：60—65.

[87] 王志珍 . 科技人才队伍建设关键在体制 [J]. 民主与科学，2009（4）：2—5.

[88] 吴国娟，李昌新 . 大学权力博弈探析 [J]. 辽宁教育研究，2007（1）：5—8.

[89] 夏俐 . 大学内部权力结构及其调整 [J]. 大学教育科学，2008（3）：44—47.

[90] 谢安邦，阎光才 . 高校的权力结构与权力结构的调整—对我国高校管理体制改革方向的探索 [J]. 高等教育研究，1998（2）：20—24.

[91] 谢蓉，温倩文 . 财政转移支付制度下中央与地方博弈关系 [J]. 中国行政管理，2005（7）：53—56.

[92] 熊庆年 . 大学治理结构的历史演进与文化变异 [J]. 高教探索，2006（1）：40—43.

[93] 徐波 . 试析大学行政化视角下的权力模式 [J]. 教育学术月刊 2011（1）：16—19.

[94] 宣勇，鲍健强 . 现代大学的分层与管理模式的选择 [J]. 高等教育研究，2005（2）：52—55.

[95] 杨博文，王勇军 . 中央与地方在城市空气污染治理中的非均衡博弈分析 [J]. 统计与决策，2014（6）：52—56.

[96] 张维迎 . 学术自由、“官本位”及学术规范 [J]. 读书，2004（1）:89—96.

[97] 赵俊芳 . 现代大学制度的内在冲突及路径选择 [J]. 高等教育研究，2011

（9）：30—35.

[98] 周光礼 . 在控权与管理之间：中国高等教育行政的法理学取向 [J]. 现代大学教育，2003（2）：9—12.

[99] 周光礼 . 重构高校治理结构：协调行政权力与学术权力 [J]. 高教探索，2005（4）：45—47.

[100] 方芳 . 解读大学章程中的核心权力关系 [N]. 中国教育报，2013-06-14（06）

[101] 顾海兵，余翔 . “淡化科研成果奖的‘官味’” [N]. 社会科学报，2006-12-14.

[102] 刘爱生，顾建民 . 美国大学共同治理的思想内涵 [N]. 中国科学报，2012-06-27.

[103] 郭广珍 . 大学内部权力配置模式与激励 [D]. 辽宁大学博士学位论文 .2007.

[104] 季诚钧 . 大学组织属性与结构研究 [D]. 华东师范大学博士论文 .2004.

[105] 韩德强 . 竞争经济学—萨缪尔森《经济学批判》（17）：博弈论纳什均衡与囚徒困境 [EB/OL].（2013-10-22）[引用日期].http://blog.sina.com.cn/s/blog_5e0222ab0100f64q.html.

[106] 建立健全北京市领导干部作风建设的长效机制研究课题组 . 构建高校权力制约与监督机制问题研究 [EB/OL]. 北京社科规划网 .2014-05-23.

[107] 陈维昭 . 大学治理之新发展：内外在治理机制之探讨 [EB/OL].2013-10-12[引用日期].http://huang.cc.ntu.edu.tw/pdf/CCB3406.pdf.

[108] 刘广明 . 西南联合大学成功的三大核心要素 [EB/OL].（2014-05-30）[引用日期].http://blog.sciencenet.cn/blog-359436-389513.html.

[109] 袁贵仁 . 用事实求是的办法解决大学的行政化问题 [EB/OL].（2013-10-12）[引用日期].http://www.chinanews.com/edu/2012/09-06/4163362.shtml.

[110] 郑岩 . 学术领域腐败极大不公遏制创新如何破解 [EB/OL].（2014-05-19）[引用日期]http://opinion.m4.cn/2013-02/1201193.shtml.

[111] 董保城 . 从“学者共和国”到“学术企业体”之两难：论新版大学法草案 [EB/OL].（2014-04-22）[引用日期]http://huang.cc.ntu.edu.tw/pdf/CCB3419.pdf.

[112] Bimbaum R. *How Cybernetics of Academic Organization and*

Leadership[M]. San Fransisco: Jossey-Bass,1991.

[113] Braun, D. And Merrien F-X. *Towards a New Model of Governance for Universities. A Comparative View*[M]. London: Jessica Kingsley Publishers. 1999.

[114] Colin G. Campbel. *Colonial Williamburg Foundaton: Seventy-five Years of Historic Preservation and Education*[M].New York: Newcomen Society of the United States.2002.

[115] Gayle , J. C., Tewarie, B. &White, A. O. *Governance of Twenty-First Century University: Approaches to Effective Leadership and Strategic Management*[M]. San Francisco: Jossey-Bass, 2003.

[116] J. Victor Baldridge. *Power and Conflict in the University: Research in the Sociology of Complex Organizations*[M].New York: John Wiley, 1971.

[117] Kooiman J. *Societal Governance: Level, Models ,and Orders of Social Political Interacttion*[A]. In J. Pierre（ed.）. *Debating Governance: Authority ,Steering and Democracy*[C]. Oxford, UK.: Oxford University Press, 2000.

[118] Maassen, P. *Shift in Governance Arrangements: An Interpretation of the Introduction of New Management Structures in Higher Education*[A]. In A. Amaral, V. L. Meek & I. M. Larsen（Eds.）. *The Higher Education Managerial Revolution?*[C]. Dordrecht, The Netherlands: Kluwer Academic Publishers.2003.

[119] Mortimer K. & McConner T. *Sharing Authority Effectively*[M]. San Francisco: Jossey-Bass.1978.

[120] Nisbet R. *The Degradation of the Academic Dogma*[M]. New York: Basic Books.1971.

[121] Richards, D. & Smith, M. J. *Governance and Public Policy in the United Kingdom*[M]. New York: Oxford University Press, 2002.

[122] Shattock, M. *Managing Good Governance in Higher Education*[M]. Maidenhead, Berkshire: Open University Press.2006.

[123] Sporn, B. *Governance and Administration: Organizational and Structural Trends*[A]. In James J. F. Forest & Philip G. Altbach（eds.）*International Handbook of Higher Education*[C]. Netherlands: Springer.2006.

[124] Stephen P.Osborne.*Voluntary Organizations and Innovation in Public Service*[M]. Oxford: Routledge. 1998.

[125] Tappan,H.P. *The Idea of the True University*[A]. In R.Hofstadter&W.Smith（Eds.）, *American Higher Education: A Documentary History, vol 2*[C]. Chicago: University of Chicago Press.1961.

[126] The Carnegie Foundation for the Advancement of Teaching. *Governance of Higher Education: Six Priority Problems*[R]. New York: McGraw-Hill, 1973.

[127] Tierney, W.G. and Lechuga, V.M. *Restructuring Shared Governance in Higher Education*[M]. New Directions for Teaching and Learning.San Francisco:Jessey-Bass.2004.

[128] Trower, C.A. *Govern More, Manage less. Harnessing the Power of Your Nonprofit Board（2nd Edition）*[M]. Washington DC: Board Source.2010.

[129] Weber M. *The Essential of Bureaucratic Organization: An Ideal-Type Construction* [M]. New York: Free Press,1952.

[130] Westmeyer, Paul. *Principles of Governance and Administrative in Higher Education*[M]. Springfield: Charles C. Thomas Publisher, 1990.

[131] Andrew M.Boggs. Understanding the Origins, Evolution and State of Play in UK University Governance [J]. *The New Collection*, 2010（5）:1-8.

[132] Birnbaum, R Faculty in Governance: The Role of Senates and Joint Committees in Academic Decision making[J]. *New Directions for Higher Education*,1991,18（3）:8-25.

[133] Chaffee, Ellen E. The Role of Rationality in University Budgeting[J]. *Research in Higher Education*, 1983, 19（4）:387-406.

[134] Emerson M.S. Niou and Peter C.Ordershook. A Game Theoretic Analysis of Sun Tzu’s The Art of War[J]. *Journal of Peace Research,* 1994,31（2）:161-174.

[135] Gabriel E. Kaplan. Does Governance Structure Matter?[J]. *New Direction for Higher Education*, 2004（127）:23-34.

[136] Hills, Frederick S. and Thomas A Mahoney. University Budgets and Organizational Decision Making[J].*Administrative Science Quarterly,* 1978（23）:454-465.

[137] John Sizer.University in Hard Times: Some Policy Implication and Managerial Guidelines[J].*Higher Education Quarterly,* 1987（41）: 354–372.

[138] Kerry J.Kenndy. Higher Education Governance as a Key Policy Issue in

the 21st Century[J].*Educational Research for Policy and Practice*,2003（2）:55—70.

[138] Kezar, A.,Lester,J.& Anderson,G. Challenging Stereotypes that Interfere with Effective Governance[J]. *Thought and Action*, 2006,22（2）:121-134.

[140] Kim, Sunwoong and Lee, Ju-Ho. Changing Facets of Korean Higher Education: Market Competition and the Role of the State[J]. *Higher Education*, 2006（52）: 557-587.

[141] Lowry, Robert C.The Effects of State Political Interests and Campus Outputs on Public University Revenues[J]. *Economics of Education Review*,2001, 20（2）:105-119.

[142] Massy William and Robert Zemsky. Faculty Discretionary Time: Department and the Academic Ratchet[J]. *Journal of Higher Education*, 1994,65（1）:1-22.

[143] Middlehurst R. Changing Internal Governance: A Discussion of Leadership Roles and Management Structure in UK Universities[J]. *Higher Education Quarterly*, 2004,58（4）:258-280.

[144] Minor J. Faculty Governance at Historically Black Colleges and Universities[J]. *Academe*,2004,91（3）:34-38.

[145] Simon Marginson, Mark Considine. The Enterprise University: Power, Governance and Reinvention in Australia[J].*Higher Education*,2000,46（4）:543-544.

[146] Susan Whealer Johnstan. Faculty Governance and Effective Academic Administrative Leadership[J]. *New Direction for Higher Education*.2003（124）:57-63.

[147] Sydney Finkelstein, Jerayr Haleblian. Understanding Acquisition Performance: The Role of Transfer Effects[J].*Organization Science*, 1996,13（1）:36-47.

[148] Zabojnik, J. Centralized and Decentralized Decision-making in Organization, University of Southern California Marshall School of Business[J]. *Journal of Labor Economics*, 2002,20（1）:1-22.

[149] Asian Development Bank. *Governance: Sound Development Management*[R]. Manila: Asian development Bank , 1999.

[150] American Association of University Professors .*Statement on Government of Colleges and Universities*[R].AAUP.1966.

[151] World Bank. *Governance and Development*[R]. Washington D. C.: World

Bank, 1992.

[152] A. Abigail Payne and Joanne Roberts. *Government Oversight of Organizations Engaged in Multiple Activities: Does Centralized Governance Encourage Quantity or Quality?*[EB/OL]（2014-03-22）[引用日期] file:///C:/Users/Administrator/Downloads/education%20.pdf.

[153] Cary Nelson. *The War Against the Faculty.Chronicle of Higher Education*[EB/OL].2009,April 16,B4.（2014-06-09）[引用日期] http://chronicle.com/article/The-War-Against-the-Faculty/5150.

[154] John Douglas Wilson. *Models of Centralized and Decentralized Budgeting within Universities*[EB/OL].（2014-03-22）[引用日期] https://www.ilr.cornell.edu/cheri/conferences/upload/2002/chericonf2002_05.pdf.

[155] Brian Martin. *Tied Knowledge: Power in Higher Educatio: Chapter 3 'Hierarchy'* [EB/OL].（2013-11-02）[引用日期] http://www.bmartin.cc/pubs/98tk/tiedknowledge.pdf.

[156] Olda R.Hoare. *A Case Study of Governance of Higher Education in Belize: Implication for finance and curricula in higher education*.[EB/OL] http://scholarcommons.usf.edu/cgi/viewcontent.cgi?article=3216&context=etd

[157] United Nation Development Program. *Governance for Sustainable Human Development*[EB/OL].（2010-12-20）[引用日期] http://magnet.Undp.org/policy/default.htm.

[158] Wilson, J.D. *Models of Centralized and Dencentralized Budgeting within Universities*[EB/OL].（2013-10-30）[引用日期] https://www.ilr.cornell.edu/cheri/conferences/upload/2002/chericonf2002_05.pdf.

附录Ⅰ　30所大学文本资料来源

1. 党委会议事规则参考资料

《中央民族大学党委常委会议事规则》(民大党发〔2007〕32号)

《中国共产党南开大学委员会常务委员会议事规则》(2011年9月27日第八届党委常委会第一次会议审议通过)

《中国共产党厦门大学委员会常务委员会议事规则》(厦大委综〔2012〕13号)

《中共华中科技大学委员会常务委员会议事规则》(校党〔2012〕23号)

《中共南京大学委员会常务委员会议议事决策规则》(南委发〔2005〕23号)

《中共武汉大学委员会常务委员会会议议事规则》(武大党字〔2005〕198号)

《中国科学技术大学党委常委会议议事规则》(党字〔2009〕14号)

《东南大学党委常委会议事决策规则》(东大委〔2006〕79号)

《中国共产党哈尔滨工业大学委员会常务委员会议事规则》(2000年12月12日九届41次常委会通过)

《中共山东大学委员会全体会议议事规则》(山大党字〔2006〕8号)

《上海财经大学党委常委会议事规则》

《华东理工大学党委会议制度》(华委字〔2013〕48号)

《中共对外经济贸易大学委员会常务委员会议议事规则》(对外贸学党发〔2000〕25号)

《中共西南大学委员会常委会议事规则》(西委[2014〕3号)

《苏州大学党委全委会、常委会和校长办公会议事规则》(苏大委〔2010〕48号)

《中共北京外国语大学委员会党委会议事规则》

《合肥工业大学党委常委会议事规则》

《中共中南财经政法大学委员会议事规则》(中南大党字〔2009〕49号)

《中共海南大学委员会工作原则与重大问题议事规则》（海大党字〔2005〕30号）

《东北林业大学党委会议事规则》

《中共河南财经政法大学委员会议事规则》（校党字〔2011〕6号）

《中共山西师范大学委员会全体委员会议议事规则》（党办发〔2006〕10号）

《中共西南石油大学委员会常委会议事规则》

《上海海洋大学党委常委会议事规则》（沪海洋委〔2010〕13号）

《青岛大学党委常委会议事规则》

《华东交通大学党委会议事规则》

《西北民族大学党委常委会会议议事规则》

《大连大学党委会议事规则》

《西安工程大学学院党政联席会议议事规则》

《吉首大学党委会议、党委扩大会议、书记办公会议议事规则》（校党办发〔2000〕003号）

2. 校长办公会议事规则参考资料

《兰州大学校长办公会议事规则》

《华东师范大学党政会议议事规则》

《中央民族大学校长办公会议事规则》（民大校发〔2007〕197号）

《厦门大学校长办公会议事规则》（厦大办〔2012〕1号）

《哈尔滨工业大学校长办公会议事规则》

《北京外国语大学校长办公会议事规则》

《华中科技大学校长办公会议事规则》（校党〔2012〕24号）

《同济大学校长办公会议议事规则》

《上海交通大学校长办公会议议事规则》（沪交内（办）〔2011〕53号）

《东南大学校长办公会议议事规则》（校通知〔2007〕92号）

《华中师范大学校长办公会议事规则》（华师党政〔2014〕2号）

《东华大学校长办公会议事规则》（东华办〔2008〕2号）

《延边大学校长办公会议事规则》

《武汉理工大学校长办公会议事规则》（校党字〔2000〕02号）

《海南大学校长办公会议议事规则》（新海大党〔2007〕9号）

《苏州大学党委全委会、常委会和校长办公会议事规则》（苏大委〔2010〕48号）

《东北林业大学校长办公会议事规则》
《北京科技大学校长办公会议事规则》（校党发〔2009〕36号）
《上海财经大学校长办公会议议事规则》
《东北农业大学校长办公会议事规则》
《长春理工校长办公会议事规则》
《首都经济贸易大学校长办公会及其议事规则》
《安徽农业大学校长办公会议事规则》（校行字〔2005〕35号）
《塔里木大学校长办公会议事规则》
《河南财经政法大学校长办公会议议事规则》
《黑龙江大学校长办公会议议事规则》（党发〔2006〕23号）
《西北民族大学校长办公会议事规则》
《重庆师范大学校长办公会议事规则》
《山东师范大学校长办公会议事规则》（山东师大校字〔1998〕121号）
《南通大学校长办公会议事规则》

3. 学术委员会章程参考资料

《北京大学学术委员会章程》（校发〔2004〕143号）
《湖南大学学术委员会章程》（湖大行字〔2009〕55号）
《中山大学学术委员会议事规则》（中大办〔2002〕40号）
《华中科技大学学术委员会章程》（校发〔2011〕7号）
《清华大学学术委员会章程》
《复旦大学学术委员会章程》
《吉林大学学术委员会章程》
《武汉大学学术委员会章程》
《南开大学学术委员会章程》
《天津大学学术委员会章程》（天大校发〔2008〕15号）
《河北大学学术委员会章程》
《南京航空航天大学学术委员会章程》
《辽宁大学学术委员会章程》（辽大校发〔2011〕112号）
《北京科技大学学术委员会章程》（校发〔2009〕86号）
《延边大学学术委员会章程》
《苏州大学学术委员会章程》（苏大〔2008〕74号）

《南京农业大学学术委员会章程》（校发〔2009〕106号）

《西南大学学术委员会章程》

《上海外国语大学学术委员会章程》

《中国矿业大学学术委员会议事规则》（中矿委〔2012〕21号）

《上海大学学术委员会章程》

《西南交通大学教授委员会章程》

《河北师范大学学术委员会章程》（校字〔2012〕67号）

《华东理工大学学术委员会章程》

《淮北师范大学学术委员会章程》（校行字〔2013〕42号）

《山东师范大学学术委员会章程》（山东师大校字〔2001〕121号）

《聊城大学学术委员会章程》

《江苏师范大学学术委员会章程》（徐师大发〔2008〕18号）

《哈尔滨理工大学学术委员会章程》（校发〔2009〕171号）

《河北大学学术委员会章程》

4. 教职工代表大会条例参考资料

《同济大学教职工代表大会实施办法》（同委发〔2013〕2号）

《东南大学教职工代表大会暂行条例》

《南开大学教职工代表大会规定实施办法》（南党发〔2013〕13号）

《大连理工大学教职工代表大会实施细则》

《中国人民大学教职工代表大会规定》

《西北工业大学教职工代表大会条例》

《华中科技大学教职工代表大会实施办法》（2013年1月20日华中科技大学第三届第二次教职工代表大会通过）

《上海交通大学教职工代表大会实施细则》

《西安交通大学教职工代表大会条例》

《南京大学教职工代表大会条例》

《东北农业大学教职工代表大会暂行条例》

《苏州大学教职工代表大会暂行条例》（苏大委〔2005〕78号）

《北京交通大学教职工代表大会实施细则》

《中国地质大学（武汉）教职工代表大会实施办法》

《哈尔滨工业大学教职工代表大会实施办法》

《上海大学教职工代表大会实施细则》
《西北大学教职工代表大会工作细则》
《华南师范大学教职工代表大会暂行实施细则》
《南京农业大学教职工代表大会条例》
《南京师范大学教职工代表大会条例》
《湖北大学教职工代表大会暂行条例》
《上海外国语大学教职工代表大会实施细则》
《淮北师范大学教职工代表大会制度实施办法》
《东北石油大学教职工代表大会条例实施细则》
《武汉纺织大学教职工代表大会实施细则》
《上海财经大学教职工代表大会实施细则》
《兰州理工大学教职工代表大会条例》
《聊城大学教职工代表大会条例》
《安徽理工大学教职工代表大会条例》(校发〔2010〕31号)
《西北师范大学教职工代表大会实施细则》

附录Ⅱ　X大学教师职业压力问卷

尊敬的各位老师：

您好！首先感谢您能在百忙之中抽出宝贵的时间参与本次问卷调查，此次问卷调查仅用于论文的写作，无需担心。希望各位教师能够根据自身情况认真填写，仔细作答。再次感谢各位的协助。

预祝各位工作顺利，家庭美满！

一、基本情况调查

1. 您的性别

A 男　B 女

2. 您的年龄

A 30 ～ 40 岁　B 40 ～ 50 岁　C 50 岁以上

3. 您的学位

A 博士 B 硕士 C 学士及学士以下

4. 您的专业

A 文科 B 理科 C 工科

5. 您的职称

A 教授 B 副教授 C 讲师及讲师以下

6. 您的教龄

A 0 ～ 3 年 B 3 ～ 9 年 C 9 ～ 15 年 D 15 年以上

二、职业压力现状调查

下面所列举的 24 个问题是您在工作过程中可能承受的压力，请您根据自己的实际情况进行分析判断，选择出最符合您自身情况的答案。此量表采用 4 点分数（1= 没有压力，2= 轻度压力，3= 中度压力，4= 严重压力）。请您在每一题目后最符合您情况的序号上划“√”。

	没有压力	轻度压力	中度压力	严重压力
1. 科研压力大	1	2	3	4
2. 面临经济问题	1	2	3	4
3. 教学任务繁重	1	2	3	4
4. 职称评定困难	1	2	3	4
5. 工作和家庭难以兼顾	1	2	3	4
6. 行政问题干扰	1	2	3	4
7. 教学效果不明显	1	2	3	4
8. 身体健康出现问题	1	2	3	4
9. 教学过程不理想	1	2	3	4
10. 培训机会少	1	2	3	4
11. 绩效考核要求严	1	2	3	4
12. 科研成果不理想	1	2	3	4
13. 上级政策难以执行	1	2	3	4
14. 薪酬与工作付出不成正比	1	2	3	4
15. 人际关系问题	1	2	3	4
16. 上级要求变化快	1	2	3	4
17. 自身专业不符合当前工作	1	2	3	4
18. 教学与科研矛盾明显	1	2	3	4
19. 每天要做的事情太多	1	2	3	4
20. 科研团队风气差	1	2	3	4
21. 工作没有乐趣	1	2	3	4
22. 相关科研政策缺失	1	2	3	4
23. 睡眠不足	1	2	3	4
24. 每天要做自己不想做的事情	1	2	3	4

附录Ⅲ　X大学教师心理授权问卷

尊敬的各位老师：

您好！首先感谢您能在百忙之中抽出宝贵的时间参与本次问卷调查，此次问卷调查仅用于论文的写作，无需担心。希望各位教师能够根据自身情况认真填写，仔细作答。再次感谢各位的协助。

预祝各位工作顺利，家庭美满！

1. 您的性别是

A 男　B 女

2. 您的年龄是

A 20~30 岁　B 31~40 岁　C41~50 岁　D 50 岁以上

3. 您的学历是

A 大学本科 A 硕士研究生　C 博士研究生

4. 您的职称是

A 讲师　B 副教授　C 教授

5. 您的教龄是

A 0~3 年　B 3~9 年　C 9~15 年　D 15 年以上

6. 我所做的工作对我来说非常有意义。

A 非常不同意 B 不同意 C 不好确定 D 同意 E 非常同意

7. 工作上所做的事对我个人来说非常有意义。

A 非常不同意 B 不同意 C 不好确定 D 同意 E 非常同意

8. 我的工作对我来说非常重要。

A 非常不同意 B 不同意 C 不好确定 D 同意 E 非常同意

9. 我自己可以决定如何来着手来做我的工作。

A 非常不同意 B 不同意 C 不好确定 D 同意 E 非常同意

10. 在如何完成工作上，我有很大的独立性和自主权。

A 非常不同意 B 不同意 C 不好确定 D 同意 E 非常同意

11. 在决定如何完成我的工作上，我有很大的自主权。

A 非常不同意 B 不同意 C 不好确定 D 同意 E 非常同意

12. 我掌握了完成工作所需要的各项技能。

A 非常不同意 B 不同意 C 不好确定 D 同意 E 非常同意

13. 我自信自己有干好工作上的各项事情的能力。

A 非常不同意 B 不同意 C 不好确定 D 同意 E 非常同意

14. 我对自己完成工作的能力非常有信心。

A 非常不同意 B 不同意 C 不好确定 D 同意 E 非常同意

15. 我对发生在本部门的事情的影响很大。

A 非常不同意 B 不同意 C 不好确定 D 同意 E 非常同意

16. 我对发生在本部门的事情起着很大的控制作用。

A 非常不同意 B 不同意 C 不好确定 D 同意 E 非常同意

17. 我对发生在本部门的事情有重大的影响。

A 非常不同意 B 不同意 C 不好确定 D 同意 E 非常同意

附录Ⅳ　X大学教师工作投入调查问卷

尊敬的各位老师：

您好！首先感谢您能在百忙之中抽出宝贵的时间参与本次问卷调查，此次问卷调查仅用于论文的写作，无需担心。希望各位教师能够根据自身情况认真填写，仔细作答。再次感谢各位的协助。

预祝各位工作顺利，家庭美满！

1. 您的性别是

A 男　B 女

2. 您的年龄是

A　20~30 岁　B　31~40 岁　C　41~50 岁　D　50 岁以上

3. 您的学历是

A 大学本科 A 硕士研究生 C 博士研究生

4. 您的职称是

A 讲师　B 副教授 C 教授

5. 您的教龄是

A　0~3 年 B　3~9 年 C　9~15 年　D　15 年以上

6. 在工作中，我感到自己迸发出能量。

A 完全不符合　B 不符合　C 不确定　D 符合　E 完全符合

7. 我对工作富有热情。

A 完全不符合　B 不符合　C 不确定　D 符合　E 完全符合

8. 当我工作时，我忘了周围的一切事情。

A 完全不符合　B 不符合　C 不确定　D 符合　E 完全符合

9. 工作时，我感到自己强大并且充满力量。

A 完全不符合　B 不符合　C 不确定　D 符合　E 完全符合

10. 工作激发了我的灵感。

A 完全不符合 B 不符合 C 不确定 D 符合 E 完全符合

11. 早上一起床，我就想去工作。

A 完全不符合 B 不符合 C 不确定 D 符合 E 完全符合

12. 当工作紧张的时候，我会感到快乐。

A 完全不符合 B 不符合 C 不确定 D 符合 E 完全符合

13. 我为自己所从事的工作感到自豪。

A 完全不符合 B 不符合 C 不确定 D 符合 E 完全符合

14. 我沉浸于我的工作当中。

A 完全不符合 B 不符合 C 不确定 D 符合 E 完全符合

15. 我可以一次连续工作很长时间。

A 完全不符合 B 不符合 C 不确定 D 符合 E 完全符合

16. 对我来说，我的工作是具有挑战性的。

A 完全不符合 B 不符合 C 不确定 D 符合 E 完全符合

17. 我在工作时会达到忘我的境界。

A 完全不符合 B 不符合 C 不确定 D 符合 E 完全符合

18. 工作时，即使感到精神疲劳，我也能够很快地恢复。

A 完全不符合 B 不符合 C 不确定 D 符合 E 完全符合

19. 我感到自己在情感上很难与工作脱离。

A 完全不符合 B 不符合 C 不确定 D 符合 E 完全符合

20. 在工作时，即使事情进展不顺利，我也总能够锲而不舍。

A 完全不符合 B 不符合 C 不确定 D 符合 E 完全符合

# 致　谢

此书是全国教育科学规划项目“权利表达与利益诉求——基于组织效率的大学治理权力结构研究”（项目编号：CIA150186）的研究成果，感谢全国教育科学规划办公室对此书的支持。

同时，也感谢渤海大学各位领导和老师的支持和帮助，此书得到了渤海大学学科建设项目的支持。